Gulliver Taschenbuch 339

Klaus Kordon, geboren 1943 in Berlin, war Transport- und Lagerarbeiter, studierte Volkswirtschaft und unternahm als Exportkaufmann Reisen nach Afrika und Asien, insbesondere nach Indien. Heute lebt er als freier Schriftsteller in Berlin. Im Programm Beltz & Gelberg erschienen u.a. *Frank guck in die Luft, Monsun oder Der weiße Tiger* (Friedrich-Gerstäcker-Preis), *Wie Spucke im Sand* (Auswahlliste Deutscher Jugendliteraturpreis, Preis der Ausländerbeauftragten des Senats von Berlin, Jenny Smelik/IBBY-Preis, Silberner Griffel), *Die roten Matrosen oder Ein vergessener Winter* (Zürcher Kinderbuchpreis »La vache qui lit« Preis der Leseratten, Roter Elefant), *Mit dem Rücken zur Wand* (Zürcher Kinderbuchpreis »La vache qui lit« Preis der Leseratten, Silberner Griffel), *Der erste Frühling* (Buxtehuder Bulle, Evangelischer Jugendbuchpreis), *Die Zeit ist kaputt. Die Lebensgeschichte des Erich Kästner* (Deutscher Jugendliteraturpreis), *1848. Die Geschichte von Jette und Frieder, Hundert Jahre und ein Sommer* und zuletzt *Paula Kussmaul.* Für sein Gesamtwerk wurde er mit dem Alex-Wedding-Preis der Akademie der Künste zu Berlin und Brandenburg ausgezeichnet.

Klaus Kordon

Paule Glück

*Das Jahrhundert
in Geschichten*

Mit einer Zeittafel

Editorische Notiz
Die vorliegenden Geschichten erschienen 1985 unter dem Titel
Hände hoch, Tschibaba! beim Erika Klopp Verlag, München.
Für die vorliegende Ausgabe wurden alle Texte überarbeitet;
die beiden letzten Geschichten entstanden neu.

www.beltz.de
Gulliver Taschenbuch 339
© 1999 Beltz Verlag, Weinheim und Basel
Programm Beltz & Gelberg, Weinheim
Alle Rechte vorbehalten
Einbandgestaltung von Max Bartholl
Einbandfoto Bildarchiv Preußischer Kulturbesitz/Friedrich Seidensticker
Gesetzt nach der neuen Rechtschreibung
Gesamtherstellung Druckhaus Beltz, 69494 Hemsbach
Printed in Germany
ISBN 3 407 78339
3 4 5 6 7   06 05 04 03 02

Inhalt

1904
Paule Glück

Neumann, Meyer, Persicke – Zeitung in den Brief-
schlitz, kurz an der Klingel gedreht und weiter.

Paul flitzt die drei Treppen wieder hinab und aus der
Haustür hinaus. Auf der Straße ist es noch dunkel, die
Gaslaternen spenden nur schwaches Licht. Und es reg-
net immer noch.

Nr. 24. Hier braucht er nur bis in den zweiten Stock
hinauf.

Ottmar Schulze. Zeitung in den Schlitz, Klingel gedreht und runter.

Er hat es mal ausgerechnet. Um seine fünfzig Zeitungen loszuwerden, muss er in neunundzwanzig Häuser, muss er insgesamt siebenundsechzig Stockwerke
hoch und wieder runter. Aber das geht noch. Wenn er
jedes Mal bis in den vierten Stock hoch müsste, wären
das einhundertsechzehn Stockwerke.

Johannes Schneider. Der Letzte. Das geizige Schnei-
derlein, wie er ihn heimlich nennt, weil er ihm nicht
mal zu Weihnachten einen Pfennig Trinkgeld gibt.

Wieder auf der Straße, muss Paul sich sputen. Vom
letzten Kunden bis zur Schule braucht er genau zehn
Minuten, er hat aber nur noch acht Minuten Zeit.

Er schafft es nicht. Als er auf dem Schulhof angelangt
ist, sind die Klassen schon in dem roten Backsteinge-

bäude verschwunden. Atemlos hetzt er durch die Flure. Vielleicht schafft er es ja doch noch, in der Klasse zu sein, bevor die Tür geschlossen wird.

Er schafft es nicht, muss klopfen und steht dann vor Herrn Heinrich, der ihn nur ansieht und seufzt: »Also du wieder mal!«

Herr Heinrich gehört nicht zu den Lehrern, die wegen jeder Kleinigkeit den Rohrstock aus dem Schrank holen und die Schüler bestrafen, indem sie ihnen den Stock einmal oder mehrmals über die ausgestreckten Hände ziehen. Herr Heinrich schlägt nur, wenn ihm einer richtig frech kommt. Deshalb kann Paul sich ungestraft in seine Bank verziehen.

Herr Heinrich ist Geschichtslehrer, deshalb hat er es, wie er oft sagt, besonders schwer. Die Gemeindeschüler behalten einfach die Zahlen nicht. Will er wissen, wann Friedrich der Große geboren wurde, wann er starb oder wann er welche Kriege führte, kann er fragen, wen er will, da zieht er nur Nieten. Wenn er Lehrer auf einem Gymnasium wäre oder wenigstens an einer Mädchenschule unterrichten würde, sagt er oft, hätte er es leichter. Die Jungen an dieser Schule würden ihn noch einmal frühzeitig unter die Erde bringen.

Paul behält die Zahlen auch nicht. Und er behält auch das andere nicht. Er ist, wenn er endlich in seiner Bank sitzt, jedes Mal todmüde. Er ist dann ja schon seit drei Stunden auf den Beinen.

»Hefte auf!«

Paul schlägt sein Heft auf, tunkt den Federhalter in das Tintenfass in der Bank und wartet auf das, was Herr Heinrich gleich diktieren wird. Als es so weit ist, schreibt er mit. Wieder Zahlen, wieder Kriege, Könige, Schlachten. Paul denkt daran, wie der Vater die Mutter am Abend angeschrien hat. Das Geld reicht nicht, die Mutter kommt damit nicht aus. Der Vater sagt, sie muss damit auskommen, andere Frauen schaffen das auch.

Herr Heinrich hat zu Ende diktiert. Nun erläutert er, was die Jungen aufgeschrieben haben. Paul schließt die Augen, ein ganz klein wenig schlafen möchte er jetzt. Wirklich, nur ein wenig. Zwei Minu…

»Glück!«

Paul schreckt auf. Herr Heinrich hat ihn was gefragt. Zögernd stellt er sich neben seine Bank.

»Hast du wieder geschlafen?«

Paul schüttelt den Kopf.

»Antworte gefälligst!«

»Nein. Ich habe nicht geschlafen.«

»Und was habe ich dich gefragt?«

Vorsichtig schielt Paul zu Berthold hinunter, doch der wagt nicht einmal, ihn anzugucken.

Herr Heinrich geht an den Schrank und holt den Stock. Zu spät kommen und dann auch noch im Unterricht einschlafen ist zu viel, das kann er sich nicht gefallen lassen.

»Hände vor!«

Paul streckt die Hände aus und beißt sich auf die Lippen. Hinter ihm wispert Hugo: »Glück hat wieder mal Pech gehabt.« Paul denkt daran, dass Hugo schon lange eine Abreibung verdient hat, dann saust der Stock nieder, durchzuckt ihn ein heftiger Schmerz.

Herr Heinrich ärgert sich darüber, dass Paul ihn zu dieser Strafe gezwungen hat. »Zweimal sitzen geblieben und immer noch nicht aufgewacht«, schimpft er. »Was soll bloß mal aus dir werden?«

Paul ist froh, dass Herr Heinrich es bei einem Schlag bewenden lässt. Wäre ihm das beim ollen Krause passiert, hätte er allein für das Zuspätkommen drei kassiert.

»Paule Glück! Blödes Stück! Paule Glück! Blödes Stück!«

Der dicke Jacob hat das gerufen. Aus dem Küchenfenster im dritten Stock guckt er. Paul ballt die Faust und droht ihm, Jacob aber lacht nur und tippt sich an die Stirn.

Paul überquert auch den zweiten Hof und betritt den Seitenaufgang, um in den ersten Stock hochzusteigen.

»Da biste ja endlich.« Mutter ist schon angezogen. Wie jeden Tag hat sie es eilig. Sie muss in die Friedrichstraße, um dort in Restaurants zu putzen, die erst am Abend öffnen. Sie ist froh, dass sie diese Stelle hat; so kann sie, solange er in der Schule ist, auf die Kleinen aufpassen.

Paul guckt in den Topf. Gelbe Erbsen gibt es, aber Fleisch ist keines drin.

»Pass auf Kurtchen auf!«, ruft Mutter in der Tür. »Es geht ihm nicht gut.«

Neugierig geht Paul in die Schlafstube. Der kleine Bruder liegt im Bett und wimmert leise. Fritz und Franz, die Zwillinge, spielen auf dem Fußboden Murmeln. Ein Astloch in der Diele ist der Topf. Olga guckt zu und freut sich, wenn die Zwillinge sich streiten.

Streng nimmt Paul den Zwillingen die Murmeln weg. »Geht auf den Hof, wenn ihr murmeln wollt.«

Franz versucht, Paul die Murmeln wieder abzujagen. Eine Zeit lang lässt der große den kleineren Bruder seine Kräfte an ihm ausprobieren, dann reicht es ihm und er schubst Franz weg. Vor Wut plärrt der nun, und Kurtchen fällt ein, als hätte er nur darauf gewartet.

»Auf den Hof!«, schreit Paul die Zwillinge an.

»Aber draußen regnet's«, wendet Fritz schüchtern ein.

»Dann setzt euch in die Tür. Hier kann ich euch nicht gebrauchen.« Er kann sie wirklich nicht gebrauchen. Es ist viel zu eng in der Stube.

Wütend ziehen Fritz und Franz ab.

Olga streckt Paul die Zunge heraus. Sie will ihn ärgern, will, dass er sich auch mit ihr beschäftigt.

»Du haust auch ab!«, ordnet Paul an.

»Ick hau nich ab!«

Paul stürzt auf Olga los, zieht sie hoch und bugsiert sie aus der Tür. Dann dreht er den Schlüssel herum und lässt sie im Flur schimpfen.

Kurtchen plärrt noch immer. Sachte nimmt Paul ihn hoch und riecht an seinem Hintern.

Die Windeln sind voll! Aber das ist nicht erst jetzt passiert, das war schon, bevor er kam. Sicher hatte Mutter keine Zeit mehr nachzusehen …

Kurtchen ist gewickelt und schläft und Olga ist zu ihrer Freundin Grete gegangen. Paul sitzt in der Küche und isst den Rest Erbsen, die schon fast kalt sind. Aber noch mal Feuer im Herd machen lohnt nicht. Sie haben kaum noch Kohlen, und wer weiß, wie lange es noch dauert, bis es endlich wieder wärmer wird.

Als er alles aufgegessen hat, wird er müde. Er legt die Arme auf den Tisch und den Kopf obendrauf und träumt. Er träumt gern mit offenen Augen. Das macht Spaß, das ist beinah wie verreisen. Was er will, kann er sich vorstellen, und meistens denkt er dann an Onkel Philipps Garten … Ein Garten ist das Schönste, was es gibt. Besonders im Sommer. Wenn ihn wirklich mal einer fragte, was er werden wolle, würde er Gärtner sagen. Aber Herrn Heinrichs Frage: »Was soll bloß mal aus dir werden?«, war keine richtige Frage, war nur so ein Vorwurf. Er sagt das zu jedem Jungen, über den er sich ärgert.

Gärtner sein bedeutet, den ganzen Tag an der frischen Luft sein, Blumen pflanzen, Bäume setzen, Sträucher beschneiden, Parks anlegen ... Und Onkel Philipp hat gesagt, Gärtner könne auch einer werden, der schon zweimal sitzen geblieben ist. Zum Gärtnerberuf gehöre nicht so viel Verstand, zum Gärtnerberuf gehöre vor allen Dingen Liebe ...

»Paule!«

Franz' Stimme! Paul geht zum Fenster und schaut in den Hof hinunter.

Der dicke Jacob! Er hat Fritz im Schwitzkasten.

Paul rast die Treppe runter, sieht Jacob flüchten, läuft ihm nach und erwischt ihn gerade noch vor dem Hofdurchgang. Wütend schlägt er ihm die Faust ins Gesicht, reißt ihn zu Boden und stürzt sich auf ihn, um weiter auf ihn einzudreschen. Die Zwillinge feuern ihn an, aber Paul ist auch so zornig genug; er lässt erst von Jacob ab, als der Rotzblasen und Dreierschnecken heult. »Wehe, du fasst noch mal einen von meinen Brüdern an!«, droht er ihm. »Und wehe, du rufst mir noch mal aus'm Fenster nach!«

Mit finsterem Gesicht wischt Jacob sich das Blut aus dem Gesicht. »Das sag ich Heini«, heult er.

Es ist Abend, die Mutter kommt. Müde setzt sie sich auf den Küchenschemel und reibt sich im Schein der Petroleumlampe die schmerzenden Beine. »Is Vater noch nicht da?«

Stumm schüttelt Paul den Kopf. Er hat inzwischen

Feuer im Herd gemacht, abgewaschen und immer wieder Kurtchen gewickelt. Noch dreimal hat der kleine Bruder eingekackt. Die ganze Wohnung stinkt nach seinen Windeln.

»Kurtchen hat Dünnschiss.«

»Auch das noch!«, seufzt die Mutter.

Fritz und Franz prügeln sich im Flur. Mutter zerrt sie auseinander, verpasst beiden eine Ohrfeige und lässt sie heulen. Dann sieht sie nach Kurtchen und Paul schaut ihr zu. Kurtchens Hintern ist ganz rot, er schreit schon, wenn sie ihn nur berührt.

»Lauf man schnell zu Frau Moll.« Mutter runzelt die Stirn. »Hol Salbe.«

»Haste Geld?«

»Lass anschreiben.«

»Aber Frau Moll sagt, sie schreibt nichts mehr an.«

»Und was sollen wir tun?«, schreit Mutter da plötzlich los. »Sollen wir warten, bis Kurtchen so wund ist, dass wir das nackte Fleisch sehen?«

Paul dreht sich um und geht. Auf der Treppe trifft er Olga, die in die Wohnung will. »Komm mit«, sagt er. »Du musst heulen.«

Olga kann prima heulen. Frau Moll, die sich erst hart und abweisend zeigt und ihnen immer wieder den Zettel mit dem Namen Glück hinhält, auf dem schon so viele Schuldbeträge eingetragen sind, wird langsam weich. Sie will Paul und Olga, die ununterbrochen heult und dabei immer lauter wird, aus dem Laden haben. »Nun geht schon«, schimpft sie. »Ich kann nichts mehr anschreiben.«

»Aber Kurtchen«, sagt Paul. »Man sieht schon das nackte Fleisch ...« Und Olga heult wieder auf wie eine Sirene.

»Ach herrje!«, stöhnt eine Kundin. »So 'n kleener Wurm!«

Da greift Frau Moll ins Regal und legt die Dose mit der Salbe vor Paul hin. »Aber das ist das letzte Mal! Bin kein Wohltätigkeitsverein, versteht ihr?«

»Danke!« Paul und Olga sind schon draußen. Olga wischt sich die Tränen ab und hüpft neben dem Bruder her. »Ich kann heulen, da kommt keiner mit«, bejubelt sie sich selbst.

Paul lacht nur.

Erwin sitzt bei Mutter in der Küche, einer von Vaters Kollegen. Und Mutter sitzt daneben, blass und stumm. Still legt Paul die Salbe auf den Tisch und setzt sich dazu. Olga guckt erst dumm, dann verschwindet sie in der Schlafstube. Sie weiß, wenn die Erwachsenen so ernste Gesichter machen, reden sie erst, wenn die Kinder nicht mehr dabei sind.

»Is was mit Vater?«, fragt Paul, als Olga fort ist.

Erwin nickt nachdenklich. »Sie haben ihn entlassen ... und jetzt sitzt er beim dicken Karl und besäuft sich.«

Entlassen? »Und ... warum?«

»Warum?« Erwin lacht höhnisch. »Er hat's Maul aufgemacht, hat gesagt, dass er mit seinem Geld nicht auskommt; dass er ja schon ohne Schutzvorrichtung arbeitet, um mehr zu verdienen, dass es aber trotzdem nicht reicht.«

Also hatte Vater die Schutzvorrichtung doch nicht benutzt, obwohl er wusste, wie gefährlich die neue Stanze ist. Voriges Jahr hat ein Kollege seine Hand verloren – an der gleichen Maschine. Und Vater hatte Mutter versprochen, nicht so unvorsichtig zu sein …

»Ich hole ihn nicht«, sagt Mutter. »Meinetwegen kann er sich totsaufen.«

»Wir werden uns das nicht länger gefallen lassen«, sagt Erwin. Seine Lippen sind ganz schmal vor Zorn. »Wir lassen uns nicht länger wie den letzten Dreck behandeln. Einmal Mund aufmachen – und schon fliegt man! Wo gibt's denn so was? Wenn das noch mal passiert, streiken wir.«

»Wegen einem Einzigen?« Mutter guckt skeptisch.

»Nicht wegen einem Einzigen. Heute war's Kurt, morgen ist's 'n anderer, übermorgen bin ich's. Wir dürfen nicht so mit uns umspringen lassen.«

Mutter zuckt nur müde die Achseln. »In zwei Wochen ist die Miete fällig. Wir sind schon zwei Monate im Rückstand. Kannst du mir sagen, wie ich die bezahlen soll? Noch dazu, wo er die letzten Pfennige vertrinkt? Anstatt an uns zu denken.«

»Er denkt an euch«, widerspricht Erwin. »Deshalb

16

trinkt er ja.« Doch dann wendet er sich Paul zu: »Wenn du willst, könnteste was zuverdienen. Das mit den Zeitungen bringt doch zu wenig.«

»Ick? Wo denn?«

»In der Heizung. In Halle A suchen sie 'nen Kohlenjungen; einen, der dem Heizer die Kohlen rankarrt. Wenn de willst, sprech ich mit dem Meister, dann kriegste die Stelle. Is 'n Freund von mir.«

Paul nickt nur. Mutter sieht ihn an, sagt aber nichts.

»Und wann kannste anfangen?«, will Erwin noch wissen.

»Sofort«, antwortet Mutter. »Is ja bald Ostern, dann muss er sowieso von der Schule.«

»Gut!« Erwin steht auf. »Dann komm morgen um zehn mal vorbei.« Er streckt erst Paul die Hand hin, dann Mutter. »Kopf hoch«, sagt er dabei zu ihr. »Wir schaffen das schon.«

Als Erwin gegangen ist, schlägt Mutter die Hände vors Gesicht. »Auch noch das letzte Geld versaufen! Womit habe ich das bloß verdient!«

Sofort geht Paul zur Tür. »Ich hole Vater.«

Mutter nickt müde. »Aber lass dich nicht abwimmeln. Auch wenn er dich schlägt. Wir brauchen das Geld.«

Vorsichtig steigt Paul durchs dunkle Treppenhaus in den Hof hinab, der nicht ganz so dunkel ist, weil hinter vielen Fenstern schon die Petroleumfunzeln blaken, und geht behutsam durch den finsteren Hofdurchgang.

Das mit dem Gärtner war Quatsch, das hat er immer gewusst. Er hat nur davon geträumt. Und Träume sind Schäume, wie Vater immer sagt.

Auf der Straße wendet er sich nach links. Seine Schultern straffen sich, er ballt die Fäuste. Jetzt muss er all seinen Mut zusammennehmen, denn nichts ist ekelhafter als betrunkene Männer. Und besonders gemein werden sie, wenn einer kommt, um sie nach Hause zu holen.

Trotzdem: Er wird nicht lockerlassen!

1917
Luise

Die Kinder sitzen auf dem Rinnstein der gegenüberliegenden Straßenseite und schauen zum dritten Stock hoch. Noch immer brennt dort Licht, und manchmal glauben sie, einen Schatten hinter der Gardine zu erkennen. Seit fast einer halben Stunde ist der Doktor nun schon bei Luise, und sonst bleibt er nie länger als fünf Minuten, weil er ja so viele Patienten zu versorgen hat.

»Bestimmt stirbt sie«, sagt Emmi leise.

»Aber warum denn?«, fragt der kleine Kalle. Dass ab und zu mal einer stirbt, hat er schon mitbekommen, aber ausgerechnet Luise, die ihm das Trieseln* beigebracht hat?

»Weil sie krank ist, warum denn sonst«, weist Anna den kleinen Bruder zurecht. Auch wenn er erst fünf ist, so dumme Fragen darf er nicht stellen. Schließlich kommt der Leichenwagen ja, seit Krieg ist und sie kaum noch was zu essen haben, immer öfter in ihre Straße. Manchmal sogar zwei- oder dreimal an einem Tag.

»Und was hat sie?«

Kalle ist nicht beleidigt. Anna ist zwölf, also eine

* Trieseln – Kreiseln. Altes Kinderspiel.

richtige große Schwester, und Luise ist ihre beste Freundin. Sie macht sich Sorgen um sie, deshalb ist sie so ungeduldig.

»Sie hat die Motten.« Emmi sagt das, und was sie damit meint, weiß sogar Kalle: Luise hat Tbc*. Daran sterben viele Kinder.

Das Licht im Fenster geht aus. Anna steht auf und klopft sich den Rock ab. Dann geht sie mit Kalle an der Hand über die Straße, dem Doktor entgegen, der nun das Haus verlässt. Emmi folgt ihnen still.

Der Doktor bleibt stehen. »Na«, sagt er.

»Was is'n mit Luise?«, fragt Anna.

Der Doktor seufzt. »Es ist vorbei.«

Kalle lehnt sich an Anna und guckt den Doktor groß an. Der fährt ihm vorsichtig übers Haar. »Ist besser so. Sie wäre ja doch nicht wieder richtig gesund geworden.«

Mutter wäscht Kalle gründlich. Dazu hat sie ihn in der Küche in eine Schüssel warmes Wasser gestellt und die Tür zugemacht. Kalle geniert sich vor den Mädchen, die unter dem Wohnzimmertisch liegen und sich was erzählen.

Emmi gefällt es bei Anna. Sie besucht sie gern. Annas Eltern waren mal was Besseres, haben schöne Möbel

---

* Tuberkulose – chronische Infektionskrankheit, die im 1. Weltkrieg, bedingt durch die überaus schlechte Ernährungslage der Bevölkerung, zur häufigsten Todesursache wurde.

aus der Zeit vor dem Krieg. Doch nun ist Annas Vater schon seit drei Jahren im Krieg, und Annas Mutter muss arbeiten gehen, wie andere Frauen auch.

Als Kalle fertig ist, trägt Mutter ihn ins Bett. Aber Kalle springt, kaum ist sie in die Küche zurück, gleich wieder raus. Er will noch ein bisschen mit den beiden Mädchen spielen.

»Was willste denn spielen?«, fragt Emmi.

»Doktor«, sagt Kalle.

»Doktor?«

»Ja, du bist Luise und ich bin der Doktor. Und Anna ist Luises Mutter.«

»So was spiel ich nicht«, schreit Anna. »Das ist gemein.«

»Warum denn?« Emmi legt sich auf den Rücken und lässt sich von Kalle den Bauch aufschneiden. Weil das kitzelt, muss sie lachen. »Mutti! Mutti!«, ruft sie. »Der Onkel Doktor kitzelt.«

Aber Anna geht nicht darauf ein. Ganz starr sitzt sie da – und dann steht sie plötzlich auf und läuft fort.

»Wo willste denn noch hin?«, ruft Annas Mutter aus der Küche, aber Anna antwortet nicht. Sie will zu Luise, will Luises Mutter fragen, ob sie die Freundin noch einmal sehen darf. Die ganze Zeit hat sie schon daran gedacht, hatte gar nicht richtig zugehört, was Emmi ihr unter dem Tisch erzählte. Langsam steigt sie die Treppe hoch und klingelt bei Luises Mutter.

Es dauert lange, bis Anna Schritte hört. Erst als sie

schon fast wieder gehen will, fragt Luises Mutter hinter der Tür: »Wer ist denn da?«

»Ich! Anna. Ich … ich will … ich wollte …«

Anna kann nicht sagen, was sie möchte, nicht durch die geschlossene Tür hindurch. Sie wartet, bis Luises Mutter geöffnet hat, und sagt leise: »Ich wollte fragen, ob ich Luise noch mal sehen darf.«

Luises Mutter hat geweint. Ihre Augen sind rot umrändert. Als sie Annas Wunsch hört, erschrickt sie. Doch dann öffnet sie die Tür ein wenig, um Anna einzulassen.

In der Küche sitzt Luises großer Bruder Hans. Trübe schaut er vor sich hin. Neben ihm hängt das Foto von Luises Vater, der voriges Jahr im Krieg fiel, und darüber ein Orden an einem schwarzweißroten Band. Den Orden hatte Luises Vater bekommen, weil er so mutig war. Jedenfalls hat Luise das immer so erzählt.

»Komm!« Luises Mutter nimmt Annas Hand und führt sie ins Schlafzimmer.

Anna hält die Hand der Frau neben sich ganz fest. Sie fürchtet sich. Aber sie zögert keine Sekunde, hinter Luises Mutter den dunklen Raum zu betreten.

Luise liegt im Bett. Auf ihrem Nachttisch brennt eine Kerze und beleuchtet ihr blasses Gesicht. Anna ist enttäuscht: Luise sieht gar nicht feierlich aus, liegt da, als schlafe sie nur.

Luises Mutter bekreuzigt sich weinend. Sie ist eine fromme Frau, geht oft in die Kirche und hat in den letzten Tagen viel für Luise gebetet. Aber geholfen hat es nicht.

Anna tritt ganz nahe an Luise heran und findet nun doch, dass die Freundin feierlich aussieht, feierlich und fast ein wenig hochmütig. Das kommt, weil ihre Mutter ihr die Hände über der Brust zusammengelegt hat.

»Sie war ein so gutes Kind«, sagt Luises Mutter leise, »viel zu gut für diese Welt. Deshalb hat unser Herrgott sie zu sich geholt.«

Anna nickt. Ja, so muss es gewesen sein. Warum sonst holt der liebe Gott so viele Kinder zu sich, die ja niemandem was getan haben? Strafe kann es nicht sein.

»Verabschiede dich«, bittet Luises Mutter.

Wieder nickt Anna, aber sie weiß nicht, was sie sagen soll. Schließlich legt sie die Hände zusammen und tut, als ob sie betet. Sie weiß, dass das Luises Mutter gefällt, aber sie betet nicht richtig. Ihr fällt kein einziges Wort ein.

»Warste bei Luise?« Annas Mutter sieht es Anna am Gesicht an, wo sie war. Anna nickt still und geht ins Wohnzimmer, wo Emmi auf der Couch sitzt und auf sie wartet.

»Wie war's denn?«, flüstert sie ihr zu, als dürfe Annas Mutter eine solche Frage nicht hören.

Anna weiß nicht, wie es war. Es war weder schlimm noch schön, es war nur traurig. Aber das kann sie nicht sagen, denn es ist ja klar, dass es traurig ist, wenn ein Kind gestorben ist.

Annas Mutter kommt ins Wohnzimmer. »Dieser Krieg«, seufzt sie leise. »Dieser verfluchte Krieg!«

1923
Jacobs Rettung

»Nun muss der Jacob doch weg.« Mutter sagt es beim Abendbrot und Vater nickt nur still. Lisa lässt den Löffel in die Suppe gleiten: Der Jacob soll weg? Sie muss husten, die Tränen steigen ihr in die Augen.

»Aber Elisabeth!« Mutter schaut Lisa vorwurfsvoll an. »Der Jacob ist doch bloß ein Bild.«

Bloß ein Bild! Mit einem Ruck springt Lisa auf, läuft in ihr Zimmer und verkriecht sich in den großen Ohrensessel, der früher Großmutter gehörte und der nun in ihrem Zimmer steht, weil sie ihn so liebt. Immer wenn sie unglücklich ist, flüchtet sie in ihren Lieblingssessel.

Bloß ein Bild! Natürlich ist der Jacob nur ein Bild, aber solange Lisa denken kann, hängt das Porträt dieses pausbäckigen Jungen im Wohnzimmer über dem Sofa. Ihr ist, als kenne sie den Jungen mit dem weißen Spitzenkragen und dem grünen Wams richtig. Wenn sie einen kleinen Bruder hätte, müsste er so aussehen.

Und Vater liebt das Bild auch. Einmal hat er einen Bildband mitgebracht, in dem das Bild vom Jacob abgebildet war. *Johann Jacob Felsenau 1682–1735* stand darunter.

Der Junge hieß also in Wirklichkeit nicht nur Jacob, sondern Johann Jacob, und der Maler, der ihn gemalt hatte, hieß Carl August Schranz. Deshalb hätte das Bild inzwischen einigen Wert und müsse vorsichtig behandelt werden, hatte der Vater früher immer gesagt. Aber das hatte Lisa nie interessiert, sie weiß nur, dass sie schon als ganz kleines Mädchen öfter vor dem Bild stand und es lange ansah. Manchmal bildete sie sich dann ein, der Junge verzöge das Gesicht und blinzelte ihr zu. Sie konnte sich so sehr in das Bild versenken, dass ihr richtige Schauer über den Rücken liefen und sie in die Küche flüchten musste. Jetzt steht sie nicht mehr so oft vor dem Bild, doch blickt sie es zufällig mal an, ist ihr noch immer, als lächle der Junge ihr zu. Sie muss sich richtig beherrschen, um nicht zurückzulächeln.

Der Jacob gehört zu ihr, gehört zur Familie, die Eltern dürfen das Bild nicht verkaufen!

Bertha kommt. Bertha ist Köchin, Dienstmädchen, eine Art Großmutter – alles zusammen. Vater nennt sie den guten Geist des Hauses. Und das ist sie wirklich.

Bertha nimmt Lisa in die Arme, wiegt sie und seufzt. Lisa schmiegt sich an sie. Sie weiß: Mutter hat Bertha geschickt. Das tut sie immer, wenn ihr was Leid tut und sie trotzdem nicht nachgeben will. Bertha kann nicht nachgeben, Bertha kann nur trösten.

Wie jeden Abend schaltet Mutter Punkt sieben das Licht aus. Sie will, dass Lisa früh schläft. Schlaf ist wichtig, sagt sie oft. Und meistens fügt sie vertraulich lachend hinzu: Wir Frauen müssen doch schön bleiben.

Bertha ist nicht schön und will auch nicht schön sein. Sie sagt, Schönheit ist was für die Herrschaft, ein Mädchen – und damit meint sie: ein Dienstmädchen – müsse nur ein gutes Herz haben und gut kochen können.

Lisa überlegt oft, was sie sein möchte, wenn sie erwachsen ist, schön oder gut. Doch sie kann sich nie entscheiden. Am liebsten wäre sie beides zugleich.

Vater kommt noch mal. Er setzt sich zu Lisa aufs Bett und fragt: »Wie alt bist du jetzt eigentlich?«

Natürlich weiß Lisas Vater, wie alt sie ist. Sie tut ihm trotzdem den Gefallen und sagt: »Elf.«

»Elf Jahre also schon!« Er spielt den Überraschten. »So groß?«

»Muss der Jacob wirklich weg?«, flüstert sie da nur.

»Ja. Wir können sonst nichts mehr zu essen kaufen«, antwortet der Vater. Und sehr ernst fügt er hinzu: »Du weißt, ich liebe den Jacob genauso wie du. Kenne ihn ja schon viel länger. Aber nun heißt es, er oder wir. Die Inflation ...« Er bricht ab. Er glaubt, davon verstünde Lisa noch nichts. Doch das stimmt nicht. Kein Wort hat sie in der letzten Zeit öfter gehört als dieses: Inflation. Zaubert Bertha eine Suppe ohne Fettaugen auf den Tisch, eine, die nach nichts und wieder nichts schmeckt, heißt es: Ja, ja, die Inflation! Steht in der Zeitung, dass eine vierköpfige Familie den Gashahn aufgedreht hat, weil sie nicht mehr wusste, wie sie sich ernähren sollte, heißt es: Die verfluchte Inflation! An allem, was in diesen Tagen passiert, ist die Inflation schuld. Nur wegen der Inflation müssen die Eltern nach und nach ihre schönsten und wertvollsten und oft auch ihre liebsten Sachen verkaufen. Und nun auch den Jacob.

Anfangs hatte Lisa alles, was mit der Inflation zusammenhing, wahnsinnig interessiert. Sie konnte richtig zusehen, wie die Geldscheine immer größer wurden – und wie man immer weniger dafür bekam. Und Vater erzählte, dass viele der Arbeiter und Angestellten der Fabrik, in der er einer der Direktoren ist, ihren Lohn in Rucksäcken und Waschkörben nach Hause schaffen müssen, so viele Millionen verdienen sie. Wollen sie aber etwas dafür kaufen, ein Paar Schuhe vielleicht, reicht es gerade mal für die Schnürsenkel. Dreihundert Papierfabriken, so sagte er, würden Tag und Nacht Millionen- und Milliardenscheine drucken, die, kaum getrocknet, schon wieder wertlos waren. Also mussten noch mehr Nullen draufgedruckt werden. Und die Arbeiter und Angestellten in Vaters Fabrik bekommen ihr Geld nicht mehr monatlich oder wöchentlich ausgezahlt, sondern täglich. Jeden Tag nach Feierabend nehmen sie ihre Beine in die Hand, um schnell noch was zu kaufen, bevor ihr Lohn überhaupt nichts mehr wert ist. Aber auch das hilft nicht viel.

Wie Vater sein Geld bekommt, weiß Lisa nicht, aber dass es nicht mehr reicht, hat sie schon lange bemerkt. Sonst hätten die Eltern nicht nach und nach alles verkauft: das silberne Besteck, Mutters Schmuck, das gute Meißner Porzellan …

»Wir müssen sehen, wie wir durch die Zeit kommen«, sagt Lisas Vater auch jetzt wieder. »All unsere Ersparnisse sind nichts mehr wert, sind einfach futsch. – Oder willst du, dass wir hier wegziehen und uns eine billigere Wohnung nehmen?«

Das will Lisa nicht. Sie möchte gern in der schönen Siebenzimmerwohnung am Tiergarten wohnen bleiben. Hier hat sie ihre Freundinnen, hier kennt sie sich aus. Vor den Arme-Leute-Straßen hat sie Angst. Deshalb schüttelt sie jetzt nur den Kopf und Vater streichelt sie. »Wenn die Zeiten besser sind«, sagt er, »kaufen wir den Jacob vielleicht wieder zurück.«

Das Verkaufen der Wertsachen hat Bertha übernommen. Nicht, weil sie darin besonderes Geschick besitzt, sondern weil sie einen Bruder hat, der ihr alle diese Sachen abkauft: den Franz.

Bertha stammt, wie viele Berliner Dienstmädchen, aus Oberschlesien und kam vor über dreißig Jahren auf dem Schlesischen Bahnhof an, gerade siebzehn Jahre alt und nur einen Karton mit ihrer Habe bei sich. Sie wechselte von Stellung zu Stellung, bis sie zu Lisas Großeltern kam. Dort widerfuhr ihr, wie sie Lisa oft erzählt hat, das Dienstmädchenglück: Sie war bei einer Herrschaft gelandet, die sie regieren ließ. Als dann der Großvater und danach die Großmutter gestorben war, zog sie zu den Eltern und Lisa.

Berthas Bruder Franz war erst nach Berlin gekommen, als der Weltkrieg schon vorüber war. Da er zwölf Jahre jünger und noch dazu ein richtiger Filou ist, wie Bertha oft sagt, hegt sie keine besonders geschwisterlichen Gefühle für ihn. Als Bertha die Familie verließ, war er ja erst fünf. Und öfter als alle drei Jahre einmal konnte Bertha ihre Familie nicht besuchen. Das wäre ihr zu teuer gekommen. Trotzdem übernahm sie die Verantwortung für den jüngeren Bruder, half ihm, wo sie konnte. Bis sie merkte, dass Franz sie ausnutzte, dass er ihr jeden Pfennig abluchste, den er nur bekommen konnte. So ließ sie sich immer seltener bei ihm blicken, mied ihn längere Zeit richtig – bis die Inflation begann. Jetzt war es plötzlich umgekehrt, jetzt brauchte sie den Bruder, denn Franz blühte auf in dieser Zeit, wurde ein Geschäftemacher, kaufte und verkaufte alles, was ihm unter die Finger kam – vom silbernen Teelöffel bis zum Kronleuchter. Bertha brachte ihm, was ihre Herrschaft verkaufen wollte, und Franz kaufte es und zahlte mit amerikanischen Dollars. Dollars haben Wert, für Dollars bekommt man alles; wer Dollars hat, überlebt.

Lisa ist noch nie mitgegangen, wenn Bertha zu ihrem Bruder fuhr, der jetzt in der Linienstraße, nicht weit vom Alexanderplatz, eine große Wohnung haben soll. Als sie aber sieht, wie Bertha den Jacob in ein Bettlaken wickelt, entschließt sie sich, dieses eine Mal doch mitzufahren. Sie will sehen, wo der Jacob hinkommt; obgleich sie natürlich weiß, dass er nicht lange beim Franz bleiben, sondern schon bald weiterverkauft werden wird.

Bertha zögert, als sie von Lisas Wunsch erfährt. »Ob das der gnädigen Frau wohl recht ist?«

»Frag sie doch«, bittet Lisa.

Die Mutter ist strikt dagegen. »Das sind Albernheiten«, sagt sie. »Als Bertha meinen Schmuck weggetragen hat, bin ich auch nicht mitgegangen. Durch harte Zeiten muss man sich durchbeißen, da darf man nicht jammern.«

Lisa schafft es dann aber doch, ihre Mutter zu erweichen. Sie kann das, so lange tränenlos heulen, bis Mutter weich wird. Und so zieht sie sich gleich nach dem Mittagessen, das eigentlich gar keines war, so mager war die Kost, die Bertha in der Speisekammer »zusammengefegt« hat, den Mantel an, um Bertha auf ihrem schweren Weg zu begleiten. »Es ist jedes Mal eine Demütigung«, sagt das Dienstmädchen. »Aber was hilft's? Was sein muss, muss sein.«

Es ist ein schöner Spätherbsttag. Das Laub der Bäume im Tiergarten hat schon an Farbe verloren, ist nur noch braun, raschelt im Wind und unter den Schritten. Bertha macht ein bekümmertes Gesicht und schweigt und Lisa schweigt auch. Es gibt nichts zu reden.

Die Straßenbahn ist nicht sehr voll. Die Männer und Frauen dösen vor sich hin oder blicken auf die Straße. Auch Lisa schaut hinaus und beugt sich vor, wenn ein

Auto sie überholt. Vielleicht sitzt Vater drin. Er lässt sich oft durch die Straßen chauffieren, wenn er zu einer geschäftlichen Besprechung muss.

Endlich haben sie die Linienstraße erreicht und können aussteigen. Bertha geht ein Stück die Straße zurück und dann auf ein Haus zu, das schon von außen ein bisschen besser aussieht als die anderen. Bevor sie das Haus betritt, flüstert sie Lisa zu: »Er wohnt im Vorderhaus.« Das klingt fast so, als wolle sie sich für irgendwas entschuldigen.

An der Tür steht *F. Hintze*. Bertha klingelt.

»Du bist's?« Ein schlanker Mann mit leicht angegrautem Haar und dunklem Schnurrbart steht in der Tür. Er gibt Bertha die Hand, küsst sie aber nicht, wie es sich, Lisas Meinung nach, für Geschwister eigentlich gehört.

»Ich habe Elisabeth mitgebracht«, sagt Bertha. »Hab dir ja schon von ihr erzählt. Sie wollte unbedingt mitkommen.«

»Ja, ja«, sagt Berthas Bruder nur und geht vor Bertha und Lisa durch den dunklen Flur.

Ein seltsames Wohnzimmer, in das der Mann seine beiden Besucher führt! Nicht groß, aber so voll gestellt, dass man sich kaum rühren kann. Es sind teure Möbel, das sieht Lisa gleich, aber es sind viel zu viele. Alles ist doppelt: die Schränke, die Tische, die Stühle. Und auf den Schränken und Tischen stehen und liegen viele Dinge, eingepackt oder auch nicht: Vasen, Kristallschalen, schwere Leuchter, Uhren, Schmuckkassetten und sogar ein Pelzmantel.

»Was haste denn diesmal?« Berthas Bruder setzt sich hinter einen kleinen Tisch, bietet aber weder Bertha noch Lisa einen Stuhl an. Bertha setzt sich trotzdem und Lisa setzt sich neben sie.

»Ein Bild«, sagt Bertha und wickelt den Jacob aus dem Laken.

Ihr Bruder ist sofort hellwach. »Von wem?«

Bertha zuckt die Achseln und legt den Jacob vorsichtig auf den kleinen Tisch. Ihr Bruder wirft nur einen flüchtigen Blick auf das Porträt, dann studiert er den Zettel, der die Echtheit des Bildes nachweist.

»Carl August Schranz? Nie gehört.« Franz ist enttäuscht.

»Soll aber sehr wertvoll sein«, sagt Bertha. Und Lisa, die den Mann, der sich so wenig um den Jacob kümmert und nicht mal sagt, ob ihm das Bild gefällt oder nicht, immer weniger mag, fügt böse hinzu: »Es *ist* sehr wertvoll. Es ist eines der wertvollsten Bilder, die es gibt.«

Franz lächelt nur. »Geh mal 'nen Augenblick in den Flur, Kleine. Solche Geschäfte sind nichts für Kinder.«

»Bin keine Kleine!« Lisa bleibt einfach sitzen.

Berthas Bruder blickt ärgerlich auf seine Uhr. »Hab nicht mehr viel Zeit, tut mir Leid.«

»Bitte, Lisa«, sagt Bertha da leise. »Geh in den Flur. Solche Geschäfte sind wirklich nichts für dich.«

Lisa wirft noch einen Blick auf den Jacob, der ihr in dieser fremden Wohnung sehr traurig und irgendwie verloren erscheint, dann geht sie in den Flur. Sie lehnt sich an einen der Schränke, die den Flur voll stellen, und spürt, wie ihr vor Wut die Tränen kommen. Dann denkt sie daran, wie ihr zumute sein wird, wenn sie ohne den Jacob nach Hause gehen muss, und wird immer unruhiger. Schließlich geht sie den dunklen Flur entlang und stößt die Küchentür auf. Sie ist nur angelehnt.

In der Küche ist es hell, die blasse Herbstsonne wirft einen breiten Streifen quer durch den Raum und über den Tisch. Und auf dem Tisch steht eine kleine Kassette, der Deckel ist hochgeklappt. Neugierig tritt Lisa näher – und zuckt zurück: Dollars! Die Kassette ist voller Dollars! Lauter Zehn-Dollar-Scheine liegen da aufeinander.

Lisa ist den Anblick von viel Geld gewöhnt. Milliarden- und Billionenscheine hat sie schon in der Hand gehabt, aber das war alles wertloses Zeug, Dollars sind ganz was anderes. Ein einziger Dollar ist inzwischen mehr als zehn Billionen Mark wert. Und in der Kassette da sind ein paar hundert, wenn nicht sogar tausend Dollar. Wenn sie nun einfach einige Scheine herausnimmt? Dann brauchen sie den Jacob nicht zu verkaufen ... Und dieser Franz bemerkt das sicher nicht einmal, so viele Dollars hat er ... Und die hat er ja auch an ihnen verdient; Bertha sagt es selber: Der Franz ist ein Gauner ... Lisa ist noch am Überlegen, da greift sie schon zu. Hastig nimmt sie ein paar Scheine und schiebt sie sich in die Manteltasche. Dann geht sie schnell aus der Küche.

Sie kommt keine Sekunde zu früh. Eben geht die Tür zum Wohnzimmer auf. Verkauf ihn nicht, Bertha!, will Lisa rufen, aber die Worte ersterben ihr im Mund: Bertha hat den Jacob wieder unter dem Arm. Und genauso sorgfältig ins Bettlaken gewickelt wie zuvor.

»Tut mir Leid«, sagt Berthas Bruder. »Wenn du Silber hast oder Gold oder antike Möbel, gerne. Aber so ein Bild ohne Namen? Ich kann dir dafür nicht mehr bieten. Nachher bleib ich darauf sitzen. So dicke hab ich's auch nicht.«

Er lügt. Lisa hat die Kassette ja gesehen. Aber sie sagt nichts, ist nur froh, dass sie den Jacob nicht hier lassen. Schnell geht sie vor Bertha die Treppe hinab.

»So ein Schubiack!«, schimpft Bertha, als sie wieder an der Straßenbahnhaltestelle stehen. »Weißte, was er mir für den Jacob geben wollte? Zehn Dollar! Das ist nichts, überhaupt nichts! Unter fünfzig Dollar darf ich nicht gehen, hat dein Vater gesagt. Zehn ist einfach eine Frechheit.«

Die Dollars! Lisa greift in die Manteltasche. Ob sie Bertha davon erzählen soll? Immerhin ist dieser Franz ihr Bruder ... Aber sie muss es ihr sagen! Wie soll sie denn sonst den Eltern das Geld zukommen lassen?

»Bertha!« Zu dumm! Jetzt muss sie auch noch weinen. Und das mitten auf der Straße.

»Was ist denn, Kindchen?« Bertha ist besorgt.

»Ich … ich …« Lisa kann nicht sprechen, sie hält Bertha nur plötzlich die Dollarscheine hin.

»Lisa! Wo hast du die denn her?« Bertha ist ganz blass geworden. Rasch zieht sie Lisa in eine Haustürnische. Dass gerade die Straßenbahn kommt, interessiert sie nicht mehr.

»Ich … ich …«, fängt Lisa wieder an, aber es geht immer noch nicht.

»Hast du die … von ihm? Hast du sie ihm … gestohlen?«

Da braucht Lisa nur noch zu nicken. Und dann fallen ihr auch die richtigen Worte ein. Sie erzählt Bertha von der offenen Kassette und den vielen, vielen Dollars und sagt, dass der Franz die ja auch an ihnen verdient hat und dass sie gar nicht anders konnte, als zuzugreifen.

Bertha lehnt sich mit dem Rücken an die Haustür und überlegt. Lisa kann richtig sehen, wie es in ihr arbeitet. Dann sagt das Dienstmädchen leise: »Du wolltest den Jacob retten, nicht wahr?«

Lisa schluckt und nickt. Sie hält noch immer das Geld in der Hand und möchte es doch so gerne loswerden.

Bertha nimmt das Geld und zählt es. »Siebzig Dollar«, sagt sie leise. »Das wäre ein anständiger Preis gewesen.«

Lisa lehnt sich an Bertha. Sie ist froh, dass Bertha nicht schimpft. Vor allem aber darüber, dass Bertha nun entscheiden wird, wie es weitergehen soll. Denn das ist ihr inzwischen klar geworden: Sie hat einen Diebstahl begangen, einen richtigen Diebstahl! Erwachsene kommen dafür ins Gefängnis ...

»Wenn wir ihm das Bild nun hochbringen, einfach an die Tür stellen«, überlegt Bertha. »Dann hat er das Bild – und wir das Geld.«

Den Jacob? Dann war ja alles umsonst. »Bring ihm doch lieber das Geld zurück«, bittet Lisa.

Wieder betrachtet Bertha das Geld in ihrer Hand. »Aber wir brauchen es doch ... Wir haben nichts mehr zu essen.«

Da kommt Lisa eine ganz und gar verrückte Idee: Können sie denn nicht das Geld *und* das Bild behalten? Vielleicht merkt Berthas Bruder gar nicht, dass Geld fehlt. Außerdem hat er Bertha schon so viel Geld abgeluchst, warum soll sie ihm denn nicht auch mal ...

»Ich weiß genau, was du denkst!« Berthas Stimme klingt ermahnend – aber nicht abgeneigt, Lisas Idee zu folgen.

Lisa antwortet nichts, sieht Bertha nur an.

»Kind! Du bringst einen auf Ideen!« Das Dienstmädchen schüttelt über sich selbst den Kopf. »Was sollen wir denn deinem Vater sagen, wenn wir den Jacob zurückbringen und trotzdem Geld haben?«

»Wir ... wir können den Jacob ja verstecken. Oder du sagst, dein Bruder hat dir das Geld geschenkt.«

Wieder schüttelt Bertha den Kopf. »Das glaubt er mir nicht, hab ihm viel zu viel über Franz erzählt.«

Und verstecken? Dazu hat Bertha bisher noch nichts gesagt. Lisa beobachtet das Dienstmädchen – und sieht, wie Bertha die Lippen mit einem Mal aufeinander presst und ihr Gesicht immer entschlossenere Züge bekommt, bis sie das Geld endlich einsteckt und sagt: »Komm! Er hat uns schon so oft reingelegt, nun haben wir den Spieß halt mal umgedreht.«

Still gehen sie bis zur Straßenbahnhaltestelle und warten auf die nächste Bahn. Stehen da und schweigen und fühlen sich beide nicht sehr behaglich in ihrer Haut. Aber dann sagt Lisa: »Ich werde es bestimmt nicht wieder tun.«

»Du?«, wundert sich Bertha. »Wieso denn du? Das ist ganz allein meine Sache, hörst du? Damit hast du gar nichts zu tun.« Sie guckt Lisa prüfend an und fügt noch leise hinzu: »Das heißt, von nun an gehört der Jacob uns beiden. Wenn wir nicht wollen, kann ihn keiner mehr verkaufen.«

»Und wo verstecken wir ihn?«

»Unter meinem Bett«, erklärt Bertha. »Da guckt niemand nach – außer Bertha, wenn sie putzt.« Sie muss schmunzeln, wird aber gleich wieder ernst. »Du darfst mich nur nicht verpetzen, sonst bin ich meine Stellung los.«

Lisa wird Bertha ganz bestimmt nicht verpetzen.

»Gut!« Bertha nimmt Lisas Hand und steigt mit ihr

in die Straßenbahn ein, die gerade mit laut quietschenden Bremsen vor ihnen gehalten hat. Sie finden zwei freie Sitzplätze und ruckend setzt sich die Bahn wieder in Bewegung. »Später, wenn wir wieder normale Zeiten haben, erzählen wir deinen Eltern die ganze Sache«, flüstert Bertha Lisa dann noch zu, als der Schaffner kassiert hat. »Du wirst sehen, dann loben sie uns für unsere Tüchtigkeit.«

Lisa nickt vorsichtig, aber ganz zufrieden ist sie noch nicht. »Was hast du deinem Bruder eigentlich über mich erzählt?«, fragt sie leise zurück.

Erst weiß Bertha nicht so recht, was Lisa meint, aber dann erinnert sie sich und muss herzhaft lachen. »Hab ihm gesagt, dass du ein ganz besonders liebes Mädchen bist. Na und? Stimmt das etwa nicht?«

1932
Eisern, Emil, eisern!

Als Mutter ihn weckt, ist Emil sofort hellwach. »Haste gut geschlafen?«, fragt sie, und dann setzt sie sich zu ihm ans Bett, wie sie es früher oft getan hat, als er noch zur Schule ging. Auch für sie ist heute ein besonderer Tag.

Emil hat kaum geschlafen, er ist erst mitten in der Nacht eingeschlafen. Die Aufregung in ihm wollte und wollte nicht abklingen. Immer wieder hatte er sich gefragt, wie wohl die Werkstatt aussehen würde und wie der Meister, die Gesellen, die anderen Lehrlinge – wenn es welche gab. Ob sie freundlich zu ihm sein oder ihn erst mal nur beobachten würden. Dabei war er immer munterer geworden.

»Lass mal«, sagt Mutter. »Das schaffste auch. Du warst doch immer schon tüchtig.«

»Hhm!« Emil steht auf und macht sich fertig.

Mutter hat Recht, er war immer schon tüchtig. Aber geholfen hat ihm das nicht. Nun ist er schon anderthalb Jahre aus der Schule, doch erst jetzt hat er eine Lehrstelle gefunden. Aber wie viele haben immer noch keine? Schulle, der lange Alfred, Keule Klarwein, Hubert Brandt – sie alle hatten weniger Glück.

Vater sitzt in der Küche, trinkt seinen Tee, isst sein Brot. »Na?«, fragt er ernst. »Ist die Sehne gespannt?«

Die Sehne ist gespannt, der Pfeil kann abgeschossen werden. Stolz setzt Emil sich zum Vater, kommt sich erwachsen vor: Zum ersten Mal frühstückt er um diese Zeit.

»Du weißt ja, wie du hinkommst.« Vater packt seine Brote in die Aktentasche und sagt noch einmal, was er all die Tage zuvor schon gesagt hat: Wie schwer es gewesen ist, die Lehrstelle zu finden, und dass er, wenn sein alter Kriegskamerad Krause nicht gewesen wäre, die Stelle auch nicht bekommen hätte – bei über sechs Millionen Arbeitslosen. Emil hätte saumäßiges Glück gehabt, solle das nie vergessen und sich unterordnen. Es gäbe so viele Jungen, die keine Lehrstelle hätten und sich freuen würden, wenn er flöge und dadurch wieder eine frei würde. Und natürlich: Lehrjahre seien keine Herrenjahre, wären es nie gewesen und würden es auch zukünftig nicht werden.

Vater hat Recht: Eine solche Chance bekommt er so schnell nicht wieder, er muss sie am Schopf packen; Autoschlosser ist ja schließlich sein Wunschberuf.

Die Werkstatt liegt am oberen Ende der Schönhauser Allee, da, wo sie schon fast in die Berliner Straße übergeht. Emil kann mit der Straßenbahn fahren und hat dann nicht mehr weit zu laufen. Die Straßenbahn hält direkt vor der Werkstatt.

Emil Karsunke & Co. steht über dem Tor, hinter dem es nach Benzin und Öl riecht und das so einladend weit geöffnet ist, als wollte es alle Autos, die in Richtung Pankow fahren, auf den Reparaturhof umleiten. Emil packt die Tasche mit den Broten fester und betritt den Hof. Dass der Karsunke auch Emil heißt, halten die Eltern für ein gutes Zeichen.

Reparaturbüro. Hier soll er klopfen. Hier hat auch Vater geklopft, als er ihn herbrachte, um ihn Herrn Karsunke und seinem Meister vorzustellen. Emil sieht ihn wieder vor sich, den dicken Mann mit der Zigarre und dem gemütlichen Grinsen, der keinen Kittel oder Monteuranzug, sondern einen ziemlich hellen Sommeranzug trug, der eigentlich nicht so recht in eine Autoschlosserei passte.

»Emil heißt du?«, hatte der Karsunke gesagt. »Also ein Namensvetter! Prima! Wer Emil heißt, der schafft es – so wahr ich Emil heiße!«

Er hatte gelacht und ihm sein Geheimnis verraten. »Eisern, Emil, eisern, hab ich mir gesagt, als ich so alt war wie du. Und so hab ich's geschafft: Früher ein armer Junge vom Wedding, beschäftige ich heute zwanzig Leute. Oder ist das etwa nichts?« Dabei guckte Herr Karsunke seinen Meister an und der mürrisch dreinblickende Mann nickte beflissen.

»Was is los? Trauste dich nicht?« Ein junger Mann mit Schirmmütze und einer abgewetzten Aktentasche steht hinter Emil.

»Bist wohl der neue Lehrling?« Der junge Mann öffnet die Tür zum Büro und lacht freundlich. »Na ja, am ersten Tag hatte ich auch Schiss. Aber keine Angst, hier frisst dich keiner.«

Der junge Mann sieht wirklich nicht aus, als würde er Lehrlinge fressen. Schon ein wenig mutiger betritt Emil hinter ihm das Reparaturbüro und grüßt höflich die ältere Frau im schwarzen Kittel, die dort hinter dem Schreibtisch sitzt.

»Morjen, Fräulein Lenz!« Der junge Mann grinst seltsam bitter. »Hier bring ick Ihnen Deutschlands Zukunft. Sehn Se mal zu, dass se uns nicht einjeht.«

Der junge Mann heißt Hermann und ist, so hat er es Emil erklärt, seit zwei Jahren Altgeselle. Hermann macht sich über alles lustig, auch über sich selber, und so freut Emil sich jedes Mal, wenn er ihn sieht. Er fühlt sich doch sehr fremd in der Werkstatt, viel fremder, als er es sich vorgestellt hatte.

Es ist überhaupt alles anders, als er es sich vorgestellt hatte. Niemand kümmert sich um ihn, er scheint die Männer, die in den Reparaturgruben hocken und an den verschiedenen Autotypen herumarbeiten, überhaupt nicht zu interessieren. Wenn da nicht Hermann wäre, der ihm ab und zu mal freundlich zugrinst, könnte er genauso gut wieder nach Hause gehen.

Das heißt nicht, dass er nichts zu tun hat. Dafür, dass er nicht herumsteht, sorgt schon der mürrische Meister, der alle zwanzig Minuten kommt und nachsieht, wie weit er ist.

Er muss Ausbauteile putzen. So nennt der Meister die vielen kleinen Einzelteile, die aus verschrotteten oder kaputtgefahrenen Autos ausgebaut worden sind; total verdreckte Teile. Er reinigt sie erst mit einer Drahtbürste und dann mit einem Lappen, den er ab und zu in Waschbenzin tunkt. Seine Hände sind schon ganz schwarz vor Dreck und seine Nase ist es auch – wenn Hermann nicht geschwindelt hat.

Immer wieder schaut Emil zu der großen Werkstattuhr hoch. Ihm ist, als sitze er schon seit vielen Stunden auf dem Hocker und putze Teile, dabei ist es noch nicht mal neun. Er ist so müde, dass er sofort einschlafen könnte. Aber natürlich darf er nicht. Der Meister, der, wie er nun weiß, Hagedorn heißt, hat es gesagt: Die ersten zwölf Wochen sind Probezeit; wenn er da Mist macht, fliegt er innerhalb von Sekunden.

»Morjen, Leute!«

Herr Karsunke kommt auf den Hof. Breit und behäbig steht er da, stemmt die Arme in die Seiten und streckt den Bauch heraus und pafft vergnügt blinzelnd schon wieder an einer Zigarre herum.

Die Männer unter den Autos grüßen zurück und arbeiten automatisch etwas schneller. Auch Emil ertappt sich dabei, dass er etwas eifriger schrubbt. Nur Hermann, der Altgeselle, wird nicht schneller. Er kommt sogar aus seiner Grube heraus, um etwas mit Herrn Karsunke zu bereden.

Herr Karsunke hört aufmerksam zu, legt sein rundes

Gesicht in Falten und erwidert etwas. Dabei schauen die beiden Männer zu Emil hin.

Sprechen sie über ihn? Emil schrubbt noch etwas schneller. Doch dann zuckt Hermann nur die Achseln und geht in seine Grube zurück. Herr Karsunke aber kommt auf Emil zu. »Tüchtig, tüchtig«, sagt er und dreht seine Zigarre im Mund, ohne sie herauszunehmen. Und dann kneift er ein Auge zu: »Nicht vergessen, Emil – eisern sein! Unbedingt: eisern sein!«

Es geht auf Mittag zu. Emil sitzt auf seinem Hocker und putzt Ausbauteile. Den ganzen Tag tut er das nun schon, abgesehen von der Frühstückspause. Aber von der hatte er nicht viel, weil er verzweifelt versuchte, seine Hände sauber zu bekommen, bevor er sein Brot anfasste. Er bekam sie jedoch nicht sauber, nicht mal der Waschsand, auf den Hermann ihn aufmerksam machte, half. Und allzu heftig schrubben durfte er nicht, die Handinnenflächen sind voller Blasen. Ohne Schrubben aber geht das Gemisch aus Dreck und Öl nicht von der Haut, der Schmutz sitzt tief in den Poren. Als er endlich aufgab, hatte er gerade noch Zeit, sein Brot hinunterzuschlingen.

»Na, geht's noch?«

Hermann hockt sich zu ihm.

»Muss ich das den ganzen Tag machen?«

»Nee. Kurz vor Feierabend darfste die Werkstatt ausfegen.« Hermann lacht und geht weiter. Aber er verstellt sich, Emil merkt es deutlich: Hermann hat Mitleid mit ihm. Er kann sich vorstellen, wie ihm zumute ist. Vielleicht musste er das auch machen, als er Lehrling war. Vielleicht weiß er, wie langsam dabei die Zeit vergeht, wie der Rücken schmerzt und wie unangenehm das ist, wenn man in der prallen Sonne sitzt und schwitzt und man sich mit den mistigen Händen und Armen nicht mal den Schweiß von der Stirn wischen kann – es irgendwann aber doch tut und unter dem öligen Dreck noch mehr schwitzt.

Wenig später kommt Hermann zurück und steckt Emil einige Münzen in die Brusttasche der blauen Arbeitsjacke. »Hier. Flitz mal rüber zu dem kleinen Lebensmittelladen und hol fünf Flaschen Bier.« Er kneift ein Auge zu. »Brauchst dir nicht die Hacken abzurennen, aber bummeln darfste auch nicht.«

Ist das schön, über die Straße zu gehen, den Sommerwind auf der verschwitzten Stirn zu spüren, durchzuatmen, den Rücken nach hinten zu biegen und die Hände ruhen zu lassen, besonders die heißen Handinnenflächen! Emil hat die Hände auch jetzt nicht sauber bekommen, aber nun macht ihm das nichts mehr aus, er hat sich an seine Dreckpfoten schon gewöhnt, ist sogar ein bisschen stolz darauf. So sieht wenigstens jeder, dass er gearbeitet hat.

Schade, in dem kleinen Lebensmittelladen ist es leer, er braucht nicht anzustehen.

Die fünf Flaschen Bier in den Händen, betritt Emil wieder die Werkstatt. Er stellt sie vor Hermann hin und gibt ihm das Wechselgeld zurück. Einige der Männer kommen und holen sich ihr Bier, dann wird Mittagspause gemacht.

Emil hat auch Durst, aber er hat nichts zu trinken. Mutter will ihm eine Thermosflasche kaufen, um ihm Tee mitgeben zu können – im Sommer kalten, im Winter heißen. Vielleicht kauft sie sie heute schon, dann hat er morgen auch was.

Es ist Nachmittag und noch heißer geworden. Und die Handinnenflächen brennen so sehr, dass es kaum noch zum Aushalten ist. Seit sieben Stunden sitzt Emil nun schon auf seinem Hocker und putzt. Tiefe Lustlosigkeit ist in ihm. Herr Hagedorn scheint das zu bemerken. Wenn er vorbeikommt, guckt er jedes Mal misstrauisch. Und einmal sagt er sogar: »So nicht! So jedenfalls nicht!«

Was meint er damit? Will er damit sagen, dass er nicht tüchtig genug ist? Emil schaut zu den Ausbauteilen hin, die er nun schon gereinigt und sortiert hat. Ist das zu wenig? Und dann fällt sein Blick wieder auf den Berg noch ungereinigter Teile: Er ist so groß, dass er mindestens noch drei Wochen braucht, um ihn abzutragen.

Als Herr Hagedorn dann endlich kommt und Emil erklärt, wie er den Hof und die Halle kehren soll, ist das wie eine Erlösung für Emil. Endlich darf er runter von diesem Hocker.

»Kehren«, belehrt Herr Hagedorn Emil, als er schon loslegen will, »nicht fegen! Und den Dreck immer von dir weg, nicht zu dir hin.«

Emil kehrt. Immer von sich weg. Den ganzen Hof, die Werkstatt. Die Männer sind schon dabei, sich zu waschen, da kehrt er immer noch. Als er sich endlich ebenfalls waschen darf, ist er allein im Waschraum. Er wäscht sich lange und gründlich. Es ist so angenehm, das kalte Wasser über die glühenden Handinnenflächen laufen zu lassen; ein richtiger Genuss! Und nun ist auch ein richtig gutes Gefühl in ihm: Er hat durchgehalten! Er war eisern!

In der Straßenbahn erwischt Emil einen Fensterplatz. Er lehnt den Kopf an die Fensterscheibe und schließt die Augen. Nicht vor Müdigkeit, redet er sich ein, nur weil die Sonne so sticht. Doch dann wäre er beinahe an der Haltestelle, an der er raus muss, vorübergefahren. Eine alte Frau, die schimpft, weil er sitzt und sie steht, weckt ihn auf. »So 'n junges Blut«, sagt sie. »Da waren wir früher anders.«

Die Straße kommt Emil verändert vor, vertraut und doch verändert. Aber das liegt sicher an der tiefen Zufriedenheit in ihm. Er hat sich verändert, nicht die Straße.

Schulle kommt, Schulle, der mit Emil in eine Klasse

ging, eigentlich Jochen Schulz heißt, aber seit ewigen Zeiten von allen nur Schulle gerufen wird. Er hat mit ein paar kleineren Kindern vor der Haustür gesessen und sicher mal wieder ein bisschen angegeben. Schulle gibt gern an.

»Na, wie war's?«

»Anstrengend. Den ganzen Tag Teile putzen.« Emil hält Schulle seine Hände hin.

»Die nutzen dich da doch nur aus«, sagt Schulle. »Was lernste denn dabei, wenn du den ganzen Tag nur Teile putzt?«

Schulle und Keule Klarwein gehen öfter in die SA-Küche. Dort gibt es Suppe und jede Menge großer Reden. Alles kostenlos. Erst haben Schulle und Keule über die Reden der Hitler-Leute nur gelacht und gesagt: »Die Suppe interessiert uns, sonst nichts.« Jetzt reden sie schon nach, was sie da hören.

»Komm doch auch mal hin«, schlägt Schulle vor. »Manchmal gibt's sogar Brot für zu Hause.«

»Keine Zeit«, sagt Emil. Und das stimmt auch. Er hat für so was nun wirklich keine Zeit mehr.

Der kalte Tee schmeckt herrlich, aber der Rücken schmerzt noch mehr und die Handinnenflächen sind dick und heiß. Mutter hat Emil die Blasen aufgestochen, damit die Flüssigkeit rauslaufen kann, und ihm die Hände danach mit Creme eingerieben und verpflastert. Nun liegen sie schwer und wie fremd auf dem

Küchentisch. Greift Emil nach der Tasse mit dem Tee, muss er sie mit beiden Händen packen.

»Da musste durch, Junge.«

Mutter bedauert ihn. Sie tut nur so hart, weil sie ihm ja doch nicht helfen kann. Er will ja auch gar keine Hilfe. Er wird sich schon durchbeißen, da ist er sich ganz sicher.

Als Emil am nächsten Morgen aufsteht, ist sein Rücken so steif, schmerzen seine Hände so sehr, dass er einen Augenblick lang Angst hat, nicht durchzuhalten. Vater jedoch besieht sich die Hände und sagt: »Das geht schon.« Und Mutter cremt sie wieder ein und verpflastert sie.

Die ersten Handgriffe tun so weh, dass Emil einen Moment lang versucht ist, einfach alles hinzuschmeißen und loszuheulen. Dass es so schlimm sein würde, hätte er nicht gedacht. Doch dann geht es wieder. Die Hände tun zwar noch weh, aber sie können wieder zugreifen. Nur der Rücken will sich nicht anpassen. Emil muss gebeugt sitzen bleiben, aufrichten darf er sich nicht.

An diesem Tag verpasst Emil die Frühstückspause nicht. Er wäscht sich nur kurz die Hände, schrubbt sie nicht, streichelt sie beim Waschen. Und dann lässt er kaltes Wasser darüber laufen, bis er befürchten muss, dass sich die Pflaster ablösen. Sein Brot isst er aus dem Papier.

Hermann ist nicht mehr ganz so freundlich wie tags zuvor, behandelt ihn nun so, als sei er schon längst kein Neuer mehr.

Der Vormittag zieht sich endlos lange hin. Emil schaut immer wieder zur Uhr hoch und fragt sich, ob die Männer ihn auch heute Bier holen schicken. Er möchte, dass sie ihn schicken, freut sich schon auf den Weg über die Straße. Und als Hermann kommt und ihm das Geld in die Brusttasche steckt, springt er gleich auf.

Hermann lacht. »Das Schönste vom ganzen Tag, was?«

Die ganze Woche putzt Emil Ausbauteile und wird immer schneller, immer geschickter dabei. Herr Hagedorn aber macht trotzdem kein besonders zufriedenes Gesicht.

Emil gibt sich noch mehr Mühe. Er möchte Herrn Hagedorn endlich mal zufrieden stellen. »Wenn dein Meister mit dir zufrieden ist, haste's geschafft«, hat Vater gesagt. »Vorher nicht.«

Aber Herrn Hagedorns mürrische Miene bleibt. Bald ist Emil davon überzeugt, dass es überhaupt niemandem gelingt, Herrn Hagedorn zufrieden zu stellen.

Herrn Karsunke sieht Emil nur einmal am Tag, immer dann, wenn er die Werkstatt betritt, um sein »Morjen, Leute!« loszuwerden. Fällt Herrn Karsunkes Blick dabei zufällig auf ihn, nickt er ihm zu, als wollte er ihn daran erinnern, dass sie beide die gleichen Vornamen tragen.

Am Ende der ersten Woche hat Emil den Berg verdreckter Ersatzteile fast abgetragen. Es hat also nicht zwei oder drei Wochen gedauert, sondern nur eine einzige. Als er am Samstag Hof und Halle kehrt, ist er sicher, dass er in der nächsten Woche etwas anderes machen wird. Das verstärkt die Vorfreude auf den Sonntag noch.

Am Sonntag schläft Emil lange. Er steht erst auf, als es Mittagessen gibt. Und am Nachmittag geht er mit Schulle in den Humboldthain. Stolz spaziert er mit ihm auf und ab. Schulle hat versprochen, dass zwei Mädchen kommen, aber die Mädchen kommen nicht. Schulle hat wieder mal angegeben. Und Schulle gibt weiter an. Er erzählt, dass er nun auch bald eine SA-Uniform bekommt, dass er dann ein richtiger SA-Mann sein und, wenn Hitler erst an der Macht ist, auch Arbeit bekommen wird. »Aber nicht irgend so 'ne Dreckarbeit, was Richtiges – etwas, das Spaß macht.«

Emil hat schon viel von diesem Adolf Hitler gehört. Und er hat Fotos von ihm gesehen. Der Mann mit dem Schnurrbärtchen und dem stechenden Blick gefällt ihm nicht, der redet ihm auch viel zu geschwollen. Vater sagt, Hitler verspreche alles und solche Typen hielten meistens gar nichts. Es habe keinen Sinn, sich auf einen Führer zu verlassen, man dürfe sich nur auf sich selber, auf seinen eigenen Fleiß und die eigene Tüchtigkeit verlassen.

Aber wie soll Schulle sich auf seinen Fleiß verlassen, wenn er keine Arbeit bekommt? Wie kann er tüchtig sein, wenn er den ganzen Tag nur vor der Haustür herumsitzt?

»Ich sag dir: die Juden sind schuld«, redet Schulle weiter auf Emil ein. »Die beuten uns aus. Wenn die nicht wären, hätten wir längst alle Arbeit. Wie heißt denn dein Chef? Heißt der Rosenthal oder Löwenberg oder so?«

»Karsunke heißt er.«

Karsunke ist nicht jüdisch, das muss sogar Schulle zugeben, aber er bleibt vorsichtig. »Vielleicht ist seine Mutter 'ne Jüdin. Eines Tages kriegen wir das schon raus – und dann rächen wir uns.«

Soll Emil Schulle fragen, wofür er sich denn an Karsunke rächen will, falls dessen Mutter tatsächlich Jüdin ist? Nein! Er fragt lieber nicht. Er will nicht noch mehr Vorträge von Schulle zu hören bekommen.

Schulle tut ihm Leid, aber er kann ihm nicht helfen.

Als Emil am Montag die Werkstatt betritt, verlässt ihn aller Mut: Der Berg mit verdreckten Ausbauteilen ist wieder angewachsen, ist größer als je zuvor. Und er ist über Sonntag angewachsen – also sind die Teile nicht in der Werkstatt ausgebaut worden, sondern irgendwo anders. Lustlos macht er sich an die Arbeit.

Die ganze Woche lang sitzt Emil auf seinem Hocker. Und am Montag darauf ist der Berg erneut angewachsen, die Hoffnung auf eine abwechslungsreichere Arbeit wiederum umsonst gewesen. Immer öfter blickt Emil zu den Männern hin, die in den Gruben hocken und Autos reparieren. Doch keiner schaut zu ihm her. Auch Hermann nicht. Erst kurz vor der Mittagspause kommt er. »Fünf«, sagt er und steckt Emil das Geld in die Brusttasche. Aber auch diese Ablenkung macht keinen Spaß mehr. Nichts macht Emil noch Spaß.

So vergehen drei Wochen, vier Wochen, fünf Wochen, immer mehr Wochen. Es wird September und Oktober und Emil putzt und putzt, holt Bier und kehrt Hof und Halle. Er beschwert sich beim Vater, aber der sagt: »Da hilft alles nichts.«

Emil überlegt, ob er nicht mal mit Herrn Karsunke reden soll, der eigentlich immer recht freundlich zu ihm war. Aber dann wagt er es doch nicht. Der Karsunke würde bloß wieder »Eisern, Emil, eisern!« sagen. Und mit Meister Hagedorn kann er erst recht nicht reden. Dem gibt er die Schuld an der langweiligen Arbeit. Der ist es ja, der ihn auch mal was anderes machen lassen könnte.

Als Emil dann am dritten Montag im Oktober in die Werkstatt kommt und wieder einen hohen Berg Ausbauteile vorfindet, und diesmal sogar den höchsten, den er in all diesen Wochen je vorgefunden hat, kann er nicht mehr. Steif dreht er sich um, geht von dem Berg weg und hinein ins Reparaturbüro, wo Fräulein Lenz gerade ihren Karteikasten sortiert. »Ich hätte gern Herrn Karsunke gesprochen«, sagt er höflich.

»Der ist noch nicht da.« Fräulein Lenz blickt nicht auf. »Aber wenn du willst, sag ich ihm, dass du nach ihm gefragt hast.«

»Ja, bitte! Sagen Sie es ihm.«

Nun hebt Fräulein Lenz doch den Kopf und blickt Emil über ihre randlose Brille hinweg besorgt an. »Besser wäre es allerdings, du würdest ihn nicht stören.«

»Warum denn?«

»Er liebt keine Störungen.« Fräulein Lenz sortiert weiter ihre Karteikarten und fragt erst, nachdem einige Zeit vergangen ist und weder sie noch Emil ein Wort gesagt haben: »Was ist nun? Soll ich ihm sagen, dass du gefragt hast, oder doch lieber nicht?«

Emil zögert, nickt dann aber doch. Was kann schon Schlimmes dabei sein? Die paar Minuten wird Herr Karsunke doch wohl Zeit haben.

»Also gut. Ich sag ihm Bescheid, wenn er kommt.«

»Danke schön.« Noch immer ein wenig verwundert, verlässt Emil das Büro, geht zu seinen Teilen zurück und beginnt mit der Arbeit. Als er dann einige Zeit gearbeitet hat, bereut er sein voreiliges Handeln. Vielleicht hatte Fräulein Lenz doch Recht, vielleicht denkt Herr Karsunke jetzt, er wäre nicht »eisern«, hätte nicht durchgehalten …

Herr Karsunke kommt wie immer kurz vor der Frühstückspause.

»Morjen, Leute!«

Die Männer grüßen zurück wie jeden Tag. Emil wird rot vor Aufregung. Wird Herr Karsunke jetzt zu ihm kommen?

Doch Herr Karsunke winkt nur Herrn Hagedorn heran und bespricht was mit ihm. Dann verschwindet er wieder in seinem Büro.

Hat Fräulein Lenz ihm nicht ausgerichtet, dass er nach ihm gefragt hat? Emil weiß nicht, ob er froh oder enttäuscht sein soll. Aber dann entschließt er sich, vorerst abzuwarten. Wenn er noch länger Teile putzen muss, kann er ja später noch einmal versuchen, Herrn Karsunke zu fragen, ob er nicht mal was anderes machen darf.

Es hat sich was verändert, Emil fühlt es deutlich. Herr Hagedorn lässt sich nun überhaupt nicht mehr blicken, und als die Mittagspause herannaht, geht einer der Männer Bier holen.

In Emil kriecht die Furcht hoch. Er schaut zu Hermann hin, aber der weicht seinem Blick aus.

In der Mittagspause versucht Emil dann, sich dicht neben Hermann zu setzen. Aber der Altgeselle hockt sich zwischen zwei Männer und redet mit ihnen und da kann Emil ihn nicht stören.

Nachmittags putzt Emil besonders eifrig. Herr Hagedorn muss doch sehen, welche Mühe er sich gibt. Warum kommt er nicht, um die Teile zu kontrollieren? Am Abend kehrt Emil die Werkstatt und den Hof, wäscht sich und zieht sich um. Als er damit fertig ist, kommt Herr Hagedorn doch noch und drückt ihm einen Briefumschlag in die Hand. »Das sind deine Papiere. Du brauchst ab morgen nicht mehr zu kommen.«

»Aber ...«

Herr Hagedorn guckt ernst. »Herr Karsunke hat dich entlassen.«

Entlassen? Emil will das nicht glauben. Aber Herr Hagedorn erklärt nichts, gibt Emil nur die Hand und sagt: »Alles Gute! Vielleicht hast du woanders mehr Glück.«

Emil steht vor dem Tor mit der Aufschrift *Emil Karsunke & Co.* und wartet. Er hofft auf einen Irrtum. Vielleicht hat Fräulein Lenz Herrn Karsunke was Falsches gesagt. Er hat doch nur nach ihm gefragt, das kann doch kein Grund zur Entlassung sein.

Er muss mit Herrn Karsunke reden, muss alles aufklären; er kann doch so nicht zu den Eltern heimkehren. Es *muss* ein Missverständnis sein. Oder hat er sich etwa nicht Blasen an die Hände gearbeitet, hat er nicht gekehrt, wie Herr Hagedorn es wollte, hat er den Männern nicht ihr Bier geholt, ohne zu bummeln?

Fräulein Lenz kommt über den Hof. Sie trägt einen hellen Sommermantel und sieht ganz anders aus als sonst, nicht so verhuscht wie im Büro. »Du bist noch hier?«

»Ich warte auf Herrn Karsunke.«

Sie schließt das Tor ab. »Da kannst du lange warten, er ist zu einer Besprechung. Außerdem nützt es nichts, der Chef hat sich noch nie umstimmen lassen.«

»Was haben Sie denn zu ihm gesagt?« Emil kann nicht verhindern, dass seine Stimme vorwurfsvoll klingt. »Ich hab doch nur nach ihm gefragt.«

»Mehr hab ich auch nicht gesagt ... Einmal kommt ihr ja alle und fragt nach ihm.«

»Alle?«

Fräulein Lenz sieht sich um. »Komm mal 'n Stück mit. Hier spricht's sich nicht so gut.« Und dann geht sie mit Emil die Schönhauser Allee entlang und erzählt ihm, dass noch kein Lehrjunge die zwölf Wochen Probezeit überstanden hat und Herr Karsunke in Wahrheit auch gar keinen Lehrjungen ausbilden will, sondern nur eine billige Arbeitskraft sucht, die ihm die Teile reinigt. Die Gesellen verdienen ihm zu gut, deshalb sollen sie das nicht tun. Natürlich kann ihm das niemand nachweisen, aber wissen tun es alle. Er ordnet einfach an, dass der Lehrjunge das erste Vierteljahr Teile putzen soll. Und ein Vierteljahr ist eine lange Zeit, irgendwann kommt es zu einer Beschwerde. »Na ja, und die benutzt er als Entlassungsgrund. Hat kein Durchhaltevermögen, der Bengel, sagt er dann.« Sie seufzt. »Heute hast du noch geputzt und schon morgen stellt er einen anderen dafür ein ... Es gibt ja genug von euch. Und billige Ausbauteile gibt's auch genug. Die kauft er extra überall ein – ist ein schönes Nebengeschäft.«

Emil kommen die Tränen. Er beißt sich auf die Lippen, aber es nützt nichts. Dafür hat er also gearbeitet, dafür hat er geschuftet. »Das sag ich meinem Vater«, schluchzt er. »Das lassen wir uns nicht gefallen.«

»Das müsst ihr euch gefallen lassen«, widerspricht Fräulein Lenz ernst. »Wir müssen es uns alle gefallen lassen. Wen Herr Karsunke ausbildet und wen nicht, ist ganz allein seine Sache. Außerdem hab ich dir gar nichts gesagt, du hast dir das nur ausgedacht. Der Karsunke ist der netteste Mensch von der Welt.«

»Aber ...?«

Fräulein Lenz lächelt traurig. »Glaubst du, ich will deinetwegen meine Stellung verlieren? In diesen Zeiten? Ich geh bald auf Rente. Hab dir das alles nur gesagt, damit du nicht denkst, es hätte an dir gelegen. So lange wie du hat nämlich noch keiner ausgehalten. Nur noch eine einzige Woche und du hättest die Probezeit überstanden! Zwar hätte er dich dann sicher noch lange Ausbauteile putzen lassen, aber irgendwann hätte der Hagedorn dich wirklich ausbilden müssen.«

Eine Woche! Eine einzige Woche nur hätte er noch aushalten müssen. Emil wird es übel, still lehnt er sich an eine Litfasssäule.

Fräulein Lenz mustert ihn besorgt. »Mach bloß keinen Blödsinn, Junge! Das lohnt ja alles nicht.«

59

Die Straßenbahn zuckelt durch die Straßen, als wollte sie sich heute besonders viel Zeit lassen. Emil hält es kaum noch aus, er möchte raus, irgendwas tun, was kaputtschlagen; er spürt eine so blanke Wut in sich, einen solchen Hass auf Herrn Karsunke, auf die Männer in der Werkstatt, auf Fräulein Lenz, die ihn in sein Unglück laufen ließ, anstatt ihn zu warnen, dass er das Gefühl hat, daran zu ersticken, wenn er sich nicht bald Luft machen kann.

Fräulein Lenz hat gesagt, sie durfte ihn nicht warnen, weil sie nicht gegen Herrn Karsunkes Interessen handeln kann, solange sie noch für ihn arbeitet. Und dass sie deshalb nicht deutlicher wurde, als er im Büro nach Herrn Karsunke fragte.

Aber ist das in Ordnung? Oder ist es etwa in Ordnung, dass Herr Hagedorn nur deshalb immer so mürrisch war, weil er diese Art von »Lehrlingsausbildung« ablehnte? Weshalb zeigte er ihm so ein Gesicht anstatt Herrn Karsunke? – Weil er um seine Stellung fürchtete! Genau wie Hermann, der, wie Fräulein Lenz sagte, sogar einmal mit Herrn Karsunke geredet hat, weil er meinte, dass sie mit ihm einen wirklich tüchtigen Lehrling bekommen hätten.

Fräulein Lenz und all die Männer in Herrn Karsunkes Firma sind nicht mit Herrn Karsunkes Methoden einverstanden. Aber keiner wagt, den Mund aufzumachen, alle machen sie einen Rückzieher, weil sie um ihre Arbeit, ihr Auskommen fürchten. Und das Schlimme daran ist, dass er in ihrer Lage sicher genauso gehandelt hätte.

Aber was ist das für eine Welt, in der ein Karsunke machen darf, was er will? Haben Schulle und Keule nicht Recht, wenn sie die verändern wollen? Hat nicht vielleicht sogar dieser Hitler Recht? Vielleicht hat ja der Karsunke doch eine jüdische Mutter, dann ist er ein Halbjude und er braucht sich über nichts mehr zu wundern …

Die Straßenbahn hält, endlich kann Emil aussteigen und in die Straße einbiegen, in der er wohnt.

Erst geht er schnell, will nach Hause, den Eltern sagen, was passiert ist; will ihren Schutz, ihre Parteinahme. Aber dann wird er langsamer. Die Eltern werden ihm die Schuld geben, werden sagen: Nur noch eine Woche – hättest du die nicht durchhalten können? Sie werden ihm vorwerfen, dass er sich beschweren wollte, dass er nicht stillgehalten hat; Lehrjahre sind keine Herrenjahre, Vaters Spruch …

»He! Emil! Träumste?«

Schulle! Und Keule. Verlegen wendet Emil sich den beiden zu und Schulle erschrickt. »Du hast ja geheult!«

Nun muss Emil erst recht heulen. Stockend erzählt er den beiden Freunden von dem Betrug und sieht mit Genugtuung, wie ihre Empörung wächst. »Dieser Hund!«, sagt Schulle und meint Karsunke. Und Keule fügt hinzu: »Mach dir nichts draus. Den fangen wir mal abends ab, und dann verpletten wir ihm eine, an der er bis Weihnachten zu lutschen hat.«

Schulles und Keules Anteilnahme tut gut. Emil stellt sich mit den beiden vor Schulles Haustür und schmiedet Rachepläne: Ja, sie werden den Karsunke mal abfangen ... So einem muss man's zeigen ... Und wenn Adolf erst an der Macht ist ...

»Dann haben die Karsunkes nichts mehr zu sagen«, meint Keule, »und die anderen müssen nicht mehr vor solchen Ratten buckeln.«

Emil ist nicht sehr wohl bei diesen Reden, aber wenn jetzt der Karsunke vorbeikäme, würde er sich mit Schulle und Keule auf ihn stürzen, würde er zuschlagen, zuschlagen, zuschlagen.

»Wir gehen jetzt ins Sturmlokal. Komm doch mit. Da bereden wir deinen Fall.«

Schulle schlägt das vor. Und er sagt nicht mehr Küche, sondern Sturmlokal. Aber Emil ist das nun egal. Schulle und Keule verstehen ihn, Schulle und Keule sind seine Freunde!

1941
Hände hoch, Tschibaba!

Es ist das erste Mal, dass Wolf den gelben Stern tragen muss. Die Mutter hat ihm den Stern an die Jacke genäht und gesagt, dass er ihn nicht abmachen darf, wenn er nicht will, dass seine Eltern und er bestraft werden. Und sie hat ihm von der Strafe erzählt, die jedem Juden droht, der den Stern nicht trägt: die Einweisung in ein KZ, ein Konzentrationslager.

Wolf zieht die Jacke an und stellt sich vor den Flurspiegel. Ja, jetzt sieht er aus wie ein Judenjunge. Früher hatte er keinen Unterschied zwischen sich und den anderen feststellen können, obwohl im Klassenbuch, wo bei den anderen Kindern unter Religion *katholisch* oder *evangelisch* steht, bei ihm schon immer *mosaisch* stand. Und obwohl Herr Bienwald seinen Nachnamen stets anders ausspricht als die Namen der anderen Kinder. Herr Bienwald sagt nicht einfach Lewinsohn wie die Leute im Haus, die den Namen schon seit vielen Jahren kennen, Herr Bienwald betont das i doppelt und gibt dem Namen damit einen fremden Klang.

Seufzend steckt die Mutter Wolf noch das Frühstücksbrot in den Ranzen, küsst ihn und schiebt ihn aus der Tür. »Und komm gleich nach Hause«, ruft sie ihm ins Treppenhaus nach.

Wolf antwortet gar nicht erst. Natürlich wird er nach der Schule gleich nach Hause gehen, wo sollte er denn sonst hingehen?

Auf der Straße ist es morgenkühl, es ist September, aber es liegt Sonnenschein über den Dächern. Ein Tag, an dem man gute Laune haben müsste. Und Wolf hätte auch gute Laune, wenn da nicht dieser Stern wäre. Sehen die Leute, die ihm entgegenkommen, denn nicht alle zu ihm hin? Machen sie nicht böse, ablehnende Gesichter?

Der Vater hat gesagt, der Stern verändere nun auch nicht mehr allzu viel. Wolf ist anderer Meinung. Früher hatte ihm niemand den Juden angesehen; wer ihn nicht kannte, behandelte ihn freundlich. Nun sieht jeder gleich, woran er mit ihm ist, jetzt wird ihn kaum noch einer freundlich behandeln – die einen, weil sie wirklich was gegen Juden haben, die anderen aus Angst davor, zu zeigen, dass sie nichts gegen ihn haben.

Aus der Nummer 43 kommen Hans und Willi. Sofort verschwindet Wolf in einem Hausflur. Er will nicht, dass sie den Stern auf seiner Jacke sehen, zumindest jetzt noch nicht.

Hans und Willi waren mal seine Freunde. Das war früher, als sie noch nicht zur Schule gingen. Sie spielten zusammen im Sandkasten und später Fußball, Verstecken, Einkriegezeck. Sie waren wirklich dicke Freunde und blieben anfangs auch in der Schule unzertrennlich. Bis Herr Bienwald immer öfter Unterschiede machte und alle Juden Volksschädlinge nannte, die sich in Deutschland ausbreiteten und alles Ehrbare und Anständige langsam aber sicher zerfraßen.

Zuerst taten Hans und Willi, als glaubten sie Herrn Bienwald nicht, aber dann liefen sie eines Tages nach der Schule einfach von ihm fort. Er dachte, sie machten Spaß, und rannte ihnen johlend hinterher, bis Willi plötzlich stehen blieb, sich umdrehte und »Hau ab!« schrie – und Hans tat, als suche er einen Stein.

Er konnte es lange nicht fassen, lag zu Hause auf der Couch und weinte. Die Mutter sagte böse: »Was heulst du denn, was hast du denn anderes von diesen Barbaren erwartet?« Der Vater jedoch tröstete ihn: »Sie können nichts dafür. Ihre Eltern haben Angst vor den Nazis, deshalb haben sie ihnen verboten, mit dir zu spielen.«

Dass Hans' und Willis Eltern Angst vor den Nazis hatten, konnte er verstehen. Vor denen hatte ja jeder Angst. So versuchte er sogar, Hans und Willi hin und wieder heimlich zuzulächeln. Er wollte ihnen zeigen, dass er sie verstand. Aber sie bemerkten sein Lächeln nicht. Und als sie es doch einmal bemerkten, wussten sie nicht, weshalb er lächelte. Sie guckten nur dumm und tippten sich grinsend an die Stirn …

Jetzt müssen sie weg sein. Vorsichtig späht Wolf aus der Tür und geht dann weiter. Aber nun ist ihm noch schwerer zumute. Was werden sie in der Klasse sagen, wenn sie den Stern sehen?

Die Jungen und Mädchen sehen den Stern gleich, doch sie tun, als wäre der gelbe Stern auf Wolfs Jacke etwas völlig Normales. Nur Karin, die immer ein wenig aus der Reihe tanzt und sich hin und wieder sogar mit ihm unterhält, guckt traurig. Das macht Wolf Mut. Vorsichtig lächelt er Karin zu, als wollte er sagen: Halb so schlimm.

Auch Herr Bienwald bemerkt den Stern sofort. Wolf glaubt sogar, dass er richtig danach Ausschau gehalten hat und enttäuscht darüber ist, dass er ihn trägt. Vielleicht hatte er gehofft, er käme ohne den Stern in die Schule, damit er ihn gleich wieder nach Hause schicken konnte.

Ihre Blicke begegnen sich. Herr Bienwald verzieht keine Miene, sagt nur: »Das wurde ja auch Zeit.«

»Warum eigentlich?«, fragt Karin. Aber dann wird sie rot und erklärt die Frage: »Wir wissen doch auch so, dass Wolf Jude ist.«

Herr Bienwald ist froh über Karins Frage. So hat er mal wieder einen Anlass, über die Juden zu sprechen. Mit ernster Miene geht er durch die Reihen, sieht mal den und mal den und besonders oft und lange Wolf an und nennt den Stern das Tüpfelchen auf dem i, das manch einem unnötig erscheint, das aber doch notwendig sei, damit man das i als solches erkenne.

Einige in der Klasse lachen, Herr Bienwald aber bleibt ernst: »Das ist kein Spaß. Wir führen seit zwei Jahren Krieg. Einen heiligen Krieg, den wir gewinnen müssen, wenn wir nicht untergehen wollen. Die Juden sind dabei, unseren gesunden Volkskörper zu zerstören, wir aber brauchen unsere ganze Kraft, um diesen Krieg siegreich zu bestehen. Deshalb müssen wir alles von uns fern halten, was uns schwächt. Wie aber sollen wir Gefahren erkennen, wenn wir sie nicht kennzeichnen?«

Die meisten in der Klasse interessiert nicht besonders, was Herr Bienwald da erzählt, doch sie heucheln Interesse, gucken, als erkläre ihnen der Lehrer gerade eine besonders schwierige Matheaufgabe. Wolf hört schon bald nicht mehr zu. Er hat das gelernt, seine Gedanken schweifen zu lassen, wenn Herr Bienwald ihm wehtun will.

Was würde wohl passieren, wenn einer der anderen Jungen seine Jacke anziehen würde? Würden die Leute auf der Straße, würden all die vielen Bienwalds sofort erkennen, dass der Junge in der Jacke mit dem Stern gar kein Jude ist? Was unterscheidet einen *Obermenschen* vom *Untermenschen*, wenn sie sich so ähnlich sehen? Sind die Obermenschen klüger oder stärker? Willi und Hans sind nicht klüger als er und auch nicht stärker. Wenn sie früher miteinander rangen, besiegte er sie oft.

Nun hat Herr Bienwald seine Ansprache beendet und lässt Uschi eine Aufgabe an die Tafel schreiben.

Uschi ist Herrn Bienwalds Lieblingsschülerin. Sie ist groß und blond, gut im Lernen und gut im Sport. Eines Tages sehen alle Deutschen so aus, sagt Herr Bienwald manchmal. Wolf möchte dann immer fragen, wo dann die Juden sind, aber natürlich wagt er das nicht.

Den Heimweg geht Wolf nun schon seit Jahren allein. Er hat sich daran gewöhnt, träumt vor sich hin, denkt an was Schönes und versucht, die Schule und den langweiligen Nachmittag allein mit der Mutter zu vergessen.

Als er das Schrittgetrappel hinter sich hört, wird er nicht schneller. Er glaubt nicht, dass diese Schritte etwas mit ihm zu tun haben könnten. Bis ihn plötzlich eine Schar Jungen umringt, unter ihnen welche aus seiner Klasse – und auch Hans und Willi.

»Hände hoch, Tschibaba!«, schreien die Jungen und richten ihre Zeigefinger auf ihn, als wären sie Pistolen.

Sofort hebt Wolf die Hände hoch. Die Jungen lachen und drängen ihn in einen Hausflur. Dort holt einer von ihnen Schnur aus seiner Tasche, ein anderer tastet Wolf nach »Waffen« ab.

»Wer ... wer ist denn dieser Tschibaba?«, fragt Wolf. Er will das Spiel mitspielen, sich dagegen zu wehren hat sowieso keinen Sinn.

»Weißte das etwa nicht?«, schreit Willi. »Das is ’ne stinkende Kanalratte von ’nem Indianerhäuptling. Ein schieläugiger Hund ist das!«

»Und ihr ... ihr seid Trapper?«

»Klar«, sagt Willi.

Da fragt Wolf nichts mehr. Still lässt er sich fesseln und am Treppengeländer festbinden.

Die Jungen sind enttäuscht.

»Warum haste dich denn nicht gewehrt?«, schreit Hans.

»Ihr ... ihr seid zu viele.«

»Dann hol dir doch noch 'n paar Gelbsterne.« Einer der Jungen lacht, ein anderer aber boxt Wolf in den Bauch. »Feiger Hund«, sagt er dabei.

Sekundenlang bekommt Wolf keine Luft. Die Jungen erschrecken und laufen fort.

Als er endlich allein ist, versucht Wolf sich zu befreien. Aber er kommt nicht los, die Schnur sitzt zu straff. Er muss warten, bis jemand kommt.

In dem Haus ist es still. Irgendwo rauscht eine Klospülung, eine Tür fliegt zu, eine Frau schimpft. Aber niemand kommt die Treppe herab.

Wieder zerrt Wolf an seinen Fesseln und muss dann plötzlich heulen. Er heult nicht leicht, im Gegenteil, er ist einer, der die Zähne zusammenbeißen kann, aber nun kann er sich nicht dagegen wehren.

Die Haustür wird geöffnet, eine Frau mit einer Einkaufstasche betritt den Flur. Als sie Wolf sieht, guckt sie verdutzt.

»Was machst du denn hier?«

Wolf kann nur schluchzen.

Da sieht die Frau den gelben Stern. »Ach so!«, sagt sie und knüpft die Schnur um Wolfs Hände auf.

»Wer war denn das?«, will sie danach wissen.

»Welche aus meiner Klasse.«

Ärgerlich schüttelt die Frau den Kopf und beginnt die Treppe hinaufzusteigen. Wolf geht zur Haustür und schaut hinaus. Als er keinen der Jungen mehr entdecken kann, läuft er rasch nach Hause.

Die Mutter schimpft auf die Jungen, die Wolf gefesselt haben. »Wieso bist du denn ein Indianer?«, fragt sie immer wieder. »Du hast ja nicht mal dunkle Haare.« Und als am Abend der Vater kommt, entrüstet sie sich über die Deutschen, die ihre Kinder zu solchen Grausamkeiten erziehen.

»Sag nicht immer *die Deutschen*«, entgegnet bekümmert der Vater, dem wie immer, wenn er eine solche Nachricht hört, sofort der Appetit vergeht. »Bin auch ein Deutscher. Mein Vater war Deutscher, mein Großvater war Deutscher. Hab im Ersten Weltkrieg meinen Kopf für Deutschland hingehalten, lass mir meine Heimat nicht wegnehmen.«

Wolf kennt diese Gespräche nun schon. Die Eltern führen sie, solange er denken kann. Als er noch klein war, ging es immer darum, dass die Deutschen nicht mehr in jüdischen Geschäften kauften. Der Vater hat kein Geschäft, er ist Buchhalter in einer kleinen Firma, aber ihm taten die Ladenbesitzer Leid, die auf diese Weise gezwungen wurden, nach und nach ihre Geschäfte aufzugeben und aus Deutschland fortzugehen. Die

Deutschen jedoch, die nicht mehr bei Juden kauften, nahm er in Schutz.

»Was sollen sie machen?«, sagte er. »Sie haben Angst.«

Die Mutter sprach damals auch vom Fortgehen, aber der Vater wollte davon nichts hören. »Wo willst du denn hin?«, fragte er die Mutter. »Nach Amerika? Was willst du da – als Deutsche? Denkst du etwa, die warten auf Elsa Lewinsohn? Auf einen Niemand ohne Geld und ohne amerikanische Verwandte?«

Darauf konnte die Mutter nichts antworten und eine Zeit lang sprach sie nicht mehr davon. Bis jene Nacht kam, vor drei Jahren, in der die Nazis die jüdischen Geschäfte zertrümmerten und die Synagogen in Brand steckten. Da hätte sie am liebsten gleich am nächsten Morgen die Koffer gepackt. Der Vater aber sprach von ein paar Aufgehetzten, die man nicht ernst nehmen dürfe, und die Mutter schwieg wieder. Doch dann verschwanden immer mehr jüdische Freunde und Bekannte und ihre Angst wurde immer schlimmer.

»Eines Tages werden uns die Deutschen noch alle umbringen«, sagt sie auch jetzt wieder und presst sich ihr Taschentuch vor den Mund, als könne sie so ihre Furcht ersticken. »Du aber wirst selbst dann noch eine Entschuldigung für sie finden.«

Kopfschüttelnd steht der Vater auf und stellt sich ans Fenster. Auch seine Angst ist größer geworden; er versucht, sie zu verbergen, aber sie ist da. »Umbringen!«, sagt er leise. »Wer sollte uns denn umbringen? Die Frau Meier aus dem dritten Stock etwa, die erst gestern bei dir in der Küche saß? Oder der Herr Martin aus dem zweiten, der bis vor ein paar Wochen im Gefängnis gesessen hat? Und warum hat er gesessen? Weil er über die Nazis Witze gerissen hat.«

»Und das Lager?«, fragt die Mutter leise.

»Das Lager!« Der Vater zuckt die Achseln. »Wer ins Lager kommt, hat was getan. Er hat die Gesetze nicht befolgt, den Stern nicht getragen, nicht gearbeitet ... Er hat irgendwas getan, sonst würden sie ihn nicht einsperren.«

Der Vater verteidigt die Deutschen immer noch, fast so, als würde er lieber zu ihnen gehören. Genau wie ich, denkt Wolf. Ich wäre ja auch lieber ein Trapper als dieser schieläugige Tschibaba.

Als Wolf am nächsten Tag die Klasse betritt, wird gelacht. »Da ist er ja, der Häuptling der Kanalratten!«, ruft Hans. Und Willi schreit ihm schon an der Tür entgegen: »Hände hoch, Tschibaba!«

Gehorsam hebt Wolf die Hände. Die Klasse johlt.

Der Name bleibt. Jeden Tag mindestens einmal schreit nun irgendwer dieses »Hände hoch, Tschibaba!«. Eine Zeit lang versucht Wolf, es als Spiel anzusehen, mitzulachen und die Hände zu heben, aber dann hält er das eines Tages nicht mehr aus und hebt nicht die Hände. Und als hätten sie nur darauf gewartet,

72

fallen Willi und Hans und ein paar andere Jungen über ihn her und prügeln auf ihn ein, bis er doch wieder die Hände hebt.

Es wird Oktober und es wird November und die Anordnungen der Nazis gegen die Juden häufen sich.

Im Oktober legt die Mutter dem Vater eine Zeitung auf den Tisch und sagt kein Wort. Der Vater liest den Artikel und schweigt ebenfalls. Auch Wolf nimmt die Zeitung und liest, was die Mutter angestrichen hat. Er versteht nicht alles, was da steht, aber eines wird ihm sofort klar: Selbst wenn die Mutter den Vater nun überreden könnte, aus Deutschland wegzugehen, es hätte keinen Sinn mehr – ab sofort ist Juden die Ausreise aus Deutschland verboten.

Nur wenige Tage später ein neues Verbot: Juden dürfen nicht mehr mit der S-Bahn oder der Straßenbahn fahren, es sei denn, sie sind ausdrücklich zu einem Amt bestellt worden.

Die Eltern streiten nicht mehr über Hierbleiben oder Weggehen. Dafür flüstern sie oft miteinander. Und Wolf sitzt tagelang in seinem Zimmer und guckt auf die Straße hinaus. Er kann nicht mehr lesen, kann auch nicht mehr nachdenken, kann nur noch warten. Er weiß, so geht es nicht mehr lange weiter, es wird bald etwas passieren; wenn er auch nicht weiß, was.

Obwohl die Eltern ihre Sorgen vor ihm verstecken, bekommt Wolf doch mit, dass es immer schlimmer wird und sie nun auch bald nichts mehr zu essen haben: Ohne Lebensmittelkarten gibt es nichts zu kaufen und die Lebensmittelkarten werden – wie Herr Bienwald sagt – nach Nützlichkeit ausgegeben. Juden sind unnütz, Juden dürfen verhungern.

Vielleicht würden Wolf und seine Eltern auch wirklich verhungern, wenn Frau Meier ihnen nicht ab und zu etwas zu essen vorbeibringen würde. Dass Frau Meier das tut, darf aber niemand wissen.

Und dann kommt der Vater an einem grauen Novembertag nach Hause und sagt, dass die letzten jüdischen Firmen und Geschäfte arisiert worden sind; das heißt, dass den Besitzern ihr Eigentum weggenommen wurde.

»Und was wird aus den Besitzern?«, fragt Wolf.

»Die sperrt man ein. Dann ist man sie los.«

Die Mutter kann sich nicht mehr beherrschen. Sie bekommt einen Weinkrampf. Der Vater streichelt sie, aber er widerspricht ihr nicht mehr. Er wundert sich nur, dass man ihn noch nicht entlassen hat. Und er glaubt, dass er bisher nur deshalb Glück hatte, weil sich in der kleinen Firma alle seit Jahren kennen und niemand darüber spricht, dass im Büro ein Jude sitzt.

In der Schule geht alles so weiter wie bisher. Wenn es verlangt wird, hebt Wolf die Hände hoch. Ansonsten sitzt er in der Klasse, als wäre er gar nicht da. Bemerkt Herr Bienwald ihn trotzdem und sagt etwas über die Juden, hört er nicht hin. Aber er spürt deutlich: Auch

Herr Bienwald wartet darauf, dass etwas passiert, wartet darauf, dass er eines Tages nicht mehr kommt.

Es passiert eine Woche vor Weihnachten. Wie jeden Tag geht Wolf zur Schule, wie jeden Tag träumt er während des Unterrichts vor sich hin, wie jeden Tag geht er allein nach Hause. Als er in die Köpenicker Straße einbiegt und den LKW vor dem Haus stehen sieht, weiß er, dass es so weit ist.

Ihm wird schlecht, er muss sich an eine Laterne lehnen, aber er lässt den LKW nicht aus den Augen. Er ist voller Menschen. Männer, Frauen und Kinder stehen eng zusammengepfercht und alle tragen sie den Judenstern. Doch die Menschen auf dem Wagen schreien nicht, wie Wolf sich das ausgemalt hat, sie stehen nur da und halten sich aneinander fest. Dann wird die Haustür geöffnet, die Eltern erscheinen. Aber wie sehen sie aus? Vaters Gesicht ist blutig geschlagen, Mutters Haare sind aufgelöst. Und die Mutter schreit!

»Was machen Sie denn mit uns?«, schreit sie. »Wo bringen Sie uns hin?«

Die Mutter, die es doch immer gewusst hat, lehnt sich auf. Der Vater, der es nie wahrhaben wollte, schweigt wie all die anderen.

Die Männer, die den Transport begleiten, manche in SS-Uniform, andere in Zivil, antworten der Mutter nicht. Sie packen sie zu zweit und werfen sie auf den

Wagen. Der Vater steigt selbst auf die Ladefläche hinauf. Als er oben ist, beugt er sich hinunter, um den Koffer entgegenzunehmen, den die Männer ihm abgenommen haben. Die Männer werfen ihm den Koffer so heftig entgegen, dass er mit ihm umfällt. Laut lachend schließen sie die Wagenklappe.

»Mama!« Wolf will schreien, aber er kann nur flüstern. Er will dem abfahrenden Wagen nachlaufen, aber er steht da wie festgewachsen. Und als er doch endlich ein paar Schritte machen kann, hält ihn jemand fest und zieht ihn in einen Hausflur: Frau Meier aus dem dritten Stock.

»Bleib hier, Junge!«, flüstert die Frau.

Wolf will sich losreißen und dem Wagen nachlaufen, um die Eltern nicht aus den Augen zu verlieren, doch Frau Meier hält ihn fest umklammert. »Nicht«, sagt sie nur.

Frau Meier wagt nicht, Wolf in ihre Wohnung mitzunehmen. Es gibt zu viele Leute im Haus, die Wolf kennen. Wer Juden versteckt, bringt sich in Gefahr – in Lebensgefahr, wie sie sagt. Deshalb geht sie mit Wolf die Treppe hoch und setzt sich mit ihm auf den letzten Treppenabsatz vor dem Dachboden.

Wie besinnungslos starrt Wolf vor sich hin. Er hatte es erwartet, hatte es kommen sehen, aber nun, da es passiert ist, kann er es nicht fassen.

Frau Meier nimmt ihn in die Arme, wiegt ihn wie ein

kleines Kind und sagt, er solle keine Angst haben, sie werde ihm helfen, aus Deutschland hinauszukommen.

»Aber ich will nicht weg«, widerspricht Wolf. »Ich will hier bleiben, bis meine Eltern wiederkommen.«

Als Antwort streichelt Frau Meier ihm nur die Schulter, und da weiß Wolf, dass die Frau nicht damit rechnet, dass die Eltern jemals wiederkommen.

Wolf wird sich später nicht mehr daran erinnern können, wie lange er mit der Frau auf der Treppe gesessen hat. Er wird nur noch wissen, dass sie ihm irgendwann von der Laubenkolonie *Abendsonne* erzählt hat und dass er sich dort verstecken soll, bis ihr Bekannter ihn abholen kommt. Er wird sich auch nicht mehr an den Weg erinnern, den sie dann gegangen sind, er immer dreißig Schritte vor der Frau, damit sie zusammen nicht auffallen. Aber er wird nie vergessen, wie sie hinter ihm hergegangen ist – eine kleine Frau im grauen Mantel und mit braunem Hut auf dem Kopf, der niemand mehr zugetraut hätte als eine Besorgung für das Abendessen.

Es ist nicht schwer, in eine Laube hineinzukommen. Gleich die erste, die Wolf näher untersucht, hat an der Rückwand ein nur mit Pappe verkleidetes Fenster; er kann die Pappe wegdrücken.

Frau Meier hat bemerkt, dass es geklappt hat, aber sie verrät sich nicht. Langsam geht sie weiter durch die

Laubenkolonie, als wolle sie jemanden besuchen oder auch nur einen Spaziergang machen. Wolf jedoch weiß, dass sie sich den Garten und das Häuschen ganz genau angesehen hat, damit ihr Bekannter ihn auch findet. Er öffnet das Fenster, steigt in den Raum dahinter und schließt es hinter sich. Dann tastet er sich durch den dunklen Raum, bis er an eine Tür stößt, die sich knarrend öffnen lässt. In dem Raum dahinter ist es hell, die Fenster der Veranda sind verglast.

Eine Zeit lang bleibt Wolf mitten im Raum stehen und weiß nicht, was er tun soll. Dann setzt er sich auf die Holzdielen, lehnt den Rücken an das alte Sofa und zieht die Knie an. Die Arme um die Knie gelegt, das Kinn auf die Knie gestützt, sitzt er in der fremden, nach allerlei Kräutern und auch ziemlich muffig riechenden Gartenlaube und wartet. Er versucht, an nichts anderes zu denken, als dass er nun hier warten muss – bis morgen früh, bis Frau Meiers Bekannter ihn hier abholen kommt. Doch dann tauchen Bilder vor ihm auf: der LKW, die schweigenden Leute, die schreiende Mutter, der stille Vater … Ihm ist, als werde ihm jetzt erst bewusst, was geschehen ist. Er springt auf, setzt sich auf die Sofakante und atmet hastig. Da ist plötzlich ein Gefühl in ihm, als bekäme er keine Luft mehr. Er möchte laufen, laufen, irgendwohin, aber er darf nicht laufen, muss hier bleiben, warten …

Draußen wird es immer dunkler, aber Wolf ist, als vergehe die Zeit überhaupt nicht. Und die Beklemmung in ihm wird nicht geringer, sondern immer schlimmer. Er bemüht sich, nicht mehr an die Szene vor der Haustür zu denken, doch es gelingt ihm nicht. Immer wieder sieht er den LKW vor sich, sieht er die Eltern, wie sie die Ladefläche besteigen und mit den anderen wegfahren. Und immer wieder möchte er dem Wagen nachlaufen, obwohl er nun ahnt, dass es richtig war, ihm nicht nachzulaufen; dass Frau Meier ihm das Leben gerettet hat; dass er ihr dankbar sein muss. Er versucht, daran zu denken, wann er die Eltern davor das letzte Mal gesehen hat: den Vater am Abend im Wohnzimmer, bei schwacher Beleuchtung die Zeitung lesend, die Mutter am Morgen, wie sie ihn zur Schule schickte mit den Worten: »Aber komm gleich nach Hause!«

Er muss heulen und es tut gut, die Tränen zu spüren, auch wenn es ihn nur noch unglücklicher macht. Doch dann horcht er auf. Er hat ein Geräusch gehört, es klang wie Schritte im Garten; Schritte, die sich langsam nähern. Hastig steht er auf und lauscht angespannt! Da! Wieder! Die Schritte sind vor der Veranda angelangt.

Wolf schlägt das Herz bis zum Hals, ihm wird schlecht vor Angst. Er schafft es gerade noch, langsam rückwärts zu gehen, bis er vor der Tür steht, die in den dunklen Raum führt. Dort lauscht er wieder.

An der Verandatür wird mit einem Schlüsselbund hantiert. Jemand pfeift leise vor sich hin. Wolf schwankt. Soll er dem, der da kommt, entgegengehen; soll er aufgeben? Oder soll er darauf vertrauen, dass er nicht gesucht wird, dass derjenige, der da kommt, nur rein zufällig ... Ohne sich entscheiden zu können, macht er noch einen Schritt zurück und schiebt sich durch die offene Tür in den hinteren dunklen Raum. Soll er durchs Fenster klettern, weglaufen? Aber dann fällt er erst recht auf. Vielleicht betritt dieser Jemand ja gar nicht den dunklen Raum, vielleicht holt er nur etwas ab und verschwindet gleich wieder ...

Wolf lehnt sich mit der Stirn an die Wand und versucht, nicht zu atmen. Aber er hört seinen Atem, hört ihn überdeutlich laut und atmet deshalb vor Aufregung noch hastiger.

Die Holzdielen knarren unter schweren Schritten. Das muss ein Mann sein! Wolfs flüchtige Hoffnung, der Jemand könne vielleicht Frau Meier sein, die sich einen Schlüssel besorgt hat und ihm was zu essen bringen will, verfliegt, noch ehe sie so recht in ihm aufkeimen konnte.

»Ist da wer?«

Es ist ein Mann, ein Mann mit einer tiefen Stimme. Er hat irgendwas gemerkt ... Aber jetzt ist es zum Fliehen zu spät.

Eine Hand stößt die Tür weit auf, eine Männergestalt füllt den Türrahmen, eine Taschenlampe leuchtet Wolf ins Gesicht. Er will etwas sagen, will sein unerlaubtes Eindringen in die Laube entschuldigen, doch er bringt kein Wort heraus, starrt nur die Taschenlampe an. Und der Schein der Taschenlampe gleitet an ihm herunter und bleibt auf seiner Brust haften: Der Stern!

»Bitte«, sagt Wolf da nur und dann lehnt er einfach wieder den Kopf an die Holzwand und heult los.

Der Mann mit dem kurz geschnittenen grauen Haar sitzt auf dem Sofa und trommelt mit den Fingern auf dem alten Küchentisch herum. In der anderen Hand hält er eine brennende Zigarette, an der er in immer kürzer werdenden Abständen zieht. Dann kann Wolf für Sekunden sein Gesicht sehen, denn der Mann hat die Taschenlampe längst ausgemacht und auch keine Kerze angezündet.

»Ich werde wirklich morgen abgeholt.«

Der Mann antwortet nicht, trommelt nur weiter auf dem Tisch herum.

Soll er ihm noch einmal erzählen, dass er ihm ganz bestimmt keine Schwierigkeiten machen wollte? Dass er gedacht hat, die Laube sei unbewohnt?

»Ich werde wirklich morgen abgeholt.«

Wolf sagt den gleichen Satz noch mal, als könnte er so den Mann beschwören, einfach zu gehen, ihn zu vergessen.

Der Mann schweigt weiter, bis er plötzlich fragt: »Wie alt bist du eigentlich?«

»Elf.«

»Und wo sind deine Eltern?«

»Sie haben sie auf einen LKW verladen.«

»Ich habe nichts gegen euch«, sagt da der Mann mit einem Mal sehr heftig. »Ob du Jude, Mohammedaner oder Chinese bist, ist mir gleich. Aber ich kann dich nicht hier lassen. Wenn's rauskommt, marschiere ich ab – ins KZ.« Er drückt seine Zigarette aus und schweigt wieder. Dann sagt er leise, und seine Worte klingen fast wie eine Frage: »Eigentlich müsste ich dich anzeigen, dich zu einem Polizeirevier bringen. Erstens, weil du bei mir eingebrochen hast, zweitens …« Er verstummt.

Zweitens, weil du Jude bist, hat der Mann sagen wollen. Wolf überlegt nur kurz. Er weiß, er muss nun kämpfen – nicht gegen den Mann, sondern gegen die Angst des Mannes. Rasch zieht er den Mantel aus und reißt den Stern ab. Das kann er tun, ohne hinzugucken. Er weiß genau, wo der Stern aufgenäht ist. Das Gleiche tut er mit dem Stern auf seiner Jacke.

»Das nützt doch nichts«, sagt der Mann leise.

Wolf zieht auch die Jacke aus. »Können Sie mir ein Streichholz geben?« Er hat vorhin einen Ofen gesehen, will Mantel und Jacke verbrennen. Er glaubt, der Mann fürchtet, dass die Stellen, auf denen die Sterne festgenäht waren, trotzdem zu sehen sind.

»Kindskopp!«, sagt der Mann und zündet sich eine neue Zigarette an.

»Haben Sie Kinder?«, fragt Wolf leise.

»Wozu willst du das wissen?«

Wolf zuckt die Achseln. »Nur so.«

»Denkst du, ich werde weich, nur weil ich selber Kinder habe?«

Daran hat Wolf nicht gedacht. Viel eher könnte es sein, dass der Mann ihm aus Rücksicht auf seine Familie nicht helfen will. Wenn alles herauskommt und die Nazis ihn einsperren, steht seine Familie ohne Ernährer da – wie lange Zeit die Familie Martin aus dem zweiten Stock.

»Also gut!« Der Mann atmet tief den Rauch seiner Zigarette ein. »Ich lass dich laufen. Aber du musst mir versprechen, niemandem zu sagen, dass du hier gewesen bist.«

Der Mann will ihn laufen lassen? Eine Sekunde lang ist Wolf versucht, der Aufforderung zu folgen. Weg aus dieser Laube, weg von diesem Mann, der nicht weiß, ob er ihn anzeigen soll oder nicht. Aber dann geht er doch nicht. »Gehen Sie doch«, bittet er den Mann. »Ich weiß ja nicht, wohin. Und ich werde morgen hier abgeholt.«

»Verdammt!« Der Mann springt auf und geht in dem engen Raum auf und ab. Doch die Dielen knarren so laut unter seinen schweren Schritten, dass er sich lieber wieder hinsetzt. »Wenn ich dich laufen lasse, ist das bereits gefährlich genug. Wer sagt mir denn, dass du wirklich die Klappe hältst? Die haben doch Methoden, die wissen doch, wie man Leute zum Sprechen bringt. Und du bist noch ein Kind.«

»Deshalb ist's ja besser, wenn ich hier bleibe«,

kämpft Wolf weiter. »Hier findet mich keiner … Und morgen früh werde ich abgeholt.«

»Und wenn dich jemand hier einsteigen gesehen hat? Und danach mich gesehen hat? Mein Nachbar hier, der Brenner, das ist ein Nazi, ein zweihundertprozentiger sogar. Wenn der mir eins auswischen kann, tut er es.«

»Er hat mich aber nicht gesehen. Niemand hat mich gesehen. Hab ja aufgepasst.«

»Aufgepasst!« Der Mann seufzt. »Wie willst du denn wissen, dass dich wirklich niemand gesehen hat? Das hier ist doch kein Indianerspiel.«

Wolf kommt es manchmal so vor, als ob all das, was er in den letzten Tagen erlebt hat, doch ein Indianerspiel ist. Ein bitterböses, furchtbar grausames Indianerspiel. Hat er denn nicht immer noch die Hände hoch? Ist er nicht in Wirklichkeit so ein Tschibaba? »Bitte!«, sagt er leise und dann wiederholt er: »Ich weiß ja nicht, wo ich hin soll.«

Wieder schweigt der Mann erst längere Zeit. »Junge, Junge!«, sagt er dann. »Wenn ich das gewusst hätte …«

Wenn er gewusst hätte, dass er hier ist, wäre er nicht gekommen, wollte er sagen. Aber nun weiß er es, nun kann er nicht die Augen zumachen und so tun, als wüsste er nichts. Nun muss er irgendetwas tun, muss sich entscheiden. »Bitte!«, sagt Wolf noch einmal.

Der Mann trommelt erneut mit den Fingern auf dem Tisch herum. Dann steht er plötzlich auf. »Gut! Bleib hier! Aber verbrenn das Zeug lieber nicht. Vergrab es im Komposthaufen hinten im Garten. Aber erst, wenn's richtig dunkel ist. Damit dich niemand sieht.« Er geht zur Tür und späht in die Dämmerung hinaus. Dann dreht er sich noch einmal um. »Wenn du erwischt wirst und dich einer fragt … ich weiß von nichts, hörste? Bin zwar hier gewesen, du hast mich auch gehört, aber du hast dich versteckt, so dass ich dich nicht sehen konnte. Verstanden?«

Wolf nickt nur stumm.

Der Mann zögert noch einen Moment, dann geht er. Wolf hört den Kies des Gartenweges unter seinen Schritten knirschen, danach ist wieder alles still.

Wolf liegt auf dem Sofa und versucht zu schlafen, aber er kann nicht einschlafen. Dazu treiben ihn seine Gedanken zu sehr hin und her, jagt ein Bild das andere, folgt Angst auf Angst. Und außerdem ist es nun kalt in der Laube, hundekalt, und er hat weder Jacke noch Mantel, trägt nur noch den dünnen Pullover über dem Hemd.

Draußen ist es schon lange finster. Er kann den Mond am Himmel sehen, es ist eine richtig klare Winternacht. In einer solchen Nacht gingen die Eltern mal mit ihm spazieren. Er hatte es sich zum Geburtstag gewünscht …

Die Eltern! Wo sie jetzt wohl sein mögen? Ob sie schon in einem Lager sind? Und ob sie an ihn denken, sich um ihn sorgen?

Sicher denken sie an ihn. Und ganz bestimmt sind sie trotz ihrer Sorge froh, dass er nicht zu Hause war, als sie abgeholt wurden. Aber er wäre doch lieber bei ihnen.

Wieder sieht er den LKW vor sich, die Männer, Frauen und Kinder auf der Ladefläche. Wie eng sie beieinander standen! Als ob sie sich gegenseitig schützen wollten ...

Wolf steht auf und stellt sich ans Fenster. So ein Garten in der Nacht hat etwas Gespenstisches an sich. Hinter jedem Baum, jedem Strauch kann jemand stehen. Er legt sich lieber wieder hin.

Der Mann hat sich ziemlich plötzlich entschieden, ihn doch hier zu lassen. Ob er ihn vielleicht schon angezeigt hat, ob die Polizisten nur warten, bis Frau Meiers Bekannter kommt? Oder der Mann hat seiner Frau davon erzählt und sie hat Angst bekommen ...

Er muss damit aufhören! Er wird ja sonst verrückt vor Angst. Er muss an was Beruhigendes denken.

An Frau Meier! Wie sie hinter ihm durch die Straßen ging. Die kleine Frau, der graue Mantel, der braune Hut. Der Vater hat Recht: Man darf nicht *die Deutschen* sagen. Sie sind viel zu verschieden, man kann sie nicht alle über einen Kamm scheren ...

Schritte auf dem Kiesweg. Leise, aber doch deutlich zu hörende Schritte. Wolf fährt hoch. Sein Herz jagt. Er lauscht angestrengt.

Da, wieder! Da draußen geht jemand, der bemüht ist,

nicht gehört zu werden. Wie in Wellen flutet die Angst in Wolf hoch. Er beißt sich in den Handballen. Alles, nur jetzt nicht weinen oder schreien.

Die Schritte gehen an dem Holzhäuschen vorbei und brechen erst vor dem Fenster mit der eingedrückten Pappverkleidung ab.

Wieder ein Geräusch! Aber es klang nicht, als ob jemand durch das Fenster gestiegen wäre, es klang, als ob etwas Leichtes auf die Dielen gefallen ist.

Wieder die leisen Schritte, diesmal aber entfernen sie sich.

Wolf wartet, bis die Schritte nicht mehr zu hören sind, dann steht er auf, um nachzusehen, ob sich im Nebenraum was verändert hat.

Es ist so finster in dem Raum, er kann kaum etwas erkennen, doch er hat es bald ertastet: Jemand hat ein Bündel in die Laube geworfen.

Vorsichtig schleicht Wolf in den vorderen Raum zurück und knüpft den dicken Stoff auseinander.

Ein Mantel! Ein Kindermantel! Etwa seine Größe, aber ohne Stern. Und in den Manteltaschen stecken belegte Brote und eine Tüte mit Bonbons.

Wolf isst die Brote und lutscht ein paar von den Bonbons. Und während er isst und lutscht, muss er wieder heulen. Die Schritte im Garten, das war der Mann, der Laubenbesitzer. Er hätte ihm keinen Mantel gebracht, wenn er vorhätte, ihn anzuzeigen.

Irgendwann in dieser Nacht schläft Wolf dann doch noch ein. Aber er schläft nicht tief, das leiseste Geräusch weckt ihn. Und Geräusche gibt es viele in dieser alten Laube. Und ist er dann halb wach, sieht er wieder Bilder. Doch jetzt sind es Bilder, die mit der Wirklichkeit nichts zu tun haben: Hans und Willi in SS-Uniformen; der Vater, wie er durch ein Gitter blickt; die Mutter, wie sie von fremden Frauen an den Haaren gezerrt wird; fremde Kinder, die ihn durch die Straßen hetzen und »Tschibaba, Tschibaba!« rufen.

Richtig wach wird Wolf erst, als draußen der Morgen graut und er die Kälte trotz des Mantels nicht mehr aushalten kann. Er steht auf, tritt ans Fenster – und erschrickt: Vor dem Zaun steht ein Mann, der schaut sich aufmerksam um, geht weiter, kommt wieder. Der Mann trägt eine braune SA-Uniform!

Einen Augenblick lang denkt Wolf an Flucht. Dann gibt er auf. Es hat keinen Sinn. Er will auch nicht mehr. Soll der SA-Mann ihn zu den Eltern bringen, dann hat er Ruhe.

Der SA-Mann steigt über den Zaun, nähert sich der Tür, klopft leise.

»Wolf?«, flüstert er.

Wolf geht in den dunklen Raum und klettert durch das Fenster nach draußen. Dann hebt er langsam die Hände hoch.

»Nein, nein«, sagt der SA-Mann. »Ich komme nicht, um dich zu verhaften. Ich komme von Frau Meier.«

Von Frau Meier? Dann ist der SA-Mann ihr Bekannter?

Der Mann legt Wolf die Hand auf die Schulter. »Keine Angst, Junge! Lass dich durch die Uniform nicht täuschen.« Er blickt an Wolf herunter. »Wo ist denn dein Stern?«

Stockend berichtet Wolf, was am Abend und in der Nacht passiert ist. Der SA-Mann hört aufmerksam zu. Erst ist er besorgt, doch als er von dem Mantel erfährt, atmet er erleichtert auf. »Eine Sorge weniger«, sagt er und lächelt Wolf zu. »Schnuppere noch mal Berliner Luft, Junge. Heute Abend biste schon in der Schweiz. Mit einem neuen Mantel und einem neuen Namen.«

»Und meine Eltern?«

Der SA-Mann wird ernst. »Vielleicht haben sie Glück und es wird nicht so schlimm.«

Der Mann glaubt selber nicht, was er da sagt. Er will ihm nur Mut machen. Wolf durchschaut das, aber seltsam, es beruhigt ihn doch.

1948
Trümmerkutte

»Das ist er«, sagt Uschi.

Hilde schaut zu dem Jungen hinüber, der seinen voll beladenen Handwagen so schnell über das Kopfsteinpflaster zieht, dass die kleinen eisenbeschlagenen Räder laut rattern. Er trägt einen Skianzug, der mal dunkelblau gewesen sein muss – jetzt ist er grau, steingrau. Und schmutzig – wie sein Gesicht.

»Wenn man ihm entgegenkommt, geht er immer auf die andere Straßenseite.« Uschi blickt dem Jungen mit dem Handwagen mehr spöttisch als neugierig nach. »Möcht bloß wissen, was er da immer durch die Gegend zieht.«

Uschi zeigt auf das, was der Junge unter einer alten Tischdecke auf seinem Wagen festgebunden hat und beim Fahren leise scheppert. Aber es interessiert sie nicht wirklich, es verwundert sie nur.

»Der muss sich doch schon ewig nicht mehr gewaschen haben«, sagt Hilde.

»Mindestens hundert Jahre.« Uschi lacht.

Hilde lacht mit, aber es ist nur ein leises Lachen. Ihr ist, als habe sie den Jungen schon mal gesehen. Sie weiß nur nicht, wann und wo.

Ihre Tasche mit den Schulbüchern schlenkernd, erzählt Uschi weiter, dass der Junge in der ganzen Gegend nur Trümmerkutte gerufen wird. »Es heißt, er ist nicht ganz richtig im Kopf.«

»Und warum?«

»Weil er in den Ruinen haust. Und weil er fortläuft, wenn man mit ihm reden will.«

Viele Ausgebombte, Flüchtlinge und Vertriebene hausen in den Trümmern. Es gibt einfach nicht genug Wohnungen. Aber dass der Junge fortläuft, wenn man mit ihm reden will, und dass er jedes Mal die Straßenseite wechselt, wenn ihm jemand entgegenkommt, das ist schon seltsam.

»Warum wird er Kutte gerufen? Heißt er Kurt?«

»Keine Ahnung!« Uschi pustet sich eine Haarlocke aus der Stirn und beginnt von ihrem Bruder zu erzählen, der endlich Arbeit gefunden hat. Doch Hilde hört nicht mehr zu. Sie hat immer noch das Gefühl, den Jungen mit dem Handwagen zu kennen, obwohl sie sich an keinen Kurt erinnern kann.

»Wenn Horst tüchtig ist, kann er schon in ein paar Wochen die Meisterstelle übernehmen«, erzählt Uschi. »Dann verdient er mehr.«

Hilde nickt abwesend. Ja, davon hat sie schon gehört. Weil so viele Männer im Krieg geblieben sind, kommen junge Burschen wie Uschis Bruder schneller vorwärts. Doch sie hat keine Lust, sich länger über Uschis Bruder zu unterhalten, deshalb verabschiedet sie sich rasch und läuft über die Straße. Erst als Uschi sie nicht mehr sehen kann, wird sie wieder langsamer und spielt nach-

denklich mit den Füßen im Laub, das der erste Herbst-
wind von den Bäumen gefegt hat.

Zu Hause ist alles still. Hilde schließt die Tür hinter
sich, wirft ihre Mappe in den Flur und geht in die
Küche.

Grütze! Zum dritten Mal in dieser Woche Grütze!
Seufzend stellt sie das Gas an, nimmt ein Zündholz und
steckt es an. Erst danach öffnet sie das Fenster und
schaut in den Hof hinaus, den die blasse September-
sonne in ein mildes Licht taucht.

Ein Flugzeug donnert über die Häuser hinweg, einer
jener Rosinenbomber, die die Westberliner mit Lebensmitteln und Kohlen versorgen. Alle paar Minuten
kommt eines in die Stadt, immer und ewig ist Fluglärm
zu hören. Doch seltsam, wenn sie auf der Straße ist,
hört sie den Lärm nicht, nur zu Hause – und auch nur,
wenn sie das Fenster aufmacht.

Die Suppe kocht. Hilde isst gleich aus dem Topf und
sieht dabei wieder den Jungen vor sich. Wie schmutzig
er aussah! Er muss sich wirklich ewig nicht mehr gewaschen haben …

Dann lässt sie andere Gesichter vor sich auftauchen:
Jungen, die in der Nachbarschaft wohnten, Jungen,
die ihr irgendwann einmal begegnet sind – das Gesicht
des Jungen mit dem Handwagen jedoch ist nicht
darunter.

Die Mutter kommt wie immer kurz nach Ladenschluss. Sie arbeitet in einem Herrenbekleidungsgeschäft am Schlesischen Tor. Zwar läuft das Geschäft mehr schlecht als recht, aber Herr Bär, der Inhaber, entlässt sie trotzdem nicht. Das ist ein großes Glück für sie, denn Herrn Bärs Geschäft liegt in Westberlin, die Mutter verdient Westgeld – und in den drei Westsektoren gibt es schon wieder viel mehr Lebensmittel zu kaufen, sogar jetzt, während der Blockade.

»Gibt's was Neues in der Schule?«

»Nee.«

Die Frage hat mit der Schule nichts zu tun. Die Mutter wartet auf eine Nachricht, eine freudige Mitteilung, auf irgendetwas, sie weiß selbst nicht, auf was. Müde setzt sie sich an den Küchentisch und legt die Hände zusammen. »Ich war heute auf dem Standesamt.«

»Wegen Vater?«

Die Mutter nickt. »Ich … ich wollte wissen, ob es reicht …«

Die Mutter meint, ob all das, was sie über Vaters Verbleib erfahren haben, reicht, um ihn für tot erklären zu lassen.

»Und?«

»Es reicht.«

Dann hat sie es also doch getan! Geredet hat sie schon lange davon.

»Und wenn Vater doch noch lebt?«

»Aber warum meldet er sich dann nicht?« Die Mutter streift sich die Schuhe von den Füßen und massiert sich die Knöchel. Das viele Stehen im Laden strengt sehr an. Oft hat sie abends geschwollene Beine. »Wenn er in einem Kriegsgefangenenlager wäre, hätte er doch längst geschrieben.«

»Vielleicht kann er nicht schreiben?«

Hilde meint, dass der Vater vielleicht so schwer verletzt worden ist, dass er nicht mehr schreiben kann.

»Und warum lässt er keinen Kameraden für sich schreiben?«

Darauf weiß Hilde nichts zu antworten, trotzdem erscheint ihr, was die Mutter vorhat, als Rücksichtslosigkeit gegenüber dem Vater. Sie sieht noch vor sich, wie er Anfang ’44 das letzte Mal auf Urlaub kam. Sie war damals erst elf Jahre alt, aber sie erinnert sich genau an den groß gewachsenen Mann im graugrünen Soldatenmantel, sieht sein ernstes Gesicht, als er in der Tür stand, das zögernde Lächeln, als die Mutter sie bat, den Vater zur Begrüßung zu küssen. Und dann die Tage danach, in denen es nur den Vater gab, nichts als den Vater – bis er wieder wegmusste … Und jetzt will die Mutter ihn einfach für tot erklären lassen.

»Du sagst ja gar nichts.«

»Was soll ich denn sagen?«

»Na, irgendwas!« Die Mutter kann nicht mehr sitzen bleiben. In Strümpfen geht sie an den Schrank, um eine Tasse herauszunehmen.

»Ist es wegen Herrn Bär?«

Die Mutter zuckt zusammen. Dann dreht sie sich um und sagt ernst: »Ja.«

»Will er dich heiraten?«

Wieder sagt die Mutter: »Ja.« Und sie bleibt so ernst, guckt weiter so forschend.

Hilde hält den Blick nicht länger aus. »Wenn du den heiratest, bist du mich los«, sagt sie heftiger als beabsichtigt. »Hab keine Lust, mit einem fremden Mann zusammenzuleben.«

Die Mutter wird blass. »Warum sagst du das?«

»Na, ist doch wahr«, schreit Hilde da. »Vater lebt vielleicht noch und du …« Sie verstummt. Das hat es schon gegeben, dass ein vermisster Soldat plötzlich doch wieder vor der Tür stand – und sein Platz dann besetzt war. Wenn so etwas vorkommt, spricht die ganze Gegend darüber. Und auch wie die Sache ausgeht, wird beklatscht: Wer dann das Feld räumen muss, der ehemalige oder der jetzige Mann.

»Herr Bär ist doch kein schlechter Mensch«, sagt die Mutter leise. »Er hat viel Unglück gehabt …«

Hilde kennt die Geschichte. Herr Bär hatte seine Frau mit ihren drei Kindern zu seiner Schwester an die Ostsee schicken wollen, damit sie vor den Bombenangriffen sicher waren. Doch der Zug, in dem sie saßen, wurde bombardiert; es gab keine Überlebenden. Als Herr Bär davon erfuhr, bekam er über Nacht weiße Haare.

»In ein paar Jahren bist zu erwachsen«, sagt die Mutter. »Heiratest, ziehst weg. Und ich? Ich sitze dann zu Hause und darf meinen Enkeln Pullover stricken. Aber an eurem Leben darf ich keinen Anteil haben. Ich werde aus der Ecke geholt, wenn es euch passt, und wieder hineingestellt, wenn ich störe.« Sie bricht ab und sagt dann fast bittend: »So ist es doch! So ist es immer! Warum willst du, dass ich allein bleibe? Bin ja noch nicht mal vierzig.«

Die Mutter hat Recht, Hilde weiß es. Aber da ist dieses Gefühl in ihr, dieses Bild vom Vater – den Gedanken daran, dass ein anderer seinen Platz einnehmen soll, kann sie nicht ertragen. Entgegnen aber kann sie der Mutter nun auch nichts mehr und so steht sie lieber auf und geht ins Wohnzimmer, ein Buch lesen.

Es ist Abend. Die Mutter hat sich gewaschen und für die Nacht fertig gemacht und die ganze Zeit nicht mehr mit Hilde gesprochen. Jetzt aber kommt sie ins Wohnzimmer und setzt sich zu ihr auf die Sessellehne. »Und wenn sie uns nun wieder so einen Herrn Keller in die Wohnung setzen?«

Herr Keller war der Untermieter, der bis vor zwei Wochen bei ihnen wohnte. Ihre Wohnung ist zu groß für zwei Personen, das Wohnungsamt setzt ihnen immer wieder Untermieter vor die Nase. Manchmal sind das ja sehr freundliche Leute, die kaum stören und auch wieder ausziehen, sowie sie eine eigene Wohnung gefunden haben. Dieser Herr Keller aber hatte die Wohnung richtiggehend in Beschlag genommen, nächtelange Feste gefeiert und Gelage veranstaltet. Das Geld dafür musste er sich auf irgendwelchen krummen Wegen verdient haben; so viel, wie Herr Keller ausgab, konnte niemand mit normaler Arbeit verdienen. Als er dann endlich wieder auszog, war ihnen, als sei ihnen ihre Wohnung zurückgegeben worden.

»Willst du deswegen Herrn Bär heiraten?«

»Nein, natürlich nicht.« Die Mutter wird verlegen. »Wenn Herr Bär und ich ... dann würden wir beide ja zu ihm ziehen. Du könntest bei ihm eine Lehre machen. Du weißt ja, dass es kaum Lehrstellen gibt ... Das wäre schon ein großer Vorteil, auch für dich.«

Eine Lehrstelle! Die Mutter soll bloß nicht tun, als ob sie ihretwegen Herrn Bär heiraten will. Verärgert stellt Hilde das Radio an. Sie will nicht länger über Herrn Bär reden. Sie will Musik hören.

Nachrichtenzeit, überall wird gesprochen. Hilde stellt einen Westsender ein. Der Nachrichtensprecher berichtet von neuen Streitigkeiten zwischen Russen und Amerikanern, gibt Zahlen durch: Wie viele Flugzeuge heute in Tempelhof gelandet sind, was sie mitbrachten. Zum Schluss der neueste Wechselkurs – eine Westmark ist fast sieben Ostmark wert.

Nach den Nachrichten bringt der Sender Tanzmusik. Die Mutter gähnt, ist todmüde, geht aber noch nicht.

»Warum legst du dich nicht hin?«

»Weil ich möchte, dass du dir alles noch mal in Ruhe überlegst. Ich möchte, dass du wenigstens versuchst, mich zu verstehen. Und dass du auch Herrn Bärs Lage überdenkst … Herr Bär und ich, wir sind beide nur noch Hälften, die irgendwie übrig geblieben sind. Und wenn das alles auch sehr traurig ist, das Leben geht weiter – und zusammen werden wir vielleicht wieder ein Ganzes.«

Im Radio singt einer, seine Klingel sei kaputt, und dann ruft er immer »Huhu!«, weil er will, dass man ihn hört. Ein lustiges Lied, doch wie soll sie sich auf Tanzmusik einstellen, solange die Mutter neben ihr sitzt und sie so anguckt.

»Schon gut«, sagt Hilde. »Du musst ja wissen, was du machst.«

Doch das ist es nicht, was die Mutter hören wollte. Enttäuscht steht sie auf. »Du bist zwar erst fünfzehn, aber manchmal glaub ich, du bist schon dreißig. Ein Kind bist du jedenfalls nicht mehr.«

»Hab ich den Krieg gemacht?«

Stumm schüttelt die Mutter den Kopf und dann lässt sie Hilde endlich allein.

Hilde nimmt das Kissen vom Sofa, presst es vor den Bauch und beginnt, sich zu wiegen. Das hat sie früher schon oft getan. In den Bombennächten, wenn alle in den Luftschutzkeller liefen, hatte sie immer ein Kissen mitgenommen und dann so dagesessen und sich vor und zurück gewiegt. Stundenlang hatte sie das getan und während der ganzen Zeit kein einziges Wort gesprochen.

Da ist er wieder, der Junge mit dem Handwagen. Als er Hilde sieht, wechselt er die Straßenseite. Eine Sekunde zögert sie, dann wechselt sie ebenfalls die Straßenseite und geht dem Jungen direkt entgegen. Er stoppt und überlegt, ob er wieder auf die andere Straßenseite zurücksoll, entschließt sich aber dann, seinen Wagen an Hilde vorbeizuziehen.

Sie wird langsamer und blickt dem Jungen aufmerksam ins Gesicht. Er schaut nicht auf, doch seine Augenlider zucken.

»He, du! Hast du nicht mal in der Boxhagener gewohnt?«

Der Junge bleibt so ruckartig stehen, als hätte sie ihm etwas nachgeworfen und seinen Rücken getroffen. Endlich dreht er sich um. »Meinst du mich?«

»Ja. Ich glaube, ich kenn dich irgendwoher.«

Der Junge ist älter als sie, so zwischen sechzehn und siebzehn, aber sie kennt ihn. Darauf würde sie nun schwören.

»Hab nie in der Boxhagener gewohnt.« Er guckt Hilde noch mal von der Seite an, dann will er weitergehen.

Hilde stellt sich ihm in den Weg. »Wo bist du denn zur Schule gegangen? In der Rigaer?«

Der Junge zögert – und schüttelt den Kopf. Doch

wie er gezögert hat, zeigt deutlich, dass er lügt, dass er nur nichts von sich verraten will. Und wie er nun guckt, verteidigungsbereit und zugleich seltsam gespannt, lässt Hilde schlagartig klar werden, woher sie ihn kennt. So hat sie ihn schon oft gesehen, nur war er damals erst zwölf oder dreizehn Jahre alt und trug die Uniform der Hitlerjugend. Aufgefallen war er ihr, weil er nicht in diese Uniform hineinpasste. Er war kein Junge für eine Uniform, war keiner, der im Gleichschritt gehen konnte und daran auch noch Spaß fand. Sie hatte mal beobachtet, wie die Jungen der siebten und achten Klassen im verschneiten Schulhof exerzierten und wie er andauernd darüber lachen musste – bis sein Fähnleinführer ihn vortreten und Liegestütze machen ließ. Anfangs lachten die Mädchen auf der Schulhofmauer darüber, dann aber verging ihnen das Lachen: Der Fähnleinführer ließ den Jungen Liegestütze machen, bis er total erschöpft war. Die Arme wollten ihm wegknicken, doch der Fähnleinführer, ein sehr ernster Junge, schrie ihn in einem fort an, ließ ihn weiterpumpen und danach im Schulhof im Kreis laufen. Der Junge lief und lief, und immer, wenn er an der Schulhofmauer vorüberkam, sahen die Mädchen sein Gesicht, sahen sie diese seltsame Mischung aus Erschöpfung und gespannter Wachheit in seinem Blick. Von diesem Tag an war er Hilde dann noch öfter aufgefallen. Immer in ähnlichen Szenen. Die Jungenschule lag der Mädchenschule ja direkt gegenüber; sie bekamen fast alles mit, was dort ablief.

»Natürlich bist du in der Rigaer zur Schule gegangen. Ich erinnere mich genau an dich.«

»Quatsch!«, sagt er. Aber nun guckt er Hilde an, als versuche auch er sich zu erinnern, bis er sich achselzuckend wieder umdreht und weiter seinen Wagen die Straße entlangzieht.

Die Mutter hat sich von Frau Neumann im 1. Stock die Urkunde geholt, auf der Herr Neumann für tot erklärt wurde. *Der Obergefreite Karl Friedrich Neumann, verheiratet mit Martha Leonore Neumann geborene Findeisen, ist durch Entscheidung des Amtsgerichts Berlin-Mitte für tot erklärt worden,* steht darauf. Und: *Als Zeitpunkt des Todes ist der 1. November 1944 – Tagesende – festgestellt.*

»Woher haben die denn das gewusst?«, wundert sich Hilde.

»Sie wussten es nicht«, sagt die Mutter, ohne Hilde anzublicken. »Sie mussten irgendwas eintragen, und da Herr Neumann Ende Oktober das letzte Mal schrieb, haben sie entschieden, dass er am 1. November gefallen ist.«

Hilde schweigt. Dazu kann sie einfach nichts sagen. Die Mutter setzt sich zu ihr und erzählt von dem langen Tag im Geschäft, erwähnt aber nicht Herrn Bärs Namen. Dennoch denkt sie an ihn und an das gestrige Gespräch, das spürt Hilde deutlich. Sie aber sieht nur immer wieder den Jungen vor sich:

das schmutzige Gesicht, den misstrauischen Blick, seine Angst, sich zu verraten. Ihr ist da vorhin noch eine Szene eingefallen, in der sie den Jungen 'mal erlebt hat. Eines Tages, kurz nach dem Unterricht, war er von drei Hitlerjungen in eine Haustürnische gedrängt und böse zusammengeschlagen worden. Viele Kinder hatten herumgestanden und zugesehen, aber keines hatte ihm geholfen. Er hielt sich schützend die Hände vors Gesicht, die Jungen traten ihn in den Leib. Er stöhnte auf und versuchte, sich zu schützen, da schlugen sie ihm ins Gesicht. Die Nase blutete, die Lippen platzten auf, die Augen schwollen an. »Nimm es zurück!«, schrien die drei Hitlerjungen. »Nimm es zurück!« Er aber machte den Mund nicht auf …

»Woran denkst du denn? Du hörst ja gar nicht zu.« Die Mutter wiederholt: »Sonntag kommt Herr Bär zu uns. Er möchte, dass du ihn mal näher kennen lernst.«

Hilde macht ein gleichgültiges Gesicht. »Von mir aus.«

Am nächsten Tag wartet Hilde erneut auf den Jungen. Gleich nach der Schule setzt sie sich unweit der Stelle, an der er jedes Mal in den Ruinen verschwindet, auf einen Mauerbrocken und lässt sich von der warmen Herbstsonne bescheinen.

Sie will mit ihm reden, will mehr über ihn erfahren.

Was genau, darüber macht sie sich keine Gedanken; sie hat sich nur die erste Frage zurechtgelegt, und die soll lauten: »Wie heißt du eigentlich?«

Sie will diese Frage ganz unverfänglich stellen, ganz locker, schließlich kennen sie sich seit dem gestrigen Gespräch ein bisschen. Aber es wird nichts draus: Der Junge mit dem Handwagen kommt an diesem Tag nicht. Und er taucht auch am nächsten und übernächsten Tag nicht auf.

Am Sonntag kommt dann Herr Bär. Er kommt schon zum Mittagessen und bringt ein paar Eier mit. Die Mutter verquirlt sie mit Mehl, damit die Portionen größer werden, macht Rührei mit Bratkartoffeln daraus. Es ist ein richtiges Sonntagsgericht, aber Hilde schmeckt es trotzdem nicht: Herr Bär ist zwar sehr freundlich, doch er sitzt neben der Mutter, als stehe ihm dieser Platz zu.

Nach dem Essen reden Herr Bär und die Mutter in der Wohnstube von den Vorkriegszeiten; wie schön damals alles war. Ein paar Minuten bleibt Hilde dabei, hört zu, was die Mutter sagt, hört, wie Herr Bär ihr in allem Recht gibt. Dann hält sie es nicht länger aus. »Ich geh mal kurz zu Uschi«, sagt sie.

Herr Bär greift in seine Jackentasche und reicht Hilde eine Tüte Bonbons. »Hier«, sagt er. »Wegzehrung.«

Bonbons sind etwas Besonderes in diesen Tagen, trotzdem hätte Hilde lieber darauf verzichtet. Aber das kann sie der Mutter nicht antun. So nimmt sie die Tüte, deutet einen leichten Knicks an und läuft aus der Wohnung.

Sie will nicht zu Uschi, sie will zu diesem Ruinengrundstück. Weshalb soll sie immer nur nach der Schule auf diese Kutte warten, warum soll sie nicht einfach mal nach ihm suchen?

Als sie die Ruinen erreicht hat, steigt sie den Schuttberg hinauf und blickt sich aufmerksam um. Vielleicht kann sie was entdecken, irgendwas, das wie eine Höhle aussieht, in die der Junge sich verkrochen haben könnte. Doch es gibt nichts Auffälliges zu sehen, nur Mauerreste, Schutt und Unkraut, das aus dem Schutt wächst. Enttäuscht will sie sich schon abwenden, als sie plötzlich das klappernde Geräusch des Handwagens hört: Der Junge kommt über die Straße. Rasch versteckt sie sich hinter einer halbhohen Mauer und wartet, bis er den vollen Handwagen den Schuttberg hinaufgezogen hat. Erst dann tritt sie vor.

»Arbeitest du auch sonntags?«

Der Junge erschrickt und beruhigt sich auch nicht, als er Hilde erkannt hat. »Was willste hier?«, fährt er sie an.

»Dich besuchen.« Hilde setzt sich auf die Mauer. Sie freut sich, dass sie den Jungen doch noch getroffen hat, kann ihn aber nun nicht einfach fragen, wie er heißt.

»Spionierst du mir nach?«

»Quatsch!«

Der Junge bleibt misstrauisch. Er will nicht weitergehen, solange sie ihm nachsehen kann.

»Und was willste von mir?«

»Mich mit dir unterhalten.«

Er glaubt ihr nicht, weiß aber nicht, was er tun soll. Schließlich bleibt ihm nichts weiter übrig, als sich auf eine etwas entfernt stehende Mauer zu setzen. Ärgerlich zieht er ein Päckchen amerikanischer Zigaretten aus der Seitentasche seiner Bundjacke und steckt sich eine an.

»Dir geht's ja gut.«

Der Junge antwortet nicht, raucht nur schweigend und sieht Hilde dabei abwartend an. Sie muss daran denken, wie er beim Exerzieren auf dem verschneiten Schulhof gelacht hatte. Bestimmt hat er schon lange nicht mehr so gelacht.

»Was ist denn eigentlich aus den anderen geworden?«

»Welche anderen?«

»Na, die, die dich damals so verprügelt haben. Dein Fähnleinführer und seine Freunde.«

»Kenn ich nicht. Weiß überhaupt nicht, wovon du sprichst.«

»Na klar kennst du die. Hab doch gesehen, wie sie auf dich eingeschlagen haben. Und auch, wie du Liegestütze machen musstest.«

Der Junge raucht, schweigt.

»Hast mir damals ziemlich Leid getan.«

»Quatsch!«

»Doch! Die waren gemein zu dir.«

Er zuckt nur die Achseln.

»Und was machst du jetzt so?«

»Was soll ich schon tun?«

Wieder eine ausweichende Antwort, Hilde aber bleibt geduldig. »Sagst du mir wenigstens, wie du heißt?«

»Trümmerkutte.« Der Junge grinst.

Er kennt seinen Spitznamen. Sie wird verlegen. »Dann heißt du also Kurt?«

»Ja.«

»Ich heiße Hilde.«

»Hilde, die Wilde!« Er kichert.

»Gibst du mir auch 'ne Zigarette?«

»Klar!« Er hält ihr das Päckchen hin. Hilde nimmt sich eine Zigarette und hält sie ungeschickt zwischen den Fingern.

»Viel haste aber noch nicht geraucht.« Er grinst wieder, und dann zeigt er Hilde, wie sie die Zigarette an die Glut seiner Zigarette halten soll, um sie durch heftiges Ziehen zum Qualmen zu bringen.

Endlich brennt Hildes Zigarette. Sie muss ein Husten unterdrücken und hält die Zigarette weit von sich. »Zur Schule gehst du nicht mehr, oder?«

Der Junge schüttelt den Kopf.

»Und wohnst du wirklich in den Ruinen?«

Der Junge antwortet wieder nicht, drückt nur seine

Zigarettenkippe aus und steckt sie in die linke Brusttasche. Dann nimmt er Hilde ihre Zigarette ab und raucht sie weiter. »Ist schade drum«, sagt er.

»Sehr gesprächig bist du nicht gerade.«

»Nee.« Er schaut einem Rosinenbomber nach, der ungewöhnlich niedrig fliegt. Dann sieht er Hilde an. »Hab dich ja nicht eingeladen, oder?«

Da steht Hilde auf. Sie weiß nicht mehr, was sie noch sagen soll. »Bist 'n ulkiger Vogel.« Sie schüttelt den Kopf. »Macht dir so ein Leben denn Spaß?«

»Klar!«, sagt der Junge – und dann grinst er wieder.

Herr Bär ist inzwischen gegangen. Die Mutter sitzt im Halbdunkel der Wohnstube und schaut aus dem Fenster. Als Hilde das Licht einschaltet, legt sie die Hand über die Augen. »Bitte nicht! Mach das Licht wieder aus.«

Hilde schaltet das Licht wieder aus und setzt sich der Mutter gegenüber.

»Was ist? Hast du geweint?«

»Nein.«

Die Mutter lügt. Hilde sieht es ihr an. Sie will nicht zugeben, dass sie unglücklich ist.

»Hat er irgendwas gesagt?«

»Er weiß, dass du ihn nicht magst. Er … er findet dich unverständig.«

Unverständig? Das ist ein anderes Wort für stur, uneinsichtig, dickköpfig.

»Und du? Was hast du gesagt?«

Die Mutter zieht ein Taschentuch heraus und putzt sich die Nase. »Ich will wissen, was du gesagt hast«, drängt Hilde.

»Na, was schon? Hab ihm gesagt, dass es nicht leicht für dich ist – und dass wir nur dann heiraten können, wenn du damit einverstanden bist.«

Still lehnt Hilde sich in den Sessel zurück. Was die Mutter gesagt hat, ist einerseits ein Nachgeben, andererseits aber auch ein böser Trick, denn damit übergibt sie ihr die Verantwortung. Entscheide du, heißt das – und: Wenn ich unglücklich werde, bis du daran schuld.

»Du bist gemein!«

Die Mutter hat diesen Vorwurf erwartet. »Ich weiß mir nicht anders zu helfen. Wenn du mitentscheiden willst, musst du auch Verantwortung übernehmen.«

Sie wartet noch einen Moment, wartet darauf, dass Hilde noch etwas sagt. Als nichts mehr kommt, geht sie in die Küche.

Der Junge steht gegenüber der Stelle, an der er immer in den Ruinen verschwindet, in einem Hausflur, raucht und schaut ihr entgegen. Aber Hilde ist nicht allein, Uschi ist bei ihr, erzählt von ihrem Bruder und von ihrem Vater, der ihr zum Geburtstag aus der Kriegsgefangenschaft geschrieben hat.

Hilde hört nur mit halbem Ohr zu. Es ärgert sie, dass sie nicht allein ist; solange Uschi dabei ist, wird der

Junge sie nicht ansprechen. Und richtig: Kurz bevor sie heran sind, hastet er über die Straße, steigt den Schuttberg hoch und ist verschwunden.

»Da war er ja wieder, der Verrückte.«

»Er ist nicht verrückt!«

Uschi spürt Hildes Ärger. »Na, wenn der nicht verrückt ist! Sieht aus wie 'ne Trümmerleiche und benimmt sich wie einer, der noch nie 'n Menschen gesehen hat. Bei dem muss doch was nicht stimmen.«

»Vielleicht hat er was Schlimmes erlebt.«

»Wir haben alle was Schlimmes erlebt. Spielen wir deshalb gleich verrückt?«

Uschi spielt nicht verrückt, Uschi ist vernünftig; Uschi würde nie in Trümmern hausen, Uschi würde sich auch nicht für einen Trümmerkutte interessieren. Und wenn Uschis Vater gefallen wäre und ihre Mutter wieder heiraten wollte, würde Uschi das einsehen und einen Weg finden, wie ihr der neue Vater möglichst wenig in die Quere kommt. Sie, Hilde, ist nicht so vernünftig; sie macht es sich selber schwer.

Ein Zettel liegt hinter der Tür. Als Hilde ihn gelesen hat, knüllt sie ihn zusammen und wirft ihn in den Mülleimer. Ein Herr Rossbach sei da gewesen, hatte aber niemanden vorgefunden. Er schreibt der Mutter, dass er ihr als neuer Untermieter zugeteilt worden ist und am Abend wieder kommen und gleich einziehen wird, weil er zur Zeit keine andere Unterkunft habe.

Ein neuer Untermieter! Ein neuer Herr Keller?

Nachdenklich setzt sie sich an den Küchentisch und stützt den Kopf in die Hände. Wenn dieser Herr Rossbach auch so ein unsympathischer Kerl wie sein Vorgänger ist, wird die Mutter noch mehr darauf drängen, endlich mit Herrn Bär zusammenziehen zu dürfen …

Eine ganze Weile sitzt Hilde so gedankenverloren da, dann hat sie plötzlich eine Idee. Ohne auch nur in den Topf zu gucken, stürmt sie aus der Wohnung und die Treppen runter, aus dem Haus, über die Straße und in Richtung Frankfurter Allee davon.

Sie will zu diesem Kurt, will etwas mit ihm bereden. Aber dann steht sie auf dem Schuttberg und weiß nicht weiter: Soll sie etwa in die Ruinen hinein? Aber wie sonst will sie ihn finden?

Vorsichtig ruft sie seinen Namen und wird dabei immer lauter. Es wäre schlimm, wenn sie ihn heute nicht hier antrifft; morgen ist es vielleicht schon zu spät.

»Warum schreiste denn so?«

Der Junge. Er sitzt auf einer Mauer, die er heimlich bestiegen haben muss, während sie in die andere Richtung rief.

»Da bist du ja!« Hilde ist so erleichtert, dass sie diesen Kurt begrüßt, als hätte sie ihn sehr vermisst.

»Ist was passiert?«

»Nein. Wollte nur wissen, warum du vorhin auf mich gewartet hast.« Sie muss ihren Vorschlag in einem günstigen Moment anbringen.

»Ich? Auf dich gewartet? Spinnst du?«

»Na klar hast du auf mich gewartet!«

Der Junge wird verlegen. »Bilde dir bloß nichts ein«, murmelt er vor sich hin und sucht in seinen Taschen nach Zigaretten, findet aber keine.

»Wenn du rauchen willst, können wir ja zu dir gehen.« Hilde bleibt im Angriff.

»Das könnte dir so passen.«

»Warum? Schämst du dich für deinen Trümmerpalast?«

»Nee.«

»Na also! Dann zeig mir doch mal, wie du lebst.«

Er überlegt. Hilde kann richtig sehen, wie es in ihm arbeitet. »Wenn nicht, kann ich ja hier auf dich warten«, sagt sie, macht dabei aber ein Gesicht, das deutlich zeigt, was sie von ihm hält, wenn er auf diesen Vorschlag eingeht.

»Warum soll ich mich schämen? Will nur nicht, dass jeder weiß, wo ich meine Ware verstecke.«

»Was für 'ne Ware denn?«

Da gibt er sich einen Ruck und springt von der Mauer. Und dann geht er wortlos vor Hilde her durch zwei Mauerreste hindurch und klettert über eine halbhohe Mauer hinweg, auf der noch die Tapete klebt. Schließlich bleibt er vor einer in den Angeln hängenden Tür stehen, um sich noch einmal aufmerksam umzublicken. Hilde bleibt dicht hinter ihm. Sie ist gespannt darauf, wo er sie hinführt, fragt aber nichts.

Weiter geht es durch einen halbdunklen, fast völlig verschütteten ehemaligen Hofdurchgang und über Mauerbrocken und herabgerissene Stromleitungen hinweg. Hilde hat Angst vor diesen Leitungen, aber der Junge beruhigt sie: »Keine Angst, da ist kein Saft drin. Alles tot!«

Dieses »Alles tot!« lässt sie frösteln, Kurt aber bemerkt das nicht. Zielstrebig steigt er weiter über Schutt und Geröll hinweg und einmal stoßen sie dabei auf einen Kleinkinderschuh.

Hilde erschrickt. »Wie weit ist es denn noch?«

»Nicht mehr weit.« Kurt hat den Schuh aufgehoben. »Vielleicht finde ich irgendwann den zweiten.«

Endlich bleibt er stehen und blickt sich wieder vorsichtig um. Dann öffnet er eine knarrende Tür, die zu einem Seitenaufgang geführt haben muss, denn der Fußboden dahinter ist gefliest und das, was Hilde zuerst für eine Art niedrigen Altar gehalten hat, sind Treppenstufen. Die Treppe muss einmal bis in den vierten Stock hinaufgeführt haben, nun endet sie nach vier Stufen im Schutt. Die Kerzen auf den Stufen geben diesem Treppenrest das altarmäßige Aussehen. Sie stehen nicht einfach auf den Stufen, sondern befinden sich in drei- und fünfarmigen Kerzenhaltern.

Kurt zündet einige der Kerzen an, und Hilde, die nur zögernd näher tritt, hat Gelegenheit, sich weiter umzuschauen. Ein Sofa fällt ihr auf, aber bei näherem Hinsehen bemerkt sie, dass es nur verschiedene übereinander geschichtete Matratzen sind. Neben dem Matratzenlager steht ein Stuhl mit einem weiteren Kerzenhalter. Unter diesem Stuhl liegen Bücher; eins davon aufgeklappt, als hätte gerade erst jemand darin gelesen. Den Matratzen gegenüber befindet sich ein Sammelsurium von Blechen, Rohren, Wasserhähnen, Ofenrosten, Regenrinnen und vieles mehr, was Hilde auf den ersten Blick nicht erkennen kann.

»Ist das deine Ware?« Sie deutet auf das Buntmetall-Lager.

Still setzt Kurt sich auf die Matratzen und nickt. Hilde sieht zu, wie er sich wieder eine seiner amerikanischen Zigaretten ansteckt. »Verdienst du gut damit?«

»Gut ist gar kein Ausdruck.« Er verzieht das Gesicht zu seinem üblichen halb verlegenen, halb pfiffigen Grinsen. »Buntmetall ist *die* Sache! Kupfer, Blei, Zink, Zinn – das gibt's ja kaum, danach lecken sich die Schrotthändler alle zehn Finger.«

»Besonders die im Westen.« Hilde hat schon davon gehört, dass Buntmetall gefragt ist – im Westen wie im Osten. Aber niemand käme auf die Idee, Buntmetall gegen Ostgeld zu verkaufen.

»Na klar, im Westen.«

»Da hast du aber 'n ganz schön weiten Weg.«

»Macht mir nichts aus.«

Hilde schweigt, bis sie fragt: »Schläfst du hier auch?«

»Wo denn sonst?«

»Na, bei deinen Eltern.«

Sie sagt das ganz unverfänglich, kann sich ja denken, dass dieser Kurt keine Eltern mehr hat. Doch vielleicht erzählt er auf diese Weise ein bisschen mehr von sich.

Der Junge raucht schweigend.

»Oder hast du keine Eltern mehr?«

»Nee.«

»Ist dein Vater im Krieg gefallen?«

»Ja.«

»Meiner auch.«

Wieder entsteht eine Pause, dann fragt Hilde: »Und deine Mutter?«

Kurt zeigt mit der Zigarette nach oben und Hilde versteht: Seine Mutter ist bei einem Bombenangriff ums Leben gekommen.

»Warst du das einzige Kind?«

»Hatte noch 'n Bruder ... und 'ne Schwester.«

»Und wo warst du, als es passiert ist?«

»Im Heim.«

»In was für 'nem Heim denn?«

Er holt tief Luft. »Na, in was für 'nem Heim schon? In einem für Schwererziehbare.«

Hilde sieht den zwölfjährigen Jungen vor sich, den die anderen quälten, schlugen und nicht für voll nahmen. Er war anders als die meisten, aber schwer erziehbar?

»Wer hat dich denn da reingesteckt?«

»Meine Mutter.«

Nun versteht Hilde gar nichts mehr und er verliert

die Geduld. »Du kapierst aber schwer. Meine Mutter war 'ne Nazitante. Die hat sich geschämt für ihren Sohn. Die wollte aus mir 'n Nazi machen. So 'n richtig strammen.«

»Und nach dem Krieg?«

»Kam ich in ein anderes Heim. War auch nicht viel besser. Immer nur Strammstehen, Frühsport, Gemeinschaft über alles.«

»Und da bist du dann weggelaufen?«

»Vor ein paar Monaten schon. Hab nur den Winter abgewartet.« Er guckt Hilde nachdenklich an. »Bin in meine alte Gegend zurück, weil ich dachte, hier kenne ich mich am besten aus. Und weil ich glaubte, dass mich ja doch keiner wieder erkennt.«

»Aber ich hab dich wieder erkannt.«

»Du bist 'ne Ausnahme.«

»Endlich mal einer, der's zugibt«, witzelt Hilde, um von all dem Ernsten wegzukommen.

»Und du? Wie lebst du so?«, fragt er da endlich.

Hilde erzählt vom Vater, von der Mutter und Herrn Bär. Sie berichtet ganz ehrlich und hat hinterher das Gefühl, dass alles, was sie zu erzählen hat, nichts Besonderes ist. Der Vater ist vermisst und sicherlich tot, das ist schlimm, aber sonst? Sie sind nicht ausgebombt, die Mutter hat Arbeit, sie geht zur Schule und hat sogar schon eine Lehrstelle. Im Gegensatz zu Kurt hat sie noch richtig Glück gehabt.

»Alles ganz normal, nicht?«

Er zuckt die Achseln. »Was ist schon normal?«

Eine Zeit lang schweigen sie beide, dann fragt Hilde: »Woher kennst du eigentlich deinen Spitznamen?«

»Trümmerkutte? Auf dem Schrottplatz rufen sie mich so. Manche halten mich sogar für verrückt.«

»Macht dir das nichts aus?«

»Nee. Wieso denn? Von mir aus können die denken, was sie wollen. Tut mir doch nicht weh.«

»Und warum wäschst du dich nicht?«

»Hab kein Wasser.«

»In den Straßen gibt's Pumpen.«

»Hab keine Seife.«

»Du willst dich nicht waschen?«

»Erraten.«

Wieder schweigen sie beide, dann muss Hilde lachen. »Und warum willst du dich nicht waschen? Ist das ein Protest oder so was?«

»Wasch mich ja, aber ich hab wirklich kein Wasser. Und unter der Pumpe muss es immer ganz schnell gehen, da kann ich nicht erst lange Seife und Handtuch auspacken.«

Nun schämt er sich doch. Das hat Hilde nicht gewollt.

»Wie lange willst du hier denn noch bleiben?«

»Bis zum nächsten Krieg.«

»Waas?«

»Bis zum nächsten Krieg.« Kurt guckt Hilde neugierig an. »Oder glaubste etwa, es gibt keinen mehr?«

Was soll sie darauf antworten? Natürlich glaubt sie nicht, dass es nie wieder Krieg gibt. Die Leute sagen zwar alle, sie wollten lieber trocken Brot essen, als je wieder einen Krieg mitmachen, aber ob es Krieg gibt oder nicht, entscheiden ja nicht die Leute, sondern die Regierungen. Und die fragen nicht lange, wer Lust auf einen Krieg hat und wer nicht.

»Die Russen und die Amis kriegen sich bestimmt bald in die Haare.« Kurt zündet sich schon wieder eine Zigarette an. »Da kannste Gift drauf nehmen.«

»Und was hat das mit uns zu tun? Bei uns ist doch schon alles kaputt.«

»Darauf nehmen die keine Rücksicht.« Offensichtlich gefällt ihm dieses Gespräch. »Wir sind für die nicht wichtig.«

»Und die Rosinenbomber? Warum tun die Amis denn so was, wenn wir nicht wichtig sind?« Hilde weiß, dass das, was Kurt sagt, kein dummes Zeug ist, sie will es nur nicht zugeben.

»Das ist Politik«, sagt er da ganz ernst. »Die tun das nicht, um den Westberlinern zu helfen, die tun das nur für sich selbst.«

Diese Selbstsicherheit ärgert Hilde. »Und du willst ernsthaft bis zum nächsten Krieg in den Trümmern bleiben?«, spottet sie. »Na, dann zieh dich mal warm an – vielleicht kommt der Krieg erst im Frühjahr.«

»Bis zum Winter hab ich 'n Ofen.«

»Du spinnst ja.« Hilde springt auf. Sie will nun weg

hier, raus aus dieser Höhle, die sie immer stärker bedrückt.

»Na klar, ich spinne!« Auch Kurt steht auf. »Erster Weltkrieg, Zweiter Weltkrieg, Dritter Weltkrieg – aller guten Dinge sind drei, oder?«

Eine Zeit lang starrt sie ihn nur stumm an. Vielleicht hat Uschi ja doch Recht und dieser Kurt ist nicht ganz richtig im Kopf. Kann denn einer, der bis zum nächsten Krieg in den Trümmern hausen will, normal sein? Kann einer, der so redet, normal sein?

Kurt senkt den Blick, beugt sich vor und kramt zwischen den Matratzen eine bunt beklebte Büchse hervor. »Hier – für dich! Wollte sie dir heute Mittag schon geben. Deshalb hab ich gewartet.«

Corned Beef! In der Büchse ist richtiges Fleisch.

»Das iss mal lieber selber.« Rasch zieht Hilde die Hand wieder zurück.

»Hab genug davon.«

Einen Moment zögert Hilde noch, dann nimmt sie die Dose. »Bringst du mich zur Straße zurück?«

Er nickt und dann geht er vor Hilde her, bis sie den Schuttberg erreicht haben. Dort rückt sie schließlich doch noch mit dem heraus, was sie hergeführt hatte. »Und wenn du nun ein Zimmer bekommen könntest, irgendwo in 'ner Gegend, die nicht zerbombt ist – würdest du es nehmen?«

»Nee.«

»Und warum nicht?«

»Weil ich noch nicht volljährig bin. Die würden mich ja doch gleich wieder in ein Heim stecken.«

Das hatte Hilde nicht bedacht. »Und wenn jemand da ist, der sich um dich kümmert?«

»Du etwa?«

Sie spürt, wie sie rot wird. Kurt hat sie durchschaut. »Ich doch nicht!«, lacht sie übertrieben laut. »Meine Mutter vielleicht.« Und dann erzählt sie Kurt, dass sie sowieso einen Untermieter nehmen müssen, und da wäre es doch einfacher und bequemer …

»Nee!«, unterbricht er sie. »Kommt nicht in die Tüte. Ich will meine Freiheit.« Dann geht er ein Stück von Hilde fort, bleibt aber noch mal stehen. »Wenn du wieder mal 'ne Büchse Fleisch brauchst …«

Hilde nickt. Sie wird wieder kommen. Aber nicht wegen dem Fleisch.

Der neue Untermieter ist nett, hat nichts von einem Herrn Keller an sich. Die Mutter ist erleichtert und Hilde ist es auch, aber als er dann in seinem Zimmer ist, sind sie doch bedrückt. Dieses ständige Kommen und Gehen von neuen Untermietern hat etwas so Unbeständiges an sich; es ist, als sollten sie nie zur Ruhe kommen.

»Glaubst du, dass es noch mal Krieg gibt?«, fragt Hilde auf einmal leise.

»Um Himmels willen!« Fast hätte die Mutter sich bekreuzigt. »Beschrei es nicht.«

»Aber im Radio haben sie heute von neuen Drohungen erzählt.«

Die Mutter denkt nach, dann sagt sie ehrlich: »Ich weiß es nicht. Manchmal glaube ich, dass alles darauf hinausläuft, dass die Russen und Amis ... vielleicht wegen Berlin ... vielleicht wegen irgendwelcher anderen Streitigkeiten ... aber dann kann ich es mir doch wieder nicht vorstellen.«

»Ich auch nicht.« Hilde lächelt erleichtert.

Die Mutter bleibt ernst. »Allerdings hab ich es mir damals auch nicht vorstellen können. Und Vater auch nicht. Sein Lieblingssatz war immer: Nichts wird so heiß gegessen, wie es gekocht wird. Na ja, wie's ausging, weißt du ja.«

Der Vater. Es ist gut, dass die Mutter damit angefangen hat. »Ich hab nichts mehr dagegen, dass du Herrn Bär heiratest.« Hilde hatte sich vorgenommen, der Mutter das zu sagen, den ganzen Nachmittag hatte sie daran gedacht, nun ist die Gelegenheit günstig.

»Und woher dieser plötzliche Sinneswandel?«

»Hab's mir überlegt«, weicht Hilde aus. Sie kann es der Mutter nicht so einfach erklären, dazu fehlen ihr die richtigen Worte. Denn die Wahrheit ist – das ist ihr seit dem Gespräch mit Kurt klar geworden –, dass sie will, dass endlich wieder alles ganz normal wird. Und dazu gehört, dass die Mutter wieder heiratet.

»Wirst du dich denn mit Herrn Bär verstehen?«

»Bestimmt.« Wenn Hilde was will, dann schafft sie es auch.

»Kind«, sagt da die Mutter und lacht vorsichtig. »Ich wusste ja, dass du noch zur Vernunft kommst.«

Hilde nickt nur. Sie hat Angst vor dem, was auf sie zukommen wird, doch sie weiß: Es gibt keinen anderen Weg.

1953
Fahren wir zum Alex

Ein Sprengwagen ist durch die Straßen gefahren, das Pflaster glänzt, als hätte es geregnet. Charly steht im offenen Fenster und schaut hinaus, schaut den Leuten nach, wie sie kommen und gehen, die Geschäfte betreten und manchmal stehen bleiben und miteinander reden.

Komisch, ihm ist, als redeten die Leute heute aufgeregter miteinander als sonst. Der Mann und die Frau an der Ecke Wilmersdorfer zum Beispiel. Der Mann fuchtelt mit den Armen herum, als wollte er auf die Frau einschlagen. Die Frau aber schüttelt nur immer den Kopf, als könne sie das, was der Mann sagt, einfach nicht glauben.

Ob, was die beiden da bereden, mit Ostberlin zu tun hat? Vater hat gestern gesagt, wenn ihn nicht alles täusche, ginge es dort bald los. Die Bauarbeiter hätten schon gestreikt. Bloß *was* da losgehen soll, hat er nicht gesagt. Doch irgendwie war er freudig erregt, hat geguckt, als wäre übermorgen Weihnachten.

Oder bildet er sich das alles nur ein, weil er Stubenarrest hat? Wenn man nicht runter darf, erscheint es einem unten immer doppelt so interessant.

Charly beugt sich etwas weiter vor und schaut nach links die Straße hinunter. Nun kann er es sehen, das gelbe Schild mit der blauen Aufschrift *Ha-Fü-Funk*, die Abkürzung von *Harro Fühmanns Funkstube* über dem kleinen Laden, der dem Vater gehört und in dem Mutter und er jeden Tag von früh bis spät arbeiten – Vater in der Werkstatt, Mutter an der Kasse. Charly sieht sie richtig vor sich: Vater hinter einem offenen Radio, Mutter mit der Lesebrille beim Rechnungschreiben. Abends sind sie dann müde, Vater fragt nur und Mutter gähnt. Gestern Abend hat Vater gefragt, ob er einsieht, dass er mit einer Woche Stubenarrest noch gut bedient ist; hat dabei getan, als ob diese Woche sein erster Stubenarrest überhaupt wäre. Dabei ist er der Stubenarrestkönig der ganzen Gegend. Natürlich: Wer ein halbes Jahr lang keine Schularbeiten macht, muss bestraft werden. Aber warum er keine Schularbeiten macht, das hat der Vater nicht gefragt. Und hätte er das gefragt, hätte er ihm auch nicht geantwortet; er spricht ja nicht mit ihm …

Zu der Frau und dem Mann an der Ecke Wilmersdorfer gesellt sich ein weiterer Mann. Er führt einen Hund an der Leine und hört zu, was der andere Mann der Frau erzählt. Es sieht aus, als finge der gleich noch mal von vorne an.

Vielleicht ist da drüben ja doch was passiert? Vielleicht haben die Russen irgendwas angestellt. Vater schimpft immer auf die Russen, die seine Heimat besetzt halten, weil er selbst aus Thüringen kommt.

Charly beugt sich wieder etwas weiter vor. Ist das

nicht Primo, der da die Straße entlangkommt? Na klar, er ist es; Primo Hanisch, der eigentlich Uwe heißt und nachmittags immer auf seinem Balkon steht und trainiert, weil er eines Tages Boxer werden will, obwohl er dafür eigentlich viel zu kurze Arme und Beine hat.

Will Primo etwa zu ihm? Ja, er bleibt unten stehen, schaut zu ihrem Fenster hoch und hat ihn auch schon entdeckt. »Komm runter!«, ruft er und schwenkt beide Arme.

»Geht nicht. Hab Stubenarrest. Komm rauf!«

Primo zögert ein Weilchen, dann verschwindet er in der Haustür. Charly geht zur Wohnungstür, öffnet sie und wartet. Wenn Primo am Nachmittag bei ihm auftaucht und nicht an seinem mit Sand gefüllten Rucksack steht und auf ihn einprügelt, muss wirklich was Besonderes passiert sein. Denn außer für Boxen und Primo-Carnera-Heftchen interessiert Primo sich für nichts. Für die Bildergeschichten über den ehemals weltberühmten Boxer jedoch gibt er sogar seine Frühstücksbrote weg.

Endlich ist Primo oben angekommen. »Haste schon gehört?«

»Nee. Was denn?«

»Im Osten is Krieg. Hab's im Radio gehört. Auf'm Brandenburger Tor haben sie die Fahne runtergerissen, *Deutschland über alles* haben sie gesungen.«

Also hat Vater doch Recht gehabt! Und jetzt weiß er auch, warum die Leute alle so aufgeregt sind. »Los, komm rein!« Charly schließt hinter Primo die Tür und läuft vor ihm her ins Wohnzimmer. Dort wirft er sich aufs Sofa und kurbelt am Radio.

Da kommt es schon: »… wurde von der Sowjetischen Stadtkommandantur das Kriegsrecht über die Stadt verhängt …«

Ein Reporter meldet sich vom Alexanderplatz. Mit hastiger Stimme berichtet er von brennenden Häusern und Kiosken und interviewt dann einen der streikenden Arbeiter, der mit vor Begeisterung überschlagender Stimme was von Freiheit und unverschämten Normenerhöhungen ins Mikrofon spricht. Für das bisschen Geld, das er nun noch verdienen könne, arbeite er nicht mehr, sagt er.

Charly stellt das Radio ein bisschen leiser. »Kriegsrecht ist doch noch kein Krieg.«

»Was'n denn?«

»Na, so 'ne Art Krieg bloß.« Genau weiß Charly da auch nicht Bescheid, aber dass Kriegsrecht noch keinen richtigen Krieg bedeutet, das weiß er sicher.

»Hanne ist hin«, erzählt Primo. »Er hat gesagt, wir müssen die im Osten jetzt unterstützen.«

Hanne, so wird Primos großer Bruder Hans gerufen; ein richtiger Halbstarker mit Lederjacke und Niethosen, in der ganzen Straße bekannt und bewundert. Wo was passiert, ist er dabei. Klar, dass er jetzt auch in den Osten rübergefahren ist.

»Willste auch hin?«

Primo nickt zögernd. »Aber ich hab kein Geld. Nicht mal zwanzig Pfennig für die S-Bahn.«

Charly überlegt nicht lange. Das ist *die* Gelegenheit, das ist *der* Grund, von hier zu verschwinden. »Wir fahren hin«, sagt er und steht auf, um sich im Flur die Schuhe anzuziehen. »Ich hab Geld. Aber wir bezahlen trotzdem nicht. Wir fahren schwarz. Ist viel spannender.«

»Aber du hast doch Stubenarrest ... Wenn's nun rauskommt?«

»Dann kommt's eben raus.« Charly zieht sich seinen neuen schwarzen Parallelo* mit den gelben V-Streifen an, der so schöne breite Schultern macht. »Ist mir doch egal.«

»Warum hast 'n überhaupt Stubenarrest?« Primo kraust die Nase, wie er es immer tut, wenn er glaubt, eine besonders interessante Frage gestellt zu haben.

»Weil ich keine Schularbeiten mache.«

»Und warum machste keine Schularbeiten?«

»Um meinen Alten zu ärgern.« Charly nimmt das Schlüsselbund vom Haken neben der Tür und schiebt den überraschten Primo auf die Treppe hinaus. Dass einer keine Schularbeiten macht, nur um seinen Vater zu ärgern, hat er noch nie gehört. »Warum willste ihn denn ärgern?«

»Weil's mir Spaß macht. Und jetzt halt die Klappe.«

* Parallelo – Strickjacke in der Mode der 50er Jahre.

Charly schließt die Wohnungstür ab und läuft vor Primo die Treppe hinab. Er hat auf einmal richtig gute Laune.

»Und wo fahren wir hin?«, fragt Primo, angesteckt von Charlys Begeisterung.

»Zum Alex. Hast doch gehört: Wenn im Osten was los ist, dann nur auf'm Alex.«

Es ist nicht schwierig, ungesehen auf den S-Bahnsteig zu gelangen. Charly und Primo müssen nur warten, bis der Fahrkartenknipser in seinem Abfertigungshäuschen so viel zu tun hat, dass er die Treppe zum Bahnsteig nicht im Auge behalten kann, und zur gleichen Zeit niemand die Treppe hinabschreitet. Es darf also nicht gerade ein Zug eingefahren sein. Sind Leute auf der Treppe, gibt es immer jemanden, der stolz darauf ist, einen Schwarzfahrer erwischt zu haben.

Charly und Primo haben bald Glück. In dem Moment, als der Fahrkartenknipser in seinem Häuschen gerade eine Auskunft erteilt, steigen nur zwei ältere Frauen die Treppe hinab. Die sind so in ihr Gespräch vertieft, dass sie weder nach links noch nach rechts sehen.

Sofort flitzen die beiden Jungen die Stufen hoch und sehen auch schon die S-Bahn aus Richtung Westen in den Bahnhof einfahren. Sie springen in den Zug, lassen sich auf zwei gegenüberliegende Fensterplätze fallen und grinsen sich zu. Und dann fährt die S-Bahn weiter, schlängelt sich im schnellen Tempo durch die Häuserzeilen hindurch.

Sie sind fast allein im Abteil. Außer ihnen sitzt nur noch ein älterer Mann mit einem Rucksack drin. »Die haben bestimmt alle Schiss davor, in den Osten zu fahren«, flüstert Primo.

Charly nickt nur. Er ist in Gedanken beim Vater, der bestimmt auch schon alles weiß. Glaubt er, dass es nun zu einer Wiedervereinigung der beiden Deutschland kommt? Er wünscht sich das ja. Als er mal mit Herrn Kroll und Herrn Schröder Skat spielte, hat er's gesagt. Da hatte er sich gerade über einen verlorenen Grand Hand geärgert und gesagt, was die vier Siegermächte aus Deutschland gemacht hätten, wäre eine Schande und er hoffe, eines Tages noch ein freies, wiedervereinigtes Deutschland zu erleben. Herr Kroll hatte darüber nur gelacht: »Die Träume kannste begraben. Oder willste hundertfünfzig werden? Die Wiedervereinigung gibt's nicht. Es sei denn durch Krieg. Wenn die Amis den Russen ein paar auf die Nase geben, vielleicht. Aber sonst? Nichts zu machen.« Und dann hatte er einen Grand gespielt, ihn gewonnen und zum Vater gesagt: »Siehste, Harro! So führt man Kriege.«

Friedrichstraße. Der erste S-Bahnhof im Ostsektor.

»Und wenn nun eine Kontrolle kommt?« Primo wird unruhig.

»Kommt nicht.« Charly ist sich seiner Sache sicher.

Er ist mit den Eltern schon oft an dieser Stelle in den Ostsektor hinübergefahren und nie kam eine Kontrolle.

Es kommt auch wirklich keine. Primo atmet auf und blickt wieder aus dem Fenster. Er möchte möglichst viel sehen, war noch nie in dieser Gegend.

Marx-Engels-Platz. Der nächste Bahnhof. Charly muss daran denken, dass sich Vater jedes Mal, wenn der Zug hier hält, ärgert. »Börse heißt die Station, das hier ist der Bahnhof Börse«, sagt er dann immer. »Marx-Engels-Platz können sie ihre Felder in Mecklenburg nennen.«

Alexanderplatz. Sie müssen raus. Primo stellt sich schon mal an die Tür. Er will abspringen, bevor der Zug hält; das ist seine Spezialität, das macht er gerne.

Der Zug fährt langsamer. Primo holt tief Luft und stemmt mit beiden Armen die Tür auseinander.

Der Zug wird noch langsamer, der Bahnsteig gleitet nur noch sachte vorbei. »Tschüs!«, ruft Primo zum Spaß, dann springt er ab. Er springt mit dem linken Bein zuerst und läuft danach ein Stück neben dem Zug her.

Charly nimmt die gleiche Position ein, um ebenfalls abzuspringen – als der Zug plötzlich wieder anruckt: Der Schaffner mit der Kelle winkt ihn durch. Die Tür schließt sich wieder. Charly hört Primo seinen Namen rufen und sieht noch, wie er dem Zug nachblickt, dann fährt die immer schneller werdende S-Bahn schon wieder aus dem Bahnhof hinaus.

Die nächste Station heißt Jannowitzbrücke. Hier hält der Zug wieder. Charly steigt aus und überlegt, was er nun tun soll. Er weiß jetzt, weshalb der Zug auf der Station zuvor nicht gehalten hat: auf dem Alexanderplatz hat es gebrannt. Genauso wie sie es im Radio gesagt haben. Als der Zug über die S-Bahn-Brücke fuhr, hat er es gesehen: Aus einem der Gebäude dort drang dichter Qualm. Und vor dem Gebäude liefen Menschen auf und ab. Der alte Mann, der als einziger mit ihm im Abteil geblieben war, hatte es auch gesehen, aber nichts dazu gesagt, sondern nur den Kopf geschüttelt und in seinem Rucksack gekramt.

Auf der gegenüberliegenden Bahnsteigseite fährt ein Zug ein. *Wannsee* steht an der Zugführer-Kabine. Doch gerade als Charly das liest, wird das Schild herausgenommen und durch ein anderes ersetzt; *Sonderfahrt* steht da jetzt.

Die Türen schließen sich zischend, der Zug ruckt an, fährt weiter. Charly blickt ihm hilflos nach. Irgendwas stimmt da nicht und sicher hat das mit dem Kriegsrecht zu tun. Es ist besser, er geht zu Fuß zum Alex zurück. Er kann Primo nicht so lange allein lassen, der kennt sich in dieser Gegend ja gar nicht aus.

Der Mann im Abfertigungshäuschen beachtet Charly nicht, liest nur seine Zeitung. Charly verlässt den Bahnhof und überquert die Fahrbahn in Richtung Alexanderplatz.

Es sind Leute auf der Straße, aber sie haben es alle

irgendwie eilig. Charly schaut sich um, will etwas von dem mitbekommen, was sie im Radio gesagt haben. Doch er kann nichts Aufregendes entdecken, sieht nur, dass er sich hier in einer ziemlich öden Gegend befindet. Viele Häuser sind im Krieg zerstört und später abgerissen worden, und die, die stehen geblieben sind, sehen grau und unschön aus.

Blumenstraße heißt die schmale Straße, die Charly gerade überquert, aber Blumen sind keine zu sehen. Und in den Schaufenstern sieht es auch ziemlich trübe aus. Im Gemüseladen gibt es keine Bananen, Apfelsinen oder Zitronen, nicht mal Tomaten oder Äpfel, nur ein paar Kartoffeln und zwei Weißkohlköpfe liegen in der Auslage; im Fleischerladen hängt nur ein Spruch im Schaufenster: *Vorwärts mit Marx, Engels, Lenin und Stalin.* Und darunter steht: *Es lebe der Fünfjahresplan!* Alles sehr verstaubt.

Der Osten schafft es nie, sagt Vater oft. Die Menschen arbeiten eben nur, wenn sie auch was davon haben. Und von den Parolen hält er gar nichts; Volksverdummung nennt er so was.

Ein dunkelgrüner LKW überholt Charly, rumpelt an ihm vorüber, biegt in die nächste Querstraße ein. Hintendrauf sitzen Soldaten. Der LKW bremst, die Soldaten springen ab, bilden eine Postenkette und sperren die Straße in Richtung Alexanderplatz. Sie halten Maschinenpistolen in den Händen und schauen in die Richtung, aus der Charly kommt.

Russen! Die Soldaten sind Russen! Charly wird langsamer und bleibt schließlich ganz stehen. Da will er nicht zu dicht heran. Herr Kroll hat erzählt, dass die Russen ganz hinterhältige Kerle wären. Im Krieg hätte er sie kennen gelernt: heimtückisch und feige wären sie.

Soll er versuchen, auf der anderen Seite der S-Bahn zum Alex zu gelangen? Aber wenn dort auch abgesperrt ist, wenn der ganze Alex abgesperrt ist? Er kann doch nicht immer nur im Kreis herumlaufen.

Einer der Russen guckt ihn an und winkt ihm; er will ihm zeigen, dass er durch darf. Hastig dreht Charly sich um und will zur Jannowitzbrücke zurück, macht aber keinen Schritt, steht wie erstarrt: Eine lange Reihe von Panzern kommt die Straße herauf. Ihre Ketten rasseln, werden immer lauter. Aus den Luken gucken Soldaten mit Panzerkappen, der im ersten Turm hält eine Signalfahne in der Hand. Aber nicht nur das erregt Charlys Aufmerksamkeit: Neben den Panzern fahren Jugendliche auf Fahrrädern. Zwar bleiben sie auf dem Bürgersteig, aber sie fahren sehr dicht neben den Panzern her. Es sind ungefähr zwanzig Jungen, viele von ihnen tragen Nietenhosen und manche einen ebensolchen Parallelo mit V-Streifen wie Charly. Sie johlen laut und pfeifen schrill. Die Männer in den Luken der Panzer jedoch tun, als bemerkten sie die Jungen nicht, schreien nur etwas zu ihnen hinunter, wenn sie mit ihren Rädern allzu dicht an die Panzer heranfahren.

Die Leute auf der Straße bleiben stehen, schauen zu den Panzern hin, machen besorgte Gesichter. Eine junge Frau schüttelt den Kopf. »Was machen die denn hier?«, fragt sie. »Die sind doch von drüben.«

Die Jungen auf den Rädern *sind* aus Westberlin. Wenn Charly das nicht an ihrer Kleidung und den Rädern erkennen würde, wüsste er es aus einem anderen Grund: Einige der Jungen kennt er, sie sind aus seiner Gegend – und Primos Bruder Hanne ist auch dabei. Fährt vorneweg und immer wieder besonders dicht an die Panzer heran.

Unwillkürlich macht Charly einen Schritt zurück. Er möchte nicht, dass Hanne ihn entdeckt, ihm vielleicht sogar zuwinkt.

Einer der Jungen stimmt einen Ruf an. »Freiheit für Deutschland!«, schreit er – und die anderen fallen mit ein: »Freiheit für Deutschland! Freiheit für Deutschland!« Hanne lacht, hat einen Mordsspaß dabei.

Einer der Soldaten in den Panzern verliert die Geduld, zieht eine Pistole, droht damit. Doch die Jungen machen nur einen Schlenker und fahren sofort wieder dichter an die Panzer heran. »Russen raus!«, schreien sie jetzt. »Russen raus aus Deutschland!«

»Die sind ja verrückt geworden«, flüstert die Frau. »Die wissen ja nicht mehr, was sie tun.«

Charly geht zurück bis zur Blumenstraße und beobachtet von dort, was weiter geschieht.

Die Jungen haben einen Steinstapel entdeckt, der zu

einem der Häuser gehört, die gerade abgerissen werden. Sofort steigen sie von ihren Rädern und werfen mit den Steinen nach den Panzern. Die russischen Soldaten, die die Straßensperre bildeten, kommen angelaufen und richten ihre Maschinenpistolen auf die Jungen. Doch die weichen nicht zurück, verschränken nur die Arme auf dem Rücken und grinsen.

Die Frau, die zuvor schon neben Charly stand, ist auch in die Blumenstraße zurückgewichen. »Die spielen ja mit dem Feuer«, sagt sie entsetzt. »Wenn nun einer von denen die Nerven verliert und abdrückt?« Und dann guckt sie Charly von oben bis unten an. »Gehörst du etwa auch dazu?«

Der Parallelo! Einige der Jungen tragen ja genau die gleiche Strickjacke. Charly schüttelt nur stumm den Kopf.

»Aber von drüben biste?«

»Ja.«

»Und was wollt ihr hier? Was hier passiert, ist unsere Sache. Ihr macht uns ja nur alles kaputt. Das ist doch kein Volksfest.«

Charly weiß nicht, was er der Frau antworten soll. Er kann doch nicht zugeben, dass er nur neugierig war. Doch er braucht gar nicht zu antworten – ein lauter Knall durchbricht das Gejohle und Gepfeife der Jungen. Ein russischer Offizier hat in die Luft geschossen, um den Jungen Beine zu machen. Bei einigen hilft das. Sie lassen ihre Fahrräder liegen, hasten durch die

Blumenstraße und verschwinden in einer Seitenstraße. Hanne und ein paar andere aber rühren sich nicht vom Fleck, stehen nur weiter so da und grinsen.

»Dawai! Dawai!«, ruft der russische Offizier, noch immer die Maschinenpistole in der Hand, und dann, als ginge es nur darum, dass die Jungen ihn nicht verstehen. »Fort! Weg! Weg von hier.«

»Der kann ja sogar Deutsch«, ruft einer der Jungen und die anderen lachen laut.

Der Offizier gibt einigen seiner Soldaten einen Wink und ruft was auf Russisch. Sofort gehen die Soldaten mit vorgehaltenen Maschinenpistolen auf die Jungen los. »Dawai! Dawai!«

Da werden die Jungen ernst und einige weichen nun doch. Nur Hanne und ein schmaler, ängstlicher Junge in einer Windjacke bleiben stehen. Einer der Soldaten wendet sich ihnen zu. »Dawai! Dawai!«

»Geht doch weg!«, schreit die Frau neben Charly. »Haut doch ab! Was soll denn der Unfug?«

Hanne grinst nur und greift in seine Hosentasche …

»Stopp!«, ruft der Soldat und richtet den Lauf seiner Maschinenpistole direkt auf Hannes Bauch.

Hanne wird bleich, zieht die Hand aus der Tasche – und hält dem russischen Soldaten ein Päckchen amerikanischer Zigaretten hin. »Auch eine?«, fragt er, sich gleich wieder lässig gebend. Der Soldat, der auch Angst hatte, schlägt Hanne voller Wut die Zigaretten aus der Hand und schaut erst dann fragend seinen Offizier an, will wissen, was er nun tun soll. Diesen Augenblick nutzt der Junge in der Windjacke. Plötzlich stürzt er vor und will zwischen zwei Panzern zur anderen Straßenseite hinüber. Am Bordstein stolpert er … Ein halb erstickter Schrei ist noch zu hören, dann ist alles still – bis auf das laute, rasselnde und quietschende Bremsen des Panzers …

»Mein Gott!«, flüstert die Frau neben Charly entsetzt und der Offizier stürzt, als er die erste Schrecksekunde überwunden hat, ganz aufgeregt zu dem Jungen hin.

Charly hat kaum etwas sehen können, die Soldaten mit den Maschinenpistolen haben ihm die Sicht versperrt, doch er weiß, was passiert ist. Er möchte sich irgendwo festhalten und geht ganz langsam rückwärts, bis er das erste Haus erreicht hat. Dort lehnt er sich mit dem Rücken gegen die Wand und atmet hastig.

Auf der anderen Seite der S-Bahn ist alles ruhig. Charly läuft durch die Straßen und Gassen, hastet auch an dem riesigen Gerichtsgebäude vorüber, von dem Vater gesagt hat, dass, wer da verurteilt wird, nicht ohne ein paar Jährchen Zuchthaus davonkommt, und wechselt unwillkürlich auf die andere Straßenseite hinüber.

Ihm ist, als höre er noch immer den halb erstickten und irgendwie überrascht klingenden Schrei des Jungen in der Windjacke, als sähe er noch immer die ratlosen Gesichter der Soldaten des Panzers, die den Jungen überfuhren, und die zornigen Augen des russischen Offiziers. Er ist fortgelaufen, weil er nichts mehr sehen wollte, hat nur noch mitbekommen, dass auch Hanne die Aufregung nutzte, um sich zu verdrücken; Hanne, der ja eigentlich schuld an allem ist, denn wenn er nicht stehen geblieben wäre, hätte auch der Junge in der Windjacke nicht so lange ausgehalten …

Ein PKW aus Richtung Alexanderplatz kommt herangefahren. Der Fahrer fährt schnell, mindestens siebzig oder achtzig. Drei Männer sitzen drin, haben erhitzte Gesichter und der eine der drei redet heftig auf die anderen beiden ein.

Charly bleibt einen Augenblick lang stehen, um zu verschnaufen, und schaut dem PKW nach. Die drei sahen aus, als ob sie flohen. Aber das kann täuschen: Der ganze Ostteil der Stadt macht ihm nun den Eindruck, als würden alle Menschen nur fliehen.

Ein wenig langsamer setzt er sich wieder in Bewegung, denn nun erscheinen ihm seine Beine schwer, viel schwerer, als sie es nach den paar Straßen, durch die er gelaufen ist, sein dürften. Das liegt sicher an der Aufregung. Mutter hat mal so was gesagt: Wenn sie sich aufregt, tun ihr die Beine weh.

Die Bahn-Überführung am Alexanderplatz. Er hat es geschafft. Charly läuft über die Straße, schaut kurz nach rechts zum Alexanderplatz hin, sieht Leute herumstehen und miteinander diskutieren, und läuft weiter. Er hat keine Lust, noch so eine Sache mitzuerleben, will nur Primo finden und dann mit ihm zurück in den Westen.

Die Schalterhalle ist leer, aber ein Schalter ist besetzt. Charly blickt sich um und tritt, als er Primo nirgends entdecken kann, an diesen Schalter heran und fragt die Fahrkartenverkäuferin, ob die Züge nun wieder auf dem Alex halten.

»Im Moment fahren überhaupt keine Züge. Wir streiken.«

Charly erschrickt. Wie sollen sie denn nach Hause zurückkommen, wenn keine Züge mehr fahren? »Haben Sie einen Jungen hier gesehen?«, fragt er dann. »Ungefähr in meinem Alter, nur kleiner. Mit 'ner Igelfrisur.«

Die Fahrkartenverkäuferin hat keinen kleinen Igel gesehen. Also wartet Primo immer noch auf dem Bahnsteig? Rasch läuft Charly die Treppe hoch.

Doch Primo ist nicht auf dem Bahnsteig, nicht auf diesem und nicht auf dem gegenüberliegenden. Vielleicht wartet er vor dem Hinterausgang. Wenn die Mutter zur Zentralmarkthalle fährt – aus alter Anhänglichkeit, wie sie sagt, in Wahrheit aber, weil durch den günstigen Wechselkurs von Westmark zu Ostmark in Ostberlin für Westberliner alles viel billiger ist –, benutzt sie immer diesen Ein- und Ausgang.

Charly läuft die Treppe zum Hinterausgang hinab und schaut erst nach rechts und dann lange nach links in die Straße hinein.

138

Vor dem Eingang zur Zentralmarkthalle steht auch so ein Russen-LKW. Charly will sich schon abwenden und um den Bahnhof herumgehen, schaut dann aber noch mal genauer hin. Und tatsächlich, der LKW ist von einer Schar Kinder umgeben – und einer der Jungen, die dort herumstehen und sich mit den Russen unterhalten, ist Primo! Aber beileibe kein Primo, wie er ihn die ganze Zeit vor Augen hatte – ängstlich, verwirrt, unsicher –, nein, ein vergnügter Primo, der sogar eine Zigarette raucht.

»Primo!« In Charlys Stimme schwingt Erleichterung mit und Wut, Enttäuschung und Erlösung – alles hätte er erwartet, nur nicht, einen Primo wieder zu finden, der sich offensichtlich ganz toll amüsiert.

Primo hat ihn entdeckt und winkt, aber er beeilt sich nicht besonders, über die Straße zu kommen; sieht aus wie einer, der sehr zufrieden mit sich ist.

»Spinnst du!«, schreit Charly ihn an. »Ich such dich überall und du quatschst hier rum.«

»Wieso denn?«, fragt Primo verblüfft. »Hab doch die ganze Zeit hier auf dich gewartet …«

»Gewartet! Gewartet!«, schreit Charly. Er weiß nicht warum, da ist auf einmal eine Wut in ihm, die er sich nicht erklären kann, die aber raus muss. »Wenn du wüsstest, was passiert ist!«

»Was ist denn passiert?« Primo traut sich kaum zu fragen, so sehr verwundert und beeindruckt ihn Charlys Wutausbruch.

Charly möchte Primo erzählen, was passiert ist, aber er kann's nicht, bringt es einfach nicht heraus. »Frag Hanne, der wird's dir erzählen.«

»Hanne?« Nun versteht Primo gar nichts mehr.

»Ja, Hanne!«, schreit Charly wieder. Und dann sagt er: »Die S-Bahn fährt nun auch nicht mehr. Wir müssen zu Fuß über die Grenze und mit der Straßenbahn weiter.«

Wie bedeppert folgt Primo dem wütenden Charly durch die Straßen. Erst als sie eine Weile schweigend nebeneinander hergegangen sind, wagt er es, ihm seine Zigarette hinzuhalten. »Zieh mal dran, echt Machorka*.«

»Denkste, ich will mich vergiften?«

Charly sagt das, um weiter seine Wut herauszulassen – doch die hat nichts mit den Russen zu tun und auch nichts damit, dass sie nun laufen müssen. Sie hat mit ganz was anderem zu tun; er weiß selbst nicht, mit was.

Primo drückt seine Kippe aus und denkt nach, bis er es nicht länger aushält und wieder den Mund aufmacht. »Hast du Hanne denn getroffen?«

»Nicht nur ihn«, antwortet Charly – und dann schweigt er endgültig.

Vater steht neben der Kasse und unterhält sich mit Herrn Kroll, Mutter schreibt Rechnungen. Charly hat

* Russischer Tabak

140

erst nur durchs Schaufenster geblickt, jetzt betritt er den Laden und schließt schnell die Tür hinter sich. Er hasst die Türklingel, die, solange die Tür auf ist, durch den Laden schrillt, als wolle sie Feueralarm geben.

Mutter schaut auf und auch Vater und Herr Kroll blicken zu ihm hin.

Charly erkennt schon an Vaters Augen, dass es richtig war, gleich in den Laden zu gehen: Vater hat zu Hause angerufen, also einen seiner üblichen Kontrollanrufe getätigt, und weiß damit längst, dass er nicht zu Hause war.

»Hast du mir was zu sagen?«

Primo hat ihm eine Ausrede vorgeschlagen. Er solle einfach sagen, dass er bei ihm war – Mathe pauken. Die Ausrede ist nicht schlecht. Zwar wäre bei Primo Mathe pauken auch ein Verstoß gegen Vaters Anordnung, zu Hause zu bleiben, aber Schularbeiten wären ein nützlicher Grund. Nur: Sagt er, dass er Schularbeiten gemacht hat, gesteht er eine Niederlage ein, ohne wirklich verloren zu haben – denn dann würde Vater glauben, dass er endlich wirklich Schularbeiten gemacht hat. Und selbst wenn er die Ausrede anzweifelte, würde er sie doch benutzen, um einen seiner Triumphe über ihn zu feiern.

»Ich hab dich gefragt, ob du mir was zu sagen hast!«

Stumm schüttelt Charly den Kopf und Herr Kroll tut, als interessiere ihn nur der auseinander genommene Radioempfänger auf dem Ladentisch.

»Und wo bist du gewesen? Wo kommst du jetzt her?«

Charly zuckt die Achseln.

Vaters Augen werden dunkel vor Zorn. Dass auch Herr Kroll diese Szene miterlebt, ärgert ihn besonders. Doch er beherrscht sich, wendet sich wieder Herrn Kroll zu und sagt kühl: »Na gut! Wir reden später drüber. Jetzt bleibst du hier und hilfst Mutter nach Feierabend beim Aufräumen.«

Still setzt Charly sich in die Ecke zwischen Schaufenster und Regal. So kann er wenigstens auf die Straße hinausblicken.

Mutter guckt besorgt. Sie versteht nicht, dass es zwischen Vater und ihm immer Streit gibt. Sie sagt wirklich »Streit«, obwohl es ja überhaupt kein Streit ist. Vater sagt, fragt, verlangt etwas und er antwortet nicht; das ist alles.

Die beiden Männer sprechen über das, was im Osten passiert ist. Charly hatte es sich schon gedacht und hört interessiert zu. Das gibt ihm ein Gefühl der Genugtuung. Es ist toll, Erwachsene über etwas reden zu hören, was man selber viel besser weiß. Allein der Gedanke daran, was Vater und Herr Kroll sagen würden, wenn sie wüssten, dass er drüben war und was er alles erlebt hat, verursacht einen richtigen Kitzel in ihm.

»Die Grenzwachen hatten sich schon verkrümelt«, erzählt Herr Kroll. »Durchs Brandenburger Tor konnte man hindurchspazieren wie früher. Kein Aas war da und hat kontrolliert.«

»Und die Straßen sollen voller Parteiabzeichen gewesen sein«, antwortet der Vater. »So schnell, wie die Bonzen da drüben ihre Bonbons abgerissen haben, soll man gar nicht hinschauen gekonnt haben.«

Die beiden sprechen, als hätten sie einen Sieg errungen, reden, als ob sie dabei gewesen wären. Aber sie waren nicht dabei, er, Charly, war dabei. Und er hat keine Parteiabzeichen auf der Straße liegen sehen, er hat was anderes gesehen.

»In ihrem Rundfunk haben sie gesagt, das wäre alles von uns angezettelt worden. Wir hätten bezahlte Provokateure hinübergeschickt.« Herr Kroll lacht, Vater aber wird ärgerlich. »Ist ja Blödsinn! Was geht uns das denn überhaupt an.«

Wieso geht Vater das, was drüben passiert, auf einmal nichts mehr an? Redet er nicht ständig über den Osten? Und wie können die beiden Männer sagen, dass keine Westler dabei waren?

Vater bemerkt Charlys Blick. »Ist was?«

Charly schüttelt den Kopf.

»Hast du Langeweile?«

Charly schüttelt wieder nur den Kopf. »Erna«, befiehlt Vater da der Mutter. »Gib dem Jungen was zu tun.«

Sofort steht Mutter auf und winkt Charly ins Ersatzteillager. »Räum ein bisschen auf«, flüstert sie. »Aber mach langsam.«

So ist das immer, kaum ist Mutter Vaters Blicken entwichen, setzt sie eine Verschwörermiene auf, als wäre sie seine Verbündete. Wenn Vater dabei ist, sagt sie kein einziges Wort.

Charly macht langsam. Er weiß auch gar nicht, was es hier viel aufzuräumen gibt; es liegt alles an seinem Platz.

Neulich, als der Skatabend bei Herrn Schröder stattfand und Mutter nicht mitkonnte, weil sie so erkältet war, hatte sie ihn gefragt, warum er denn nie Schularbeiten mache und dem Vater nicht antworte. Sie wollte Vaters Abwesenheit ausnutzen, sich mal so richtig mit ihm aussprechen. Er hatte das gespürt, aber er hatte auch ihr nichts antworten können. Zu Primo hat er gesagt, er mache keine Schularbeiten, weil er Vater ärgern will. Das stimmt nicht; er will ihn nicht *ärgern.* Es ist eine Art Protest. Vater behandelt ja nicht nur ihn wie einen Doofen, Mutter behandelt er genauso. Immer kritisiert er an ihr herum. Und weil ihn nur der Laden interessiert, muss auch sie immer im Laden hocken …

Das zwischen Vater und ihm ist ein Kampf, ein richtiger Kampf – und den will er nicht verlieren.

Die beiden Männer im Laden reden immer noch über Politik. Schuld an allem sei nur der Krieg, sagt Vater. Wenn der nicht gewesen wäre, gäbe es heute keine zwei deutschen Staaten und keine zwei Berlin.

Schuld wäre nicht der Krieg allein, berichtigt ihn Herr Kroll, sondern vor allem anderen, dass sie ihn verloren hätten. Und warum hätten sie ihn verloren? Wegen des kalten russischen Winters. Ohne diesen Winter und die Hilfe der Amis würden die Russen heute nicht halb Deutschland besetzt halten. Heute aber bedauerten die Amis schon, dass sie den Russen geholfen hätten; heute würden sie sehen, wohin das geführt habe; heute hätten sie selber Angst vor ihnen.

Charly schaut auf den grauen, schmutzigen Hof mit den überquellenden Mülltonnen hinaus. Komisch, er glaubt Vater so gut wie nichts, doch wenn Herr Kroll und er über Politik reden, hatte er ihnen bisher das meiste geglaubt … Wenn aber so vieles von dem, was sie sagen, nicht stimmt, vielleicht haben sie dann auch sonst öfter mal Unrecht – zum Beispiel in dem, was Herr Kroll über die Russen gesagt hat?

Die Türklingel. Ein Kunde fragt nach einem preiswerten Gebrauchtradio. Der Vater hat eins da, erklärt es lang und breit und Herr Kroll spricht währenddessen mit Mutter. Er erzählt ihr, dass sie sich unbedingt einen elektrischen Kühlschrank kaufen müsse; mit dem Eisschrank sei sie doch ewig vom Eishändler abhängig.

Mutter hört aufmerksam zu. Solche Sachen interessieren sie. Aber dann sagt sie: »Jetzt haben wir uns erst mal eine neue Polstergarnitur gekauft, ein elektrischer Kühlschrank kommt auch noch. Immer eins nach dem anderen.«

»Ja«, sagt Herr Kroll. »Man kann richtig sehen, wie

es aufwärts geht mit Deutschland. – Mit Westdeutschland, meine ich.« Er lacht und Mutter lacht mit.

Einen Moment lang zögert Charly noch, dann öffnet er das Fenster zum Hof, steigt hinaus und zieht es von außen an den Rahmen heran. Danach geht er leise pfeifend durch den Hausflur auf die Straße.

Was er nun getan hat, wird ihm zwei weitere Wochen Stubenarrest einbringen. Nicht, dass er einfach abgehauen ist, wird Vater so auf die Palme bringen – obwohl ihn natürlich das auch wurmen wird –, dass er das Fenster zum Laden aufgelassen hat, wird es sein. Es könnte ja gerade jetzt jemand bei ihm einsteigen und Ersatzteile klauen.

Doch soll er ihm ruhig weiter Stubenarrest verpassen, er wird sich nicht mehr daran halten. Einsperren kann Vater ihn nicht, da hätte Mutter zu viel Angst, ihm könne was passieren; falls ein Feuer ausbricht oder so. Und schlagen? Das wagt Vater nicht; er weiß genau, dann haut er ab, irgendwohin. Das macht ihm dann nur noch mehr Ärger.

Die Bäckerei Witt. Charly geht hinein, kauft zwei Schillerlocken, zwei Schweinsohren und zwei Seezungen. Damit wird er jetzt zu Primo gehen und dann werden sie alles bereden. Egal, ob Primo inzwischen mit Hanne gesprochen hat oder nicht; Hanne hat den Unfall des Jungen mit der Windjacke sicher ganz anders erzählt. Er wird Primo alles so schildern, wie es wirklich war. Das ist er Primo schuldig. Und sich selbst auch.

1961
Mach die Augen zu und spring!

Die Eltern sitzen im Wohnzimmer und reden miteinander. Seit Tagen tun sie das nun schon. Kaum dass sie von der Arbeit heimgekehrt sind, geht es los. Und sie wollen nicht, dass er dabei ist.

Rolf steht im Flur und lauscht, kann aber nichts verstehen. Nur Vaters beschwörender Tonfall dringt durch die Tür und Mutters kurze, heftige Reaktionen.

Leise geht Rolf in sein Zimmer zurück und schaut auf den Arnimplatz hinunter. Die anderen haben sich inzwischen längst dort versammelt: Fränkie, der auf seiner Red Mary hockt, wie die Jungen das feuerrote Moped getauft haben, das er von seinem Westonkel zur Einsegnung geschenkt bekommen hat; Wolle in der alten Lederjacke, die ihm inzwischen viel zu klein ist, die er aber trotzdem trägt, weil er sich noch keine neue leisten kann; Johnny, der wirklich John heißt, weil sein Vater während der Nazizeit in England lebte; Dieter, der Unscheinbarste von ihnen, aber irgendwie so was wie ihr Boss; und natürlich Daggi, die Friseuse lernt und immer so aussieht, als laufe sie für sich selbst Reklame. Aber in Ordnung ist sie auch; in Ordnung sind sie alle, die immer noch kommen und sich abends hier treffen, obwohl sie nun schon seit über einem Jahr aus der Schule sind.

Wolle und Daggi haben Rolf entdeckt. Sie winken, aber Rolf schüttelt den Kopf. Er wird nicht runtergehen, solange er nicht weiß, was die Eltern da Abend für Abend bereden. Dass es was Ernstes ist, daran zweifelt er schon längst nicht mehr.

Vielleicht wollen sie sich scheiden lassen. Dieters Eltern sind ja auch geschieden. Dieter wohnt bei seiner Mutter und sagt: Gott sei Dank! Mit dem Alten, das wäre nicht mehr lange gut gegangen.

Aber Dieters Vater war anders, soff, prügelte und nutzte Dieters Mutter aus, wo es nur ging …

Die Tür zur Wohnstube wird geöffnet. Gleich stürzt Rolf in den Flur. Doch der Vater war schon auf dem Weg zu ihm. »Ich muss mit dir reden«, sagt er.

»Und ich mit dir.«

»Das passt ja.« Der Vater schiebt Rolf in sein Zimmer und schließt die Tür. »Hast dir wohl schon Gedanken gemacht, was wir da dauernd miteinander diskutieren?«

»Allerdings!« Die Antwort kam schneller und heftiger als beabsichtigt. Aber Rolf nimmt nichts zurück, schiebt nur die Daumen in die Schlaufen seiner Jeans und guckt den Vater von unten herauf an.

Der Vater steckt sich erst mal eine Zigarette an. »Es geht nicht mehr so weiter«, sagt er dann leise. »Sie machen mich fertig.«

»Wer?«

»Die im Betrieb. Jeden Tag höre ich es: Kollege

Weber, wann werden Sie denn nun endlich den letzten Schritt tun? Kollege Weber, wann werden Sie um Aufnahme in die Partei bitten?«

Rolf kennt Vaters Problem: Er ist Ingenieur im Reichsbahnausbesserungswerk, könnte aber längst Abteilungsleiter sein – wenn er in der SED* wäre. Abteilungsleiter ist der Bruno Haase, Parteimitglied, Redenschwinger, eine richtige Gipsbüste von Genosse. Aber vom Fach versteht er nur halb so viel wie der Vater.

»Dann tret doch ein in den Laden, dann hast du endlich deine Ruhe.«

»Ruhe!« Der Vater lacht bitter. »Dann geht's erst richtig los, dann hagelt's Parteiaufträge. Was denn, Genosse Weber, du willst kündigen? Das geht nicht, wir brauchen dich hier. Genosse Weber, morgen tagt das Parteiaktiv, du musst einen Vortrag über die schädlichen Auswirkungen des Weltimperialismus auf den Zuckerrübenanbau in Mecklenburg halten.«

Der Vater sucht einen Aschenbecher, findet keinen, geht zum Fenster und schnippt die Asche hinaus. Dann dreht er sich zu Rolf um, der dicht neben ihm steht, und fragt ernst: »Denkst du, es macht Spaß, von morgens bis abends Begeisterung heucheln zu müssen? Und noch dazu für etwas, was man aus tiefstem Herzen ablehnt?«

»Und was willst du tun?«

* SED – Sozialistische Einheitspartei Deutschlands. Führende Partei der DDR.

Der Vater guckt Rolf lange an, bevor er antwortet. »Ich gehe fort – in den Westen. Habe dort eine Stelle gefunden.«

Das war's also! Rolf hatte schon so etwas geahnt. Es lag ja nahe. Jeden Tag verschwinden mehr als tausend. Aus der ganzen DDR kommen sie nach Berlin, um mit der S-Bahn in den Westen zu fahren und nicht mehr wiederzukehren. Im RIAS haben sie es gesagt: Das Flüchtlingsaufnahmelager in Marienfelde ist überfüllt, die Flüchtlinge müssen mit Flugzeugen in die Bundesrepublik ausgeflogen werden ... Und doch, obwohl es so viele tun, haftet dieser Flucht etwas Negatives an. Es klingt nach Verrat. In der Schule heißt es, nur verbrecherische Elemente oder Dummköpfe würden die DDR verlassen. Die Republikflüchtlinge würden einfach nicht begreifen, dass sie sich hier auf der Seite des Fortschritts befänden. Für eine Tafel Westschokolade oder ein Päckchen Westzigaretten verrieten sie ihre Kollegen in den Betrieben, ihre Nachbarn und Freunde, und nicht zuletzt ihre Heimat ...

Der Vater hat während der ganzen Zeit keinen Blick von Rolf genommen. Nun sagt er: »Ich weiß, was du denkst. Irgendwas von dem, was sie dir erzählt haben, muss ja hängen geblieben sein. Hab jetzt aber leider keine Zeit, um alles gründlich zu widerlegen. Nur so viel: Als junger Mann habe ich mich für diesen neuen Staat interessiert. Ein Staat ohne Ausbeutung sollte die DDR werden, Gleichheit und Brüderlichkeit hatte sie sich auf die Fahnen geschrieben. Alles Ideale, für die auch ich mich begeistern konnte. Aber was ist daraus geworden? Eine Funktionärsclique regiert. Wer eine andere Meinung hat, wird unterdrückt; wer sie dennoch sagt, wird eingesperrt. Wir nennen uns demokratisch, sind aber keine Demokratie, denn wir können nicht einmal frei wählen. Und das alles soll Sozialismus sein?«

Der Vater drückt seine Zigarette aus und legt den Stummel aufs Fensterbrett. »Weißt du, was Rosa Luxemburg mal gesagt hat? Freiheit ist immer die Freiheit des Andersdenkenden! Haben Andersdenkende bei uns irgendeine Freiheit? Sie haben nur die Freiheit wegzugehen – und die nehme ich mir, bevor ich auch die nicht mehr habe.«

»Und Mutter?«, fragt Rolf leise.

»Mutter bleibt hier. Hab mir solche Mühe gegeben – sie will mich einfach nicht verstehen.«

Wenn die Mutter hier bleibt, muss auch er hier bleiben. Aber das heißt dann Abschied vom Vater …

»Und … wann?«

Der Vater zögert, dann sagt er, und seine Stimme klingt belegt: »Heute noch. Sie schreiben in der letzten Zeit so viel in den Zeitungen … im Westen wie im Osten. Drohen sich ständig gegenseitig … Hab wirklich Angst, dass es bald nicht mehr geht …« Er sieht Rolf nachdenklich an und fährt ihm zärtlich übers Haar. »Weißt du, woran ich heute den ganzen Tag denken musste? An meine Kindheit. Wenn wir ins Hallenbad gingen, traute ich mich nie, vom Drei-Meter-Brett zu springen. Da rieten mir die anderen: Mach die Augen zu und spring! Das tat ich eines Tages. Ich hatte furchtbare Angst, aber irgendwann musste ich's ja doch tun. Heute habe ich dasselbe Gefühl.«

Rolf spürt, wie es in seinem Hals zu kribbeln beginnt. Er kennt das. Wenn er jetzt nicht fortläuft, muss er heulen. Doch das will er nicht, deshalb geht er nur stumm am Vater vorbei aus dem Zimmer und steigt langsam die Treppe hinab.

Dieter erzählt mal wieder Witze. Er tut es hauptsächlich, um Daggi zum Lachen zu bringen. Fränkie knattert auf seiner Mary um den Platz und erzielt damit bei Daggi mehr Wirkung. Johnny ist ernst und ruhig wie immer und Wolle versucht, Rolf in ein Gespräch über einen Film zu verwickeln, den sie beide erst vor zwei Tagen gesehen haben. Rolf hört auch zu, sagt ab und zu »ja« oder »hm«, seine Gedanken jedoch sind ganz woanders.

Warum lassen sich die Eltern nicht scheiden, wenn sie doch auseinander gehen? Können sie denn noch verheiratet sein, wenn die Mutter im Osten und der Vater im Westen lebt?

Dass die Mutter nicht mitgeht, hätte er dem Vater vorher sagen können. Die Mutter glaubt, dass es im Osten ehrlicher zugeht. Wie oft sagt sie: »Meine Güte!

Schon allein der Gedanke daran, dass ich im Westen für irgend so einen Kapitalisten arbeiten müsste, der sich dumm und dämlich an seinen Arbeitern verdient, wäre mir unerträglich.«

Aber wenn sie sich noch lieben würden, dann würde der eine für den anderen verzichten, dann würden sie zusammen hier bleiben oder zusammen fortgehen ...

»Ihr habt's gut«, sagt Wolle zu Johnny und Rolf. »Ihr habt große Ferien, dürft euch acht Wochen lang auspennen, unsereins muss jeden Morgen um sechs raus.«

Johnny und Rolf sind die einzigen aus der Clique, die noch zur Schule gehen. Johnny will das Abitur machen und hinterher studieren und Rolf will nach der zehnten Klasse Fernsehmechaniker werden. Wolle lernt Elektromechaniker, Fränkie Dreher und Dieter geht bei einem Tischler in die Lehre. Sie müssen alle drei früh raus und von den großen Ferien haben sie nichts; im Gegenteil, in den Ferien fällt die Berufsschule aus und sie müssen jeden Tag zur Arbeit. Das stinkt ihnen noch mehr.

Die Einzige, die wirklich gern zur Arbeit geht, ist Daggi. Ihr gefällt ihr Beruf; sie ist stolz darauf, dass die Kundinnen sie Fräulein Dagmar nennen und sie auf der Straße grüßen. Außerdem erfährt sie viel Klatsch von ihren Kundinnen, weiß über alle bestens Bescheid und fühlt sich manchmal schon ein bisschen wie eine gute, alte Tante, die ihren Sorgenkindern Trost spenden muss.

Die anderen haben keine Lust, sich über das frühe Aufstehen zu ärgern. Morgen ist Samstag, da wird nur der halbe Tag gearbeitet, man kann sich schon aufs Wochenende freuen.

»Oh, Daggi, Daggi, Daaagmar!« Fränkie hält vor Daggi und lässt Red Mary absichtlich laut knattern. Dabei singt er Daggi an und spielt auf einer unsichtbaren Gitarre.

Daggi tippt sich mit verächtlicher Miene an die Stirn. Aber Fränkie singt weiter. Er weiß, dass Daggi auf ihn steht. Sie soll zu Hause sogar ein Bild von ihm an der Wand hängen haben. Nach einem Klassenfoto selbst gezeichnet. Und Fränkie sieht ja auch gut aus. Das schwarze Haar im Elvis-Schnitt gekämmt, die Locke in der Stirn und das freche Fränkie-Grinsen – dem kann so leicht kein Mädchen widerstehen.

»Eh! Pennst du? Dein Alter.«

Es ist Wolle, der den Vater bemerkt hat und Rolf anstößt. An der Straßenecke steht er und winkt.

Rolf steht nur ganz langsam auf. Ist das schon der Abschied? Aber der Vater hat keinen Koffer dabei.

Sich Mühe gebend, nicht schneller zu werden, schlendert Rolf auf den Vater zu. Er weiß, dass diese Langsamkeit aufreizend wirkt und will das auch. Denkt der Vater etwa, er kann sich einfach dünnemachen? Tschüs, mein Sohn, mir gefällt's hier nicht mehr, halt mal schön die Ohren steif und so weiter.

Der Vater guckt Rolf prüfend an. »Ich kann dich verstehen«, sagt er. »Aber mehr kann ich nicht tun. Kann nur hoffen, dass du mich eines Tages auch verstehst.«

Rolf will weiter den Mürrischen spielen, Vaters Stimme jedoch hat so bittend geklungen, dass ihm das schwer fällt.

»Ist es so weit?«

Der Vater nickt stumm.

»Aber du hast ja gar nichts dabei – ich meine, nichts anzuziehen.« Rolf weiß von Leuten, die mit voll gepackten Koffern über die Grenze gefahren sind. Sie müssen ja nur auf irgendeinem S-Bahnhof im Osten einsteigen und im Westen wieder aussteigen. Die Züge werden nur ganz selten kontrolliert.

»Will nichts riskieren«, sagt der Vater ernst. »Hab nur meine Papiere und Zeugnisse dabei. Ohne Papiere ist man ja nichts wert.«

Rolf juckt es, dem Vater die Hand hinzustrecken, »Tschüs« zu sagen und zu den anderen zurückzukehren. Das würde den Vater verletzen und er möchte ihn verletzen! Doch das schafft er nicht.

»Bin ja nicht aus der Welt«, sagt der Vater leise. »Du kannst mich besuchen. Wohne ab jetzt in Steglitz, Schlossstraße 89, dritter Stock, bei Vogel. Hab da ein Zimmer zur Untermiete.«

Der Vater widerspricht sich. Vorhin hatte er noch Angst, bald nicht mehr in den Westen zu können – und nun sagt er, er soll ihn besuchen …

»Und warum lasst ihr euch nicht scheiden?«

Der Vater wird noch ernster. »Wir tun es ja. Wenn ich drüben bin, hat Mutter einen Grund …«

»Tschüs!« Nun hält Rolf dem Vater doch die Hand hin, aber es hat nichts Verletzendes an sich, eher was Verzagtes.

Der Vater nimmt die Hand und hält sie fest. »Rolf!«, bittet er. »Versteh mich doch.«

»Mach ich ja!« Rolf lacht übertrieben munter. »Alles klar! Tschüs! Ich besuch dich mal.« Damit dreht er sich um und schlendert zu den anderen zurück.

»Was war denn mit deinem Alten los?«, fragt Dieter. »Ihr wart so komisch.«

»Ach, nichts! Der spinnt eben 'n bisschen.«

Was der Vater vorhat, darf er niemandem sagen. Erst wenn er drüben ist und nicht wiederkommt, dürfen es alle wissen. Dann erfahren sie es sowieso.

Sie sitzen beim Abendbrot und schweigen. Die Mutter ist sehr blass und nachdenklich, aber ein Zeichen dafür, dass sie geweint hat, kann Rolf in ihrem Gesicht nicht entdecken. Sie hat Vaters Weggang bisher auch mit keinem einzigen Wort erwähnt.

Als die Mutter ihr Abendbrot beendet hat, schmiert sie die Frühstücksbrote für den nächsten Tag. Sie tut es gedankenversunken – und als sie damit fertig ist, stellt sie fest, dass sie auch für den Vater Brote gemacht hat. Vorsichtig lächelt sie Rolf zu. »Macht der Gewohnheit!«

Rolf lächelt nicht zurück. Will die Mutter etwa die Brote als Aufhänger benutzen, um doch noch über Vaters Weggang zu reden? So leicht macht er es ihr nicht. Schnell steht er auf, geht in sein Zimmer und legt sich aufs Bett.

Es gab schöne Zeiten mit Vater und Mutter. Die Ferien in Thüringen, wo Mutter Verwandte hat, oder die an der Ostsee im *Haus der Freundschaft*, eine Ferienreise, die der Vater über den Betrieb bekam ... Auch der Umzug aus der kleinen Wohnung in der Zelterstraße in die größere am Arnimplatz war schön. Alles mit viel Lachen verbunden, mit Vorfreude und Spaß. Bis irgendwann immer weniger gelacht wurde. Vaters Ärger im Betrieb, den er zu Hause abließ, Mutters Unverständnis dafür. »Was willst du denn, es geht uns doch gut«, sagte sie nur, wenn er schimpfte. Und: »Denk doch daran, wie wir angefangen haben.«

Am Anfang schaffte es die Mutter beinahe jedes Mal, den Vater umzustimmen, später schaffte sie es nur noch selten, danach gar nicht mehr. Als sie dann in ihrem Betrieb von Jahr zu Jahr eine Stufe höher kletterte und der Vater sagte, dass sie sich das durch Heuchelei erkaufe, kam es zum ersten richtig großen Streit zwischen ihnen. Ein Streit, der so weit führte, dass der Vater sich anzog, in eine Kneipe ging und sich betrank. Es war das erste Mal, dass er das tat. Vielleicht weil er in diesem Fall wirklich Unrecht hatte; die Mutter heuchelt nicht, sie ist überzeugt von dem, was sie sagt.

Rolf stellt das Kofferradio an, das die Eltern ihm zu Weihnachten schenkten. Es ist Freitagabend, der RIAS bringt die *Schlager der Woche*, und die hört er immer gern, ganz egal, was gerade passiert.

Bill Ramsey wird angekündigt. »Kennt ihr die Zuckerpuppe aus der Bauchtanzgruppe, von der ganz Marokko spricht? Die kleine süße Biene mit der Tüllgardine vor dem Baby-Doll-Gesicht ...«

Die Freitagabend-Sendung ist nur die Wiederholung vom Montag, aber er ist sich sicher: Jetzt sitzen sie alle vor ihren Radios – Fränkie, Wolle, Dieter, Johnny, Daggi ...

Die Mutter kommt. »Stell die Musik etwas leiser«, bittet sie. »Es muss nicht gleich das ganze Haus hören, dass du einen Westsender eingestellt hast.«

»Und warum nicht? Wenn der Vater im Westen ist, darf der Sohn doch wohl wenigstens Westmusik hören.«

»Bitte, Rolf! Mach keinen Ärger.«

Rolf rührt sich nicht, klopft nur den Rhythmus ins Kopfkissen.

Da beugt sie sich zum Radio hinüber und stellt es aus. Rolf stellt es wieder an.

Die Mutter wird blass. »Na gut«, sagt sie. »Aber dann stell's wenigstens leiser.« Und dreht schon selbst am Knopf.

Rolf wartet nur darauf, dass sie ihre Hand wegnimmt, dann dreht er die Musik noch lauter als zuvor.

Da schlägt die Mutter zu. Die Ohrfeige ist hart und wuchtig. Rolf springt auf und guckt die Mutter verdutzt an.

»Ich werd nicht zulassen, dass du mir auf der Nase herumtanzt«, schreit sie ihn an – und dann zieht sie den Stecker aus der Steckdose.

Einen Augenblick lang steht Rolf starr da, dann ergreift er das Radio und wirft es gegen die Wand. Es fällt zu Boden, das Plastikgehäuse bricht auseinander. »Kann darauf verzichten«, schreit er zurück. »Verstehst du? Ich kann auf alles verzichten. Auch auf Vater. Auch auf dich.«

»Rolf!« Nun ist die Mutter doch erschrocken. »Ich will doch nur mit dir reden.«

»Aber ich nicht mit dir.« Er wirft sich wieder aufs Bett und verbirgt den Kopf unter den Armen. Muss nun doch heulen, kann einfach nicht anders. Was in ihm ist, muss raus, und es schüttelt ihn so, dass er vor Schluchzen kaum noch Luft bekommt.

Die Mutter setzt sich zu ihm, streichelt seine Schultern und redet auf ihn ein. Sagt, dass der Vater einen Fehler gemacht hat. Sein Fortlaufen sei eine Kurzschlusshandlung gewesen, er werde das noch mal bitter bereuen.

»Glaubste etwa, dass er wiederkommt?«

»Nein. Selbst wenn er drüben vor Hunger verrecken würde – dein Vater ist ein Sturkopf, der nie zugibt, einen Fehler gemacht zu haben.«

Vor Hunger verrecken! Ausgerechnet im Westen! Das passt zu Mutter.

»Junge!«, bittet die Mutter. »Vertrau mir doch! Ohne Vater fertig zu werden wird sicher nicht leicht. Aber wir schaffen es. Ganz sicher schaffen wir das.«

Es ist Sonntag. Rolf liebt es, sonntags lange im Bett zu bleiben. Nicht um noch zu schlafen, um vor sich hin zu dösen, nachzudenken oder zu lesen. An diesem Sonntag aber ist er gleich wach. Er hat ja nun schon seit fünf Wochen Ferien, kann jeden Tag lange im Bett bleiben. Die Arme unter dem Kopf verschränkt, schaut er zum Fenster hin.

Sonnenschein liegt über der Stadt, nur ein paar vereinzelte Wolken treiben über den Himmel. Das ist gut. Dieter und er wollen nach Weißensee raus, schwimmen. Daggi, Fränkie, Wolle und Johnny wollen auch mitfahren.

In der Küche spielt Musik. Die Mutter ist also schon wach. Rolf steht auf, um ins Bad zu gehen. Doch die Mutter hat ihn gehört. Sie kommt in den Flur und sieht ihn groß an. »Jetzt ist es also passiert«, sagt sie.

»Was denn?«

»Sie haben die Grenze dichtgemacht.«

»Die Grenze? Welche Grenze denn?«

»Na, unsere! Die Grenze nach Westberlin.«

Ungläubig schaut Rolf die Mutter an. »Woher weißt'n das?«

»Aus den Nachrichten. Sie haben es angesagt ... im Osten wie im Westen.«

Dann hat der Vater also doch Recht gehabt! Dann hat ihn seine Ahnung nicht getrogen. Zwei Tage später, und er wäre nicht mehr rübergekommen ...

»Wenn du mich fragst«, sagt die Mutter, »ich finde, es war höchste Zeit dafür. Wenn ich nur an all die Grenzgänger denke, wie sie im Westen gearbeitet und im Osten gelebt haben. Drüben haben sie die Löhne gedrückt und hier haben sie mit ihrem vielen Geld alles leer gekauft.«

An der Tür läutet es Sturm. Die Mutter geht hin und öffnet. Es ist Dieter. »Wissen Sie's schon?«, geht er gleich die Mutter an. »Haben Sie schon gehört, was die Misthunde gemacht haben?«

»Die Misthunde?«, fragt die Mutter verwirrt.

»Na, die Vopos*! Alle Grenzen sind dicht. Die lassen keinen mehr rüber.«

Die Mutter schüttelt nur stumm den Kopf. Sie hält nicht viel von Dieter, für den alles, was aus dem Westen kommt, drei Klassen besser ist als das Beste aus dem Osten. Ihrer Meinung nach sind Fränkie und Dieter kein Umgang für Rolf.

»Finden Sie das etwa in Ordnung?«, fragt Dieter verblüfft. »Die haben die Westberliner eingesperrt. Und uns auch. Die sperren einfach alle ein.«

* Volkspolizisten

»Das ist eine Schutzmaßnahme«, sagt die Mutter etwas ruhiger. »Das ist, um einen neuen Krieg zu verhindern.«

Dieter guckt, als bezweifle er, richtig gehört zu haben. Dann wendet er sich achselzuckend Rolf zu. »Schwimmen fällt aus. Wir treffen uns unten.«

»Ich komme!« Rasch geht Rolf ins Bad. Als er fertig angezogen ist, läuft er, ohne erst lange zu frühstücken, nur mit einer Scheibe Brot in der Hand die Treppe hinunter. »Bleib in der Nähe«, ruft ihm die Mutter noch nach. »Und lass dich zu nichts überreden, hörst du!«

Dieter, Johnny und Wolle stehen um Fränkie herum, der auf seiner Red Mary sitzt, und lauschen dem Nachrichtensprecher, dessen Stimme blechern aus Johnnys Kofferradio tönt.

»Alles im Arsch!«, ruft Wolle, als er Rolf kommen sieht. »Alles aus! Alles zappenduster!«

Jetzt spricht der Westberliner Bürgermeister im Radio. Seine Stimme ist voller Empörung, doch er warnt vor unüberlegten Schritten.

»Unüberlegte Schritte!« Dieter zieht die Nase hoch und spuckt im hohen Bogen aus. »Der hat gut reden. Der ist ja drüben.«

»Er meint ja nicht nur uns«, sagt Johnny, »er meint auch die Amis.«

Alle schweigen, bis Dieter spöttisch sagt: »Rolfs Mutter meint, der Osten will dadurch 'n Krieg verhindern.«

»Mein Vater sagt das auch«, bestätigt Johnny. »Er meint, wir waren schon dicht dran.«

»Dein Vater ist ja auch 'n Bonze.« Dieter spuckt schon wieder aus, um allen zu zeigen, wie verachtungswürdig er das alles findet. Und mit dem Bonzen will er ausdrücken, dass Johnnys Vater in der Partei eine ziemlich hohe Stellung bekleidet und deshalb gar nichts anderes sagen kann.

»Und deiner ist 'n Spießer.«

Dieter überlegt kurz, ob er sich auf Johnny stürzen soll, aber dann grinst er nur. Johnny hat ja Recht: Sein Vater hat immer nur zugesehen, wie er am bequemsten über die Runden kam; und am allerbequemsten fand er es in der Kneipe.

Fränkie lässt seine Mary knattern und dreht eine Runde um den Platz. Als er wiederkommt, sagt er zu Johnny: »Und wenn die Amis sich das nicht gefallen lassen? Dann gibt's doch auch Krieg, oder?«

»Bin ich mein Vater?«, wehrt sich Johnny. »Ich sag ja nicht, dass er Recht hat.«

Die Jungen schweigen weiter. Keiner kann was für seine Eltern!

Nicht lange, und Daggi kommt über die Straße. »So 'n Mist!«, ruft sie schon von weitem. »Ich wollte doch heute Abend ins Kino. Im *Alhambra* gibt's 'n Film mit Elvis.«

»Du hast vielleicht Sorgen!«, schreit Wolle sie an. »Kino!«

Daggi stellt sich neben Dieter.

»Was hat'n der?«

Dieter aber antwortet nicht, denkt nur nach. Dann sagt er mit einem Mal: »Mir reicht das Gequatsche jetzt. Ich geh hin und guck mir das mal an.«

»Und wo willste das tun?«, fragt Daggi spöttisch. »Auf die Bornholmer Brücke kommste nicht rauf. Da haben se alles abgesperrt.«

»Woher weißt'n das?« Ärgerlich lässt Fränkie den Auspuff röhren. »Hast wohl schon die Mücke machen wollen?«

»Quatsch!« Daggi tippt sich an die Stirn. »Nicht, bevor ich ausgelernt habe. Ohne Beruf biste drüben doch nichts.«

Das hat der Vater auch gesagt, denkt Rolf – und bedauert, dass er jetzt nicht mit dem Vater reden kann. Er hätte gern gewusst, was er zu alldem sagt. Daggi aber dachte weniger an ihre Ausbildung als an Fränkie. Und der weiß das – und grinst stolz.

»Dann geh ich eben zur Bernauer.« Dieter lässt nicht locker. »Ob ich nun hier rumstehe oder dort. So weit sie mich lassen, geh ich ran.«

»Ich geh mit!« Rolf will auch endlich was sehen, nicht immer nur Radio hören und reden. Fränkie auf seiner Red Mary, Wolle, Johnny und Daggi schließen sich ebenfalls an.

Auf den ersten Blick ist es ein Sonntag wie jeder andere. Im Stadion an der Cantianstraße wird sogar Fußball gespielt, irgendeine rotweiße kämpft gegen eine grünweiße Mannschaft.

»Die haben Mut«, staunt Wolle. »Drei Meter weiter ist die Welt zu Ende – und die knödeln hier rum!«

An der Eberswalder Straße, die am Stadion entlangführt und hinter der Grenze zur Bernauer Straße wird, stauen sich die Menschen. Es sind Frauen, Männer, Kinder und viele Jugendliche. Die meisten Frauen halten Taschentücher in den Händen, schnäuzen hinein oder wischen sich die Augen. Die Männer stehen nur da und gucken, keiner sagt was. Und schaut sich doch mal einer vorsichtig um, um vorher zu sehen, wer ihm zuhört, und murmelt dann etwas, ist das, was er sagt, ein Fluch oder ein Witz, ein böser Witz.

Daggi und die Jungen gehen so dicht wie möglich an die Grenze heran und stehen bald in der ersten Reihe der Neugierigen. Betroffen sehen sie den Stacheldraht an, der die bisher unsichtbare Sektorengrenze zur richtigen Grenze macht. Keinen Meter dahinter stehen die ersten Westberliner. Ebenfalls Männer, Frauen und Kinder. Einige Westberliner Jugendliche rufen: »Ihr Schweine! Hört doch endlich auf damit.« Sie meinen die Volkspolizisten und die Männer in den blauen Uniformen der Betriebskampfgruppen*, die immer weitere Stacheldrahtrollen über die Straße ziehen.

Eine Frau nähert sich dem Stacheldraht bis auf weni-

* Militärisch organisierte Einheiten aus Arbeitern und Angestellten.

ge Zentimeter und winkt einem jungen Mann zu, der auf der westlichen Seite steht und mit den Händen in den Taschen zu ihnen herüberschaut. »Hans!«, ruft die Frau dem jungen Mann zu. »Komm doch lieber wieder zurück.«

Der junge Mann schüttelt nur den Kopf. Da macht die Frau einen weiteren Schritt vor und hebt das Bein ...

Ein Vopo hat das gesehen. Er nimmt seine Maschinenpistole von der Schulter und schreit: »Halt! Stehen bleiben.«

Hilflos dreht die Frau sich zu ihm um. »Ich will doch nur zu meinem Sohn«, sagt sie. »Bitte, lassen Sie mich durch.«

»Das geht nicht! Sind Sie denn verrückt geworden?« Der Vopo weiß nicht, was er tun soll, hält die Frau am Arm fest und dreht sich immer wieder um. Ein Polizeioffizier, der den Vorfall beobachtet hat, kommt angelaufen und weiß besser Bescheid. »Verhaften!«, schreit er. »Sofort verhaften!«

Dieter steckt zwei Finger in den Mund und pfeift grell. Auch Fränkie pfeift und Wolle, Rolf und viele andere fallen mit ein. Wieder andere rufen »Pfui!« oder »Lasst die Frau in Ruhe!«. Und von Westberliner Seite fliegen Steine herüber.

Die Vopos kommen in Bewegung. Zwei führen die Frau ab, die anderen richten ihre Maschinenpistolen auf die Männer und Frauen auf der anderen Seite. Doch die

Pfiffe und Rufe werden immer lauter und die Männer in den Kampfgruppenuniformen unsicherer. »Schweine! Schwei-ne!«, skandieren die Leute auf der Westberliner Seite der Straße nun. Und: »Ver-bre-cher! Ver-bre-cher! Ver-bre-cher!«

Der Polizeioffizier, der die Frau abgeführt hat, kommt zurück und schreit Befehle, und gehorsam lassen die Vopos ihre Stacheldrahtrollen liegen und bilden eine Front gegenüber den Westberlinern.

»Und die in eurem Rücken seht ihr nicht?«, ruft der junge Mann, dessen Mutter abgeführt worden ist. »Glaubt ihr etwa, die sind für euch?« Und er lacht laut und bitter.

Einige der Männer und Frauen auf Westberliner Seite lachen mit, aber sie machen ein paar Schritte zurück.

»Haste mal 'ne Lulle?« Rolf stößt Dieter an, bekommt seine Zigarette, zündet sie sich mit Dieters Streichhölzern an und setzt sich auf den Rinnstein.

Er kann da nicht mehr zusehen. Er hat Angst davor, jeden Augenblick unter den Westberlinern den Vater auftauchen zu sehen. Das ist blöd, Berlin ist groß und die Grenze zwischen West und Ost fast fünfzig Kilometer lang. Wie an der Bernauer Straße sieht es sicherlich an allen Übergängen aus, und vielleicht steht der Vater jetzt an einem anderen Übergang – und denkt an ihn, wie er jetzt an den Vater denkt …

»Macht keinen Spaß, was?« Daggi hockt sich zu Rolf und nimmt ihm die Zigarette aus der Hand, um auch mal dran zu ziehen. Und da sagt Rolf es. Jetzt darf er darüber reden, jetzt muss er es auch. »Mein Vater ist seit zwei Tagen drüben. Den seh ich jetzt ewig nicht wieder.«

»Ach, du liebe Scheiße!« Das Mädchen sieht Rolf mitfühlend an, doch er spürt, dass sie nicht besonders überrascht ist. »Und deine Mutter?«

»Die ist hier. Und die bleibt auch hier.«

»Und du?«

Rolf zuckt die Achseln. »Mal sehen.«

Die Mutter hat sich beim Kochen Mühe gegeben und ein Gericht ausgewählt, von dem sie weiß, dass es zu Rolfs Lieblingsspeisen gehört: Kohlrouladen. Fast so, als wolle sie ihn damit für irgendwas entschädigen – für den Vater oder den Streit ums Radio, vielleicht sogar für die neue Grenze. Nach dem Essen fragt sie ihn, ob er Lust auf einen Spaziergang habe.

»Wohin?«, fragt Rolf. »Zur Bernauer?«

Eine Antwort, die der Mutter nicht gefällt. Sie steht auf und beginnt, das Geschirr abzuräumen. Aber dann lässt sie das plötzlich sein und sagt: »Gut. Reden wir darüber. Das alles zu verstehen ist sicher nicht so leicht für dich.« Setzt sich wieder hin und nimmt Rolfs Hände. »Wir mussten das tun! Denk nur mal an die Grenzgänger. Und an die vielen, die jeden Tag abgehauen sind. Die offene Grenze hat jedes Jahr einen Schaden von mehr als drei Milliarden Mark verursacht.«

»Und warum wollen so viele weg?«

»Weil sie nicht kapieren, weshalb wir immer noch Schwierigkeiten haben. Und dass diese Schwierigkeiten dadurch, dass so viele weglaufen, nicht weniger werden.«

Die Mutter meint wirtschaftliche Schwierigkeiten. Sie behauptet, die meisten Flüchtlinge würden nur wegen der vollen Schaufenster weglaufen. Der Vater sagte dazu, dass das auf viele zuträfe, nicht aber auf alle. Viele würden einfach nur mehr Freiheit suchen. Rolf sagt der Mutter das, obwohl er weiß, dass sie das schockieren wird: Jetzt führt er mit ihr die Diskussionen, die sie zuvor immer mit dem Vater führen musste.

»Freiheit!« Die Mutter muss sich zusammennehmen, um nicht allzu heftig zu reagieren. »Was heißt denn Freiheit? Zuerst geht's doch wohl mal um den Frieden. Weißt du denn nicht, dass der Westen bereits Pläne in der Schublade hat, in denen jetzt schon steht, wie unsere Betriebe nach der »Wiedervereinigung« verwaltet werden sollen? Kann mich noch gut an den letzten Krieg erinnern; der reicht mir, ich will keinen neuen.«

Frieden! Kann eine solche Grenze wirklich Frieden schaffen? Auf dem Rückweg von der Bernauer Straße riss Dieter ein Plakat von der Wand. *Für Frieden und Völkerverständigung* stand darauf. Dieter sagte, diese Art Frieden wolle er nicht …

»Meinste denn wirklich, dass der Westen Krieg will?

Das wird dann doch 'n Atomkrieg, da gehen sie doch selber drauf.«

»Und warum reden sie dann immer so?«, fragt die Mutter zurück. »Warum lassen sie uns nicht in Ruhe? Wieso stören sie unsere Arbeit?«

Wieder muss Rolf an den Vater denken. Diese Art von Sozialismus breche den Leuten das Rückgrat, sagte er mal und fügte hinzu, Bertolt Brecht hätte mal gesagt, die unbequemsten Mitarbeiter sollten der Gesellschaft die liebsten sein, weil nur sie wirklichen Fortschritt brächten. Der Partei aber wären die bequemsten die liebsten, nämlich die, die keine Fragen stellten, sondern ausführten, was angeordnet würde – und dass es so viele davon gäbe, wäre eine deutsche Krankheit.

Ist die Mutter nur bequem? Oder ist sie wirklich mit allem so hundertprozentig einverstanden?

»Rolf!«, sagt die Mutter. »Hab doch Vertrauen zu mir. Glaub mir, ich sag dir nichts Falsches.«

Da hebt er den Kopf und sieht der Mutter lange in die Augen. »Und Vater? Darf ich zu ihm kein Vertrauen haben?«

»Nein«, antwortet die Mutter ernst und ohne den Blick zu senken. »Das hat er uns durch seine Flucht doch bewiesen.«

Fränkie wohnt in der Seelower Straße. Seine Mutter ist Witwe, verdient nicht viel und kann sich deshalb nur diese Einzimmer-Hinterhof-Wohnung mit Küche leisten. Als Rolf den Hof betritt, sieht er Dieter und Fränkie vor der Kellertür an Red Mary herumbasteln. Ohne ein Wort zu sagen, setzt er sich auf die Steinstufen zum Seitenaufgang und sieht ihnen zu, merkt aber bald, dass die beiden über ihn grinsen.

»Was ist denn?«

»Merkste nischt?« Fränkies Grinsen wird immer breiter.

»Nee.«

»Auweia, ist der blind!« Dieter tippt sich an die Stirn.

Rolf guckt und guckt – und dann hat er endlich kapiert: Fränkie und Dieter reparieren Mary nicht, sie nehmen sie auseinander!

»Was soll'n das?«

Fränkie blinzelt Dieter zu. »Sollen wir?« Und als Dieter nickt, sagt er: »Wir wollen dir ein Angebot machen.«

»Und?«

»Wenn du willst, bringen wir dich zu deinem Vater.«

»Spinnt ihr?«

»Nee.« Dieter wird ganz ernst. »Wir hauen ab. Und wir haben auch schon 'n Plan. Wir wissen, an welcher Stelle wir noch rüberkommen. Aber sicher nicht mehr lange. Deshalb machen wir es heute.«

Die beiden wollen tatsächlich abhauen? »Und wo wollt ihr hin?«, fragt Rolf misstrauisch.

»Ich zu Karl.«

Karl ist Dieters älterer Bruder. Er lebt schon lange im Westen.

»Und ich zu meinem Onkel.« Fränkie setzt sein frechstes Grinsen auf. »Der hat ja schon immer gesagt, ich soll mal kommen. Na ja, und nu kommt Fränkie! Kann er schon mal langsam seine Moneten zählen.«

»Aber ... die schicken euch doch wieder zurück. Ihr seid doch noch gar nicht volljährig.« Rolf sucht nach Einwänden gegen diesen Plan. Die Sache ist ihm nicht geheuer – vor allen Dingen aber ist ihm die Frage nicht geheuer, die Dieter und Fränkie ihm so ganz wie nebenbei gestellt haben ...

»So schnell schicken die einen nicht zurück. Schon gar nicht, wenn man drüben Verwandte hat.«

»Und wenn se auf euch schießen? Die Vopos haben doch Knarren.«

»Die sehen uns nicht.« Fränkie grinst schon wieder. Und dann steht er auf und geht vor Dieter und Rolf in die Küche seiner Mutter. »Verschwinde mal 'n Augenblick«, sagt er zu ihr.

Rolf zuckt immer zusammen, wenn Fränkie seine Mutter so behandelt, aber Fränkies Mutter seufzt nur, trocknet sich die Hände ab und geht.

Die drei Jungen setzen sich um den Küchentisch. Fränkie zieht die Schublade heraus, entnimmt ihr einen Stadtplan, breitet ihn auf dem Tisch aus und streicht ihn glatt. »Kennste die Lohmühlenbrücke?«, fragt er Rolf.

Rolf schüttelt den Kopf. »Wo is'n die?«

»Hier!« Dieter tippt auf die Stelle, an der sich der Landwehrkanal teilt, links zum Osthafen hin, rechts zum Neuköllner Schifffahrtskanal. »Da haben wir früher mal gewohnt«, sagt er. »Kenn mich da bestens aus. Der Kanal ist an dieser Stelle keine dreißig Meter breit.«

»Aber die Brücke ist doch sicher bewacht.«

»Deshalb wollen wir ja auch nicht über die Brücke, sondern durchs Wasser.« Fränkie kichert vor Aufregung. Und ehe Rolf erneut etwas einwenden kann, sagt er: »Wir müssen natürlich unter Wasser schwimmen.«

»Die ganze Zeit? Dreißig Meter?«

»Mensch! Natürlich nicht! Ab und zu musste schon mal Luft holen.« Dieter wird ungeduldig. »Dreißig Meter schaff ich in zwei Minuten.«

»Ich in drei.« Fränkie geht an den Küchenschrank, findet eine Flasche Schnaps und schenkt drei kleine Schnapsgläser damit voll. »Na, was ist?«, fragt er Rolf dann. »Kommste mit?«

Rolf starrt das Glas an. Er muss was sagen, ja oder nein – aber er weiß nicht, was er sagen soll. Er weiß es einfach nicht. Und das hat nicht nur mit der Angst zu tun, die er verspürt, wenn er an die bewaffneten Grenzer denkt, das hat vor allem damit zu tun, dass er nicht weiß, was er tun soll. Die Frage Westen oder Osten heißt ja auch Vater oder Mutter …

»Was willste hier denn noch?« Voller Verachtung

kippt Dieter seinen Schnaps hinunter. »Jetzt wird's hier doch noch öder. Jetzt kannste ja nicht mal mehr im Westen ins Kino gehen. Und Jeans kannste dir auch keine mehr kaufen.«

Fränkie trinkt ebenfalls sein Glas aus, dann geht er zur Tür, um zu überprüfen, ob seine Mutter nicht etwa lauscht, und sagt danach: »Mich hält hier nichts. Meine Lehre kann ich auch im Westen weitermachen. Und wenn nicht? Olle Icke findet schon irgend 'ne Arbeit.«

Auch Rolf trinkt seinen Schnaps. Er brennt im Hals, befreit aber irgendwie; spült die Beklemmung weg. »Na klar komme ich mit«, sagt er danach. »Was habt ihr denn gedacht?«

»Wusst ich's doch!« Strahlend schlägt Dieter Rolf auf die Schulter und Fränkie schenkt noch mal die Gläser voll. »Wirst uns noch mal dankbar dafür sein, dass wir dich mitnehmen«, sagt er dabei. »Zu Johnny und Wolle haben wir nämlich nichts gesagt. Johnny findet's hier ja sowieso schöner. Und Wolle – auf den ist einfach kein Verlass.«

Die Mutter sitzt am Radio und hört Ostnachrichten. Immer wieder wird da der »Beschluss des Ministerrates der Deutschen Demokratischen Republik« verlesen und dazu die »Erklärung der Regierungen der Warschauer Vertragsstaaten« zitiert. Danach gibt's weitere Bekanntmachungen – die des Ministers für Verkehr, die des Ministeriums des Innern, die des Magistrats der Hauptstadt der DDR. Die Mutter hat all diese Erklärungen schon ein paar Mal gehört, sie werden zu jeder vollen Stunde verlesen, doch sie hört jedes Mal wieder zu, als wäre es das erste Mal.

Rolf hört auch zu, muss ja zuhören, wenn er mit der Mutter in der Wohnstube sitzt. Und allein lassen kann er sie jetzt nicht.

Wenn die Mutter wüsste, was er vorhat, würde sie ihn einsperren, vielleicht sogar die Polizei rufen …

»Glaube mir«, sagt sie, als im Radio wieder Kampflieder ertönen. »Eines Tages werden auch die Menschen im Westen erkennen, dass wir mit dieser Maßnahme einen Krieg verhindert haben.«

Dass Fränkie und Dieter ausgerechnet zu ihm mehr Vertrauen haben als zu Wolle und Johnny? Rolf weiß nicht, ob er sich darüber freuen soll oder nicht. Er ist noch immer so unentschieden. Er hat ja gesagt, weil es nun eigentlich egal ist, wo er lebt: Bleibt er bei der Mutter, muss er auf den Vater verzichten, geht er zum Vater, sieht er die Mutter nicht wieder …

Fränkie ist jetzt bei Daggi, Abschied nehmen. Der Gedanke, dass er sie nicht wieder sieht, bedrückt ihn. Das hätte er früher nicht zugegeben. Dabei würde Daggi sicher mitgehen, wenn sie auf diese Weise bei Fränkie bleiben könnte. Doch Fränkie meinte, eine Flucht durch den Kanal wäre für ein Mädchen zu gefährlich. Aber wenn es für Daggi zu gefährlich ist, warum dann nicht für Dieter, Fränkie und ihn? Daggi schwimmt nicht schlechter als sie, eher sogar noch besser.

Seine Red Mary hat Fränkie eingemottet. »Vielleicht komm ich ja doch mal wieder«, sagte er dabei. »Natürlich nur zu Besuch. Dann hol ich sie aus'm Keller, bau sie wieder zusammen und los geht die Tour durch die alte Gegend.«

Die alte Gegend! Also verspürt auch Fränkie so was wie Abschiedsstimmung …

Im Radio spielen sie immer neue Kampflieder der Arbeiterklasse. Eins handelt von Rosa Luxemburg und Karl Liebknecht. Den Vater hat das immer geärgert. Die DDR dürfe sich nicht auf diese beiden berufen, hat er gesagt, die hätten was ganz anderes gewollt.

Schlossstraße 89, dritter Stock, bei Vogel. Der Vater wird Augen machen, wenn er plötzlich vor der Tür steht. Und er wird sich freuen. Natürlich wird er sich freuen …

»Wie ist das eigentlich jetzt?«, fragt Rolf die Mutter. »Wenn einer seinen Vater drüben hat, darf er den besuchen?«

»Vielleicht«, sagt die Mutter. Und dann mit einem scharfen Unterton in der Stimme: »Aber auch wenn unsere Staatsorgane es erlauben: ich erlaube es dir nicht.«

»Und warum nicht?«

»Weil ich nicht will, dass du zwischen West und Ost zerrieben wirst. Du kannst nicht in zwei Welten leben. Du gehst kaputt, wenn du das tust.«

Rolf starrt die Mutter an. »Du willst, dass ich Vater nicht wieder sehe?«

Sie weicht seinem Blick nicht aus. »Ja«, sagt sie. »Weil es für dich das Beste ist.«

Da lehnt Rolf sich nur in den Sessel zurück und schaut zur Zimmerdecke hoch. Fränkie und Dieter und nun auch die Mutter, alle zwingen sie ihn zur Entscheidung; alle verlangen sie von ihm, ja oder nein zu sagen.

Mach die Augen zu und spring – so hat der Vater seine Situation geschildert, bevor er wegging. Jetzt steht er vor der gleichen Situation. Er aber muss die Augen noch fester zumachen, der Vater hat immerhin gewusst, was er will.

Und wenn sie erwischt werden?

»Sind das eigentlich Gesetze – ich meine, dieser Beschluss … diese Bekanntmachungen?«

Die Mutter zögert. Dann sagt sie: »Natürlich sind das Gesetze. So was wird nicht zum Spaß erlassen.«

Der Vater hat mal gesagt, Gesetze hätten nur selten was mit Gerechtigkeit zu tun. Sie würden ja immer nur im Sinne derer erlassen, die gerade an der Macht sind. Und viele Gesetze existierten überhaupt nur, damit die Regierenden in Ruhe ihre Macht ausüben könnten. Das sei in allen Ländern so, nur gebe es welche mit eher lockeren Gesetzen und welche mit strengeren. Und je strenger die Gesetze wären, desto größer wären die Ungerechtigkeiten. Deshalb gebe es im Leben manchmal Situationen, in denen man sich bestimmten Gesetzen widersetzen müsse, um nicht zum Verbrecher zu werden. Sonst hätte es zum Beispiel unter Hitler kaum einen Naziverbrecher gegeben, weil sich alle Nazis auf die bestehenden Gesetze stützen konnten …

»Wozu willst du das eigentlich wissen?« Mutters Zufriedenheit darüber, dass er den Abend bei ihr verbringt, ist einem plötzlichen Misstrauen gewichen.

»Nur so.« Rolf schaut auf die Uhr. Um halb elf wollen sie sich treffen. Er muss noch mal in sein Zimmer und dann langsam aber sicher verschwinden, wenn er nicht zu spät kommen will.

»Bist du müde?« Die Mutter legt ihm die Hand auf den Arm.

»Ja.« Rolf steht auf. Jetzt nur keine Zärtlichkeiten, sonst weiß er noch weniger, was er will.

»Na, dann mach dich fertig. Ich leg mich auch bald hin, muss ja morgen früh raus.«

Rolf geht in sein Zimmer, schaltet das Licht ein, schaut sich um und horcht in sich hinein. Wie ist das, so ein Abschied? Wird er wehmütig werden?

Nein. Er kann sich gar nicht vorstellen, nicht mehr zurückzukommen … Unsicher geht Rolf an den Schrank und nimmt sein letztes Zeugnis heraus. Dieter hat gesagt, Zeugnisse sind nützlich, die zeigen, was man kann und was man hinter sich hat. Er legt den Personalausweis zum Zeugnis, auch eines der Fotos, das Mutter, Vater und ihn in glücklicheren Tagen zeigt, und wickelt alles in eine Cellophan-Tüte, die er sich unters Hemd schiebt. Auch das ist ein Hinweis von Dieter. Wenn die Papiere nass werden, nützen sie nicht mehr viel.

»Bist du schon im Bad?«, ruft die Mutter im Flur.

»Gleich!«, antwortet Rolf. Und dann geht er zur Tür und lauscht.

Die Mutter geht in die Küche, rumort noch ein bisschen darin herum und verschwindet danach im Schlafzimmer, um sich auszuziehen.

Geräuschlos schlüpft Rolf durch die Tür und geht leise durch den Flur. Ebenso leise öffnet und schließt er die Wohnungstür hinter sich und steigt die Treppe hinab. Auf der Straße angekommen, blickt er zur Wohnung hoch.

Er hat in seinem Zimmer das Licht brennen lassen. Das war nur aus Versehen, aber das ist gut so, denn so sieht es aus, als wäre er noch da.

Die S-Bahn fährt an erleuchteten Fenstern vorüber. Die Jungen können hineinschauen, Leuten beim Fernsehen oder Radiohören zuschauen. Es sieht aus, als gäbe es für ganz Berlin an diesem Tag nur Radios oder Fernseher.

»Gib mir mal noch 'ne Lulle.« Fränkie ist sehr aufgeregt, guckt sich in dem leeren Waggon, in dem es nach kaltem Zigarettenrauch riecht, immer wieder um. Aber nur am anderen Ende des Waggons sitzen Leute: ein alter Mann, der eine Zigarre raucht, ein Liebespärchen, zwei Frauen, die miteinander tuscheln.

Dieter hält Fränkie seine Packung *Real* hin.

»Siehst du die Gräber dort im Tal, das sind die Raucher von *Real*«, witzelt Fränkie.

Weder Dieter noch Rolf finden den Spruch lustig. Dass Fränkie nichts Besseres einfällt als dieser Gag mit dem zwei Meter langen Bart, zeigt noch deutlicher als seine Unruhe, wie ihm innerlich zumute ist.

»Im RIAS haben sie gesagt, der Osten will um ganz Westberlin 'ne Mauer ziehen«, flüstert Dieter Rolf zu. »Ob das stimmt?«

»Vielleicht.« Rolf zuckt die Achseln .

»Quatsch!«, meint Fränkie. »So viel Steine gibt's ja gar nicht.«

Ostkreuz. Noch eine Station, dann sind sie am Treptower Park angelangt und müssen aussteigen.

»Was steht denn eigentlich auf Republikflucht?«, fragt Rolf.

»Anderthalb Jahre«, sagt Fränkie.

»Aber nicht für Jugendliche«, widerspricht Dieter. »Jugendliche kriegen weniger. Vielleicht kommen sie auch nur in den Jugendwerkhof.«

S-Bahnhof Treptower Park. »Alles aussteigen, der Zug endet hier«, ertönt es aus dem Lautsprecher.

Dieter, Rolf und Fränkie steigen aus, gehen nebeneinander über den Bahnsteig und halten sich dicht hinter den beiden noch immer miteinander redenden Frauen. Es soll aussehen, als gehörten sie dazu.

Am Bahnhofsausgang stehen Volkspolizisten. Sie

mustern die beiden Frauen und auch die drei Jungen, sagen aber nichts.

Auf der Straße drehen die Jungen sich noch einmal um und schauen zu dem erleuchteten S-Bahn-Zug hoch, der noch im Bahnhof steht. »Gestern fuhr er noch weiter«, sagt Dieter und nennt die Bahnstationen, die auf der Ringstrecke folgen: »Sonnenallee, Neukölln, Hermannstraße ...«

Auch Rolf erinnert sich an diese Fahrstrecke. Als Kinder haben sie sich oft den Spaß gemacht, mit einer Zwanzig-Pfennig-Fahrkarte auf dem Vollring rund um Berlin zu fahren. Sie sind einfach am S-Bahnhof Schönhauser Allee eingestiegen und links oder rechts herum losgefahren, bis sie wieder auf dem S-Bahnhof Schönhauser Allee ankamen. Das geht nun auch nicht mehr.

»Was hätten wir denn gesagt, wenn die Vopos uns gefragt hätten, wo wir hinwollen?«, fragt Fränkie.

Das haben sie noch nicht ausgemacht. Auf die Idee, dass schon hier, am S-Bahnhof, einige hundert Meter von der Grenze entfernt, Vopos stehen könnten, sind sie nicht gekommen.

»Wir wollen zu Briesenicks«, erklärt Dieter. »Das sind Bekannte von meiner Mutter. Die wohnen noch immer in dem Haus, in dem wir damals gewohnt haben. Und wenn wir beobachtet werden, gehen wir wirklich dahin. Ich frag dann nach Vater. Der alte Briesenick und er zwitschern oft einen zusammen.«

Rolf holt tief Luft. Die Sache wird ihm immer unheimlicher. Wenn alle Grenzübergänge von Ost- nach Westberlin so gut bewacht werden, ist es aussichtslos, hinüberzukommen. Und da soll ausgerechnet Dieter einen Weg hinüber kennen? Aber Dieter geht nun sehr zielstrebig durch die Fränkie und Rolf unbekannten, ziemlich dunklen Straßen; er scheint sich hier wirklich gut auszukennen.

»Da geht's zum Übergang Elsenstraße«, flüstert Dieter. »Den haben sie bestimmt besonders dichtgemacht.«

Warum gerade dieser Übergang besonders dicht sein soll, sagt Dieter nicht und Rolf und Fränkie fragen nicht danach. Sie haben nun Angst, nichts als Angst.

Endlich bleibt Dieter vor einer Seitenstraße stehen und blickt hinein. Sehr helles Licht ist zu erkennen, wenn auch ziemlich weit entfernt von ihnen. »Das ist die Wiener Brücke«, flüstert er. »Die ist bestimmt auch verriegelt und verrammelt.«

»Und warum soll's gerade an der Lohmühlenbrücke günstiger sein?«, flüstert Rolf.

»Weil ich die kenne. Jeden Stein kenne ich da.« Dieter kann seine Erregung nun auch nicht mehr überspielen. »Wenn's irgendwo klappt, dann da. Glaubt mir das doch endlich.«

Rolf und Fränkie sagen nichts mehr. Sie gehen neben Dieter her, als wäre ihnen von nun an alles egal – und so ist Rolf auch zumute: Mach die Augen zu und spring! Jetzt hat er die Augen zu, jetzt geht er nur noch wie automatisch mit.

Schon nach wenigen Minuten drückt Dieter sich in einen Hausflur. »Das ist die DHZ*«, flüstert er. »Da hat mein Vater mal gearbeitet. Dicht daneben ist der Kanal.«

Die Jungen können den Kanal nicht sehen, aber in dem Gebäude, auf das Dieter sie hingewiesen hat, brennt Licht. Und ab und zu wehen Stimmen zu ihnen hin.

»Bestimmt sind da Vopos einquartiert«, meint Fränkie.

»Hundertprozentig«, flüstert Dieter. »Aber das macht uns nichts aus. Die können uns ja in der Dunkelheit nicht sehen.« Und dann schleicht er an dem Haus entlang, bis er die Straße erreicht hat, die das Kanalgelände von den Häuserblocks trennt. »Alles klar?«, fragt er und lässt sich, als Rolf und Fränkie nur nicken, im Schatten der Häuser bäuchlings aufs Straßenpflaster gleiten, um einige Zeit so liegen zu bleiben und zu dem belebten Gebäude hinzuspähen. Als er nichts Auffälliges entdecken kann, robbt er los und Rolf und Fränkie folgen ihm in gleicher Weise. Dabei schauen sie immer wieder zu den hell erleuchteten Fenstern hin. Doch sie haben Glück, ungesehen kommen sie über die Straße und auf das Gelände am Kanal. Hier wachsen Pflanzen zwischen den Steinen und es ist noch dunkler, das gibt ein bisschen Sicherheit.

* DHZ – Deutsche Handelszentrale.

Dieter robbt noch einige Meter weiter und bleibt dann liegen, um Kraft zu schöpfen. »Fünfzig Meter links ist schon Westen«, flüstert er. »Aber durch den Kanal ist es besser.«

Fünfzig Meter links? Rolf hebt den Kopf – und zieht ihn schnell wieder ein: Vopos! Sie gehen Streife und unterhalten sich miteinander. Der eine von ihnen lacht …

»Du Idiot!«, flüstert Fränkie. »Wieso soll's denn gerade hier besonders günstig sein?«

»Klappe!«, zischt Dieter, und dann robbt er weiter, bis er den Kanal erreicht hat.

Völlig außer Atem vor Angst und Anspannung erreichen auch Rolf und Fränkie den Kanal und im gleichen Moment gleitet Dieter schon in das im Mondlicht schwarz glänzende Wasser. »Schnell«, flüstert er. »Es sind nur dreißig Meter.«

Rolf und Fränkie gucken sich an. Und da sagt Rolf mit einem Mal: »Ich komm nicht mit.« Er weiß nicht, warum er das auf einmal sagt, es gibt keinen besonderen Grund dafür; er ist sich jetzt nur sicher, dass er nicht mitwill.

»Spinnst du? Wir haben keine Zeit für Faxen«, zischt Dieter wütend. Und Fränkie schaut zu Rolf hin, als sei auch er nicht mehr überzeugt davon, wirklich mitzuwollen – aber dann lässt er sich doch ins Wasser gleiten.

»Rolf! Was ist?«, drängelt Dieter.

»Schwimmt los«, flüstert Rolf. »Ich kann nicht … meine Mutter … Es geht nicht.«

Da taucht Dieter und schwimmt los. Und Fränkie folgt ihm. Sie schwimmen so leise, nichts ist zu hören. Und bald ist auch nichts mehr zu sehen, nicht mal mehr Kreise auf der Wasseroberfläche.

Rolf bleibt noch lange so liegen. Er weiß, dass Dieter und Fränkie jetzt längst drüben sein müssen, und er kommt sich wie ein Versager vor. Warum ist er denn nicht mitgeschwommen? Wegen Mutter? Auch. Aber das ist es nicht nur, da ist mehr … Er weiß nicht, was es ist, weiß nur, dass er die Augen eben doch nicht fest genug zugemacht hat und nun zurückmuss.

Genauso vorsichtig, wie sie hingekrochen sind, kriecht Rolf den Weg zurück, immer weiter auf die Häuser zu …

Die Wachposten! Jetzt sind sie rechts von ihm. Gott sei Dank reden sie noch miteinander. Wenn er an denen vorbei ist … Eine Taschenlampe leuchtet auf, der Lichtstrahl fährt Rolf mitten ins Gesicht, blendet ihn.

»Wen haben wir denn da?«, sagt eine Männerstimme. Und danach, beinahe lachend: »Junge! Du kriechst ja in die falsche Richtung.«

Ein Vopo, ein schon etwas älterer, gemütlich wirkender Mann. Er hilft Rolf auf die Füße, lässt ihn die Arme hochnehmen und tastet ihn ab. »Vorsichtshalber«, sagt er. »Ich glaub ja nicht, dass du 'ne Knarre dabeihast, aber sicher ist sicher.«

Auch die anderen beiden Vopos kommen heran. »Haste wieder einen?«, fragen sie und schütteln die

Köpfe, als sie Rolfs Gesicht sehen. »Bist nun schon der Neunte, den wir hier erwischen. Aber der Älteste biste nicht.«

Der Neunte? So viele ... Aber Dieter und Fränkie haben sie nicht ...

»Das ist ein besonderer Fall«, sagt der Polizist, der Rolf festgenommen hat, und muss nun richtig lachen. »Der wollte in die falsche Richtung.«

»Nanu?«, wundert sich einer der anderen beiden. »So dumm kannste doch nicht sein. Wirst doch wohl noch wissen, wo Westen und Osten ist?«

»Ich wollte ja gar nicht rüber«, sagt Rolf leise. »Ich wollte nur ...« Ja, was wollte er? Was soll er nun sagen?

»Komm mit, Junge!« Der ältere Polizist legt ihm die Hand auf die Schulter. »Was du wolltest, das werden wir schon noch rauskriegen.«

1969
Unsere Gegend

Muzaffer Gürakar – Türkische Spezialitäten steht in roter Schrift auf blauem Grund über Tür und Schaufenster des kleinen Ladens. Und im Schaufenster liegt alles das, was der Vater anzubieten hat: Konservendosen, Obst und Gemüse, Wein, Schnaps, bunt verpackte Käsesorten – bis auf das Obst und Gemüse alles mit türkischen Etiketten versehen. Spezialitäten aus der Heimat, wie der Vater die Waren nennt. Aber vor jeder Dose oder Flasche, jeder Obst- und Gemüsesorte liegt ein kleines Schild, auf dem steht der Preis und der deutsche Name der Ware. Und diese Schilder hat Aysche gemalt. Deshalb überprüft sie nun alles noch mal. Aber sie findet an ihrer Arbeit nichts auszusetzen.

»Na, können wir uns sehen lassen?«

Der Vater lehnt in seinem neuen weißen Kittel an der Ladentür und guckt Aysche neugierig an. Aysche macht drei Schritte zurück und unterzieht mit ernster Miene auch die Fassade noch einmal einer strengen Prüfung. Drei Tage hat der Vater daran herumgepinselt, und für das Ladeninnere hat er sogar eine ganze Woche gebraucht, aber nun ist alles schön geworden, sogar sehr schön. Sie darf strahlen.

Und der Vater strahlt zurück. »Heute ist mein Glückstag«, hat er gleich am Morgen zur Mutter gesagt.

»Nach so vielen Jahren Arbeit für andere bin ich endlich mein eigener Herr.« Und er hat sich seinen dichten schwarzen Schnurrbart gekämmt, als hinge allein von seinem Schnurrbart ab, ob sein Geschäft gut geht oder schlecht.

Der kleine Herr Kuzu kommt aus dem Haus, blinzelt ein bisschen in die grelle Maisonne und spaziert mit ernstem Gesicht vor dem Laden auf und ab. Von allen Seiten betrachtet er ihn, bis er endlich zu Vaters Erleichterung den Kopf wiegt. »Ein schöner Laden! Alles was recht ist, ein sehr schöner Laden.«

Wieder strahlt der Vater übers ganze Gesicht und er führt Herrn Kuzu auch in den Laden, um ihm die Inneneinrichtung zu zeigen, vor allen Dingen aber, um ihn so, wie es sich gehört, zu bewirten.

Aysche hockt sich auf die Stufen vor der Eingangstür und guckt die Straße hinunter. Wenn die Sonne scheint, sieht die graue Straße gleich viel freundlicher aus. Und heute ist wirklich ein schöner Sonnabendvormittag, die Luft ist richtig mild, aus manch einem der weit geöffneten Fenster dringt Musik auf die Straße; türkische Musik und deutsche und dazwischen manchmal ganz laut englische. Die weht dann aus dem Fenster von Jörg und Biene herüber, einem jungen Paar auf der gegenüberliegenden Straßenseite.

Woher werden all die Leute kommen, die bei Vater einkaufen? Werden es nur die Leute aus der Gegend rund um den Mariannenplatz sein? Oder werden sie auch von weiter her kommen? Werden nur Türken kommen – oder auch Deutsche?

Der Vater hofft, dass auch Deutsche kommen. Von Türken allein könnten sie nicht leben, hat er gesagt und deshalb seinem Laden einen deutschen Namen gegeben und sie die Schilder mit den deutschen Beschriftungen gemalt.

Jörg und Biene werden ganz bestimmt bei ihnen einkaufen. Und Frau Behrens aus dem Zeitungskiosk an der Ecke Muskauer Straße auch. Sie hat ja jeden Tag gefragt, wann es denn endlich so weit sei; sie esse so gern Sachen, die sie noch nicht kennt.

Onkel Recep kommt über die Straße. Gleich steht Aysche auf, um ihn vorbeizulassen. Onkel Recep will sicher zum Vater, die beiden sind Freunde, haben sich vor sieben Jahren in Deutschland kennen gelernt, zusammen für eine Firma gearbeitet und gemeinsam ein Zimmer bewohnt, bis der Vater das nötige Geld verdient hatte, um eine Wohnung mieten und die Mutter und sie nachkommen lassen zu können. Onkel Recep aber wohnt noch immer in dem Zimmer. Er will seine Familie nicht nach Berlin holen, bleibt allein, weil er so sparsamer leben und eher zurückkehren kann. Das ist der große Unterschied zwischen Vater und Onkel Recep: Onkel Recep will wieder zurück, will sich von seinem ersparten Geld zwei gebrauchte Autos kaufen und zu Hause ein Taxiunternehmen aufmachen. Davon träumt er – und davon redet er dreimal am Tag. Dem

Vater dagegen gefällt es in Deutschland, er will hier bleiben – wenn sein Laden gut läuft.

»Na, Aysche-Baysche?« Spöttisch zwinkert Onkel Recep ihr zu. »Wie fühlt man sich als Tochter eines Ladenbesitzers? Werd mir wohl doch überlegen müssen, ob ich dich nicht mit meinem ältesten Sohn verheiraten soll.« Er lacht vergnügt und betritt danach – vom Vater herzlich begrüßt – den Laden.

Aysche setzt sich wieder hin und blickt weiter die Straße entlang. Aber nun wieder mit diesem komischen Gefühl im Bauch. Sie wird bald zwölf, und Onkel Recep spricht immer öfter davon, dass er sie mit seinem ältesten Sohn verheiraten will. Dabei kennt sie diesen Memed nicht mal, hat nur ein Foto von ihm gesehen – und das hat ihr nicht gefallen.

Cavit und Kemal kommen um die Ecke gelaufen. Sie sind ganz außer Atem und machen erst Halt, als sie vor Aysche angelangt sind.

»Hat Vater viele Kunden?«, fragt Cavit streng.

»Zwei.«

»Zwei sind nicht viel.« Cavits Gesicht wird noch strenger. Und Kemal guckt den großen Bruder nur an und nickt. Er ist immer mit allem einverstanden, was Cavit sagt oder tut.

Cavit ist vierzehn, Kemal nicht ganz dreizehn. Sie sind erst vor zwei Jahren nach Deutschland gekommen, so lange lebten sie bei Tante Döne. Aysche hatte ihre beiden Brüder fast vier Jahre lang nicht gesehen und deshalb erscheinen sie ihr manchmal noch immer ein wenig fremd. Und über ihr ulkiges Deutsch muss sie lachen. Aber das darf sie den beiden nicht zeigen, besonders Cavit nicht. Es ist schlimm für ihn, dass er, der doch in der Schule immer so gut war, in Deutschland nicht mitkommt, weil er die fremde Sprache nicht versteht. Und noch schlimmer ist es für ihn, wenn er was Falsches gesagt hat und ausgelacht wird. Das verträgt sein Stolz nicht.

»Warum seid ihr so gerannt?«

»Männersache!«, antwortet Cavit und Kemal grinst stolz.

Aysche hatte diese Antwort erwartet. »Männersache« ist Cavits Lieblingswort, das kann er sogar auf Deutsch. Und Mutter sagt oft, dass Tante Döne Cavit vorzeitig zum Mann erzogen hat. Das sei nicht gut für ihn, das mache ihn so ernst.

»Was ist? Wollt ihr nicht mitfeiern?« Der Vater winkt.

Ruhig streicht Cavit sich das Haar aus der Stirn und betritt den Laden. Kemal hält sich dicht an ihn, bleibt aber immer hinter dem älteren Bruder. Und Aysche bleibt hinter Kemal.

Die Männer haben schon etwas viel Raki* getrunken. Herrn Kuzus kurze Beine beginnen zu trippeln, und

* Türkischer Anisschnaps.

das sieht ulkig aus, denn er sitzt dabei auf einem Stuhl und die Beine schweben in der Luft. Kemal muss so lachen, dass es in seinem Bauch zu gluckern beginnt. Das wiederum finden die angetrunkenen Männer lustig. Sie lachen, bis Onkel Hasan den Laden betritt.

Onkel Hasan ist Mutters Bruder. Er ist erst vor drei Wochen nach Berlin gekommen und hat bisher noch keine Arbeit gefunden. Weil er außer »Guten Tag« und »Wie geht es Ihnen?« noch kein einziges Wort Deutsch kann, hat er es schwer, Arbeit zu finden. Aber wie soll er besser Deutsch können – nach nur drei Wochen?

»Die Deutschen brauchen uns doch nur für Handlangerarbeiten«, sagt Onkel Recep, als er von Onkel Hasans erneuter vergeblicher Arbeitssuche erfahren hat. »Wozu müssen wir da Deutsch können?«

»Weil wir mit ihnen reden müssen«, sagt der Vater und verteilt kleine Teller mit Schafskäse und Oliven an die Männer und Teller mit Helva* an die Kinder.

»Wozu musst du denn beim Schuttschippen viel reden?« Onkel Recep zieht die Augenbrauen hoch, wie er es immer tut, wenn er zu viel getrunken und Lust auf einen Streit hat. Er arbeitet bei einer Firma, die alte Häuser abreißt, und muss viel Schutt schippen. Seine deutschen Kollegen müssten längst nicht so viel schippen, sagt er, sondern könnten sich die besseren Arbeiten aussuchen.

* Türkische Süßspeise.

192

»Du musst mit deinen Kollegen reden«, beharrt der Vater. »Wie willst du dich denn sonst mit ihnen anfreunden?«

»Will mich ja gar nicht anfreunden.«

»So! Willst du nicht?« Der Vater wird ärgerlich. Es ist ein alter Streit, dennoch erregt er die beiden Männer jedes Mal neu. »Reden willst du nicht mit ihnen, leben willst du nicht mit ihnen. Was willst du dann in ihrem Land? Willst du nur ihr Geld?«

»Ihr Geld, jawohl!«, verteidigt sich Onkel Recep. »Bin ja nicht freiwillig hier. Sie suchen Leute, die zupacken können, ich kann zupacken – und tue es. Hätt' ich zu Hause Arbeit gefunden, wäre ich ihnen nicht zur Last gefallen.«

»Da hast du Recht«, sagt Onkel Hasan zu Onkel Recep. Und zum Vater sagt er: »Du hast Deutsch gelernt, du redest mit ihnen. Du hast ein Geschäft aufgemacht, willst, dass sie zu dir kommen, die deutsche Schrift über dem Schaufenster verrät es – sie aber kommen nicht. Was also hast du falsch gemacht?«

»Er hat falsch gemacht, dass er Türke ist.« Onkel Recep lacht böse und hält dem Vater sein leeres Glas hin.

Der Vater gießt den Männern nach und Aysche kann sehen, wie traurig er ist. Er hasst diese Streitereien mit seinen Landsleuten, aber er kann sie manchmal nicht verstehen. Sie müssten mehr guten Willen zeigen, sagt er oft. Das geht doch nicht, immer nur abseits stehen.

»Für die Deutschen«, mischt sich Herr Kuzu in das

193

Gespräch ein, »sind wir doch nur eine bessere Art Sklaven. Sie brauchen uns und deshalb dürfen wir hier sein. Wenn sie uns mal nicht mehr brauchen, schicken sie uns in die Heimat zurück – ganz egal, ob wir da Arbeit finden oder nicht.«

»Oder sie machen mit uns, was sie mit den Juden gemacht haben«, ergänzt Onkel Recep. »Das werden sie ja noch nicht verlernt haben.«

Mit einem Ruck stellt der Vater die Flasche hin. »Ihr habt wohl zu viel getrunken«, empört er sich. »Wie könnt ihr denn so etwas sagen? Ich kenne viele freundliche Deutsche, ich …«

»Nenne die Namen«, bittet Onkel Recep übertrieben höflich. »Nur ein paar Namen, bitte.«

»Frau Behrens«, sagt der Vater sofort. »Dann die jungen Leute von gegenüber, Herr Braun, Frau Genthin …«

»Moment«, unterbricht Onkel Recep den Vater zum zweiten Mal. »Herr Braun, na gut, aber Frau Genthin? Hat sie dich schon ein einziges Mal gegrüßt?«

»Ich grüße sie – und sie grüßt zurück. Jawohl!«

»Du grüßt sie zuerst. Das ist es. Du ziehst vor ihr den Hut, machst den Bückling, deshalb grüßt sie zurück. Probier doch mal aus, ob sie dich zuerst grüßt. Da kannst du lange warten, da bin ich längst wieder zu Hause …«

»Genug!« Jetzt schreit der Vater, so aufgeregt ist er. »Ich bin seit sieben Jahren hier, ich weiß, dass es schwer ist. Aber wir sind auch nicht unschuldig an alldem. In einem fremden Land muss man Augen und Ohren offen halten und bereit sein, Neues zu lernen. Da darf man nicht von morgens bis abends nur beleidigt sein.«

»Aber was streitet ihr euch denn?« Herr Kuzu springt auf und weist mit feierlicher Geste zur Tür. »Da kommt er ja, der erste deutsche Kunde!«

Tatsächlich! Herr Schmitt aus dem Nachbarhaus kommt. Und schiebt Bernd vor sich her, einen Jungen, den Aysche gut kennt, weil er in ihre Klasse geht.

Der Vater nimmt ein neues Glas, wischt es mit dem Handtuch sauber und füllt es mit Raki voll. Dann nimmt er eines der Tellerchen mit dem Käse und hält Herrn Schmitt beides hin. »Zur Begrüßung«, sagt er und lächelt Herrn Schmitt zu. »Ich habe heute neu eröffnet.«

Der Vater spricht Deutsch und gibt sich Mühe, keinen Fehler zu machen. Herr Schmitt jedoch nimmt weder Glas noch Tellerchen, sondern schaut am Vater vorbei erst Herrn Kuzu, Onkel Recep und Onkel Hasan und danach ganz besonders lange Cavit und Kemal an, die auf einer leeren Kiste sitzen und ihrerseits neugierig blicken. Erst als Herr Schmitt die beiden Jungen lange genug gemustert hat, findet sein Blick zum Vater zurück. »Deshalb komme ich nicht«, sagt er mit vor Zorn zitternder Stimme. »Ich komme aus einem anderen Grund: Ihre Söhne haben meinen Sohn überfallen und ausgeraubt. Ich überlege, ob ich nicht Anzeige erstatten soll.«

»Wie bitte?« Der Vater glaubt, Herrn Schmitt nicht richtig verstanden zu haben.

»Ich sagte, Ihre Söhne haben meinen Sohn überfallen und ausgeraubt. Sie haben ihm den Fünfzigmarkschein gestohlen, mit dem ich ihn einkaufen geschickt habe.« Herr Schmitt schiebt Bernd in die Mitte des Raumes. »Fragen Sie ihn, wenn Sie mir nicht glauben.«

Der Vater sieht Bernd an, der senkt den Kopf.

»Meine Söhne?«, fragt der Vater bestürzt. »Kann das nicht eine Verwechslung sein?«

Herr Schmitt verliert die Geduld. Er packt Bernd an den Schultern und dreht ihn so, dass er Cavit und Kemal angucken muss. Cavit und Kemal stehen auf. Sie haben nicht verstanden, worum es geht, doch sie haben begriffen, dass es mit ihnen zu tun hat.

»Waren sie es?«, fährt Herr Schmitt Bernd an, als der nur stumm dasteht und nichts sagt.

Bernd nickt.

»Da sehen Sie es!« Herr Schmitt wendet sich wieder dem Vater zu. »Sie haben ihn im Hausflur überfallen und ihm ein Messer unter die Nase gehalten. Zustände wie in Chicago sind das hier neuerdings. Oder besser wie in Istanbul.«

»Istanbul ist nicht Chicago«, entgegnet Onkel Recep in seinem langsamen Deutsch.

»Ach nee! Was Sie nicht sagen! Und fünfzig Mark

sind wohl ein Pappenstiel, was? Wissen Sie, wie lange ich arbeiten muss, um fünfzig Mark zu verdienen?«

»So ungefähr.« Onkel Recep nickt. »Ich kriege auch nichts geschenkt.«

Herr Schmitt guckt Onkel Recep an, als wollte er noch etwas sagen, doch dann winkt er nur ab und fährt den Vater an: »Was ist nun?«

Der Vater geht auf Cavit und Kemal zu und fragt sie auf Türkisch, ob sie Bernd heute Morgen in einem Hausflur gesehen haben. Von dem Überfall und dem gestohlenen Geld sagt er nichts.

Cavit und Kemal, die noch immer nicht wissen, worum es geht, schütteln die Köpfe. Bernd laufe ja immer vor ihnen weg, sagt Cavit, noch nicht ein einziges Mal hätten sie mit ihm gesprochen. Und Aysche weiß, dass das stimmt. Bernd hat Angst vor türkischen Jungen, macht jedes Mal einen weiten Bogen, wenn er Cavit und Kemal nur von weitem sieht.

»Sie waren es nicht«, sagt der Vater. »Es muss ein Irrtum sein.«

»Und das glauben Sie so ohne weiteres?« Herr Schmitt lässt Bernds Schulter los und tritt vor Cavit und Kemal hin. »Habt ihr ein Messer?«, fragt er.

Der Vater übersetzt.

Sofort greift Cavit in seine Hosentasche und befördert ein Taschenmesser ans Licht. Onkel Recep hat es ihm geschenkt, um ihm die ersten Tage in Deutschland ein bisschen leichter zu machen.

»War es dieses Messer?«, fragt Herr Schmitt.

Bernd nickt wieder.

»Na also!« Herr Schmitt ist zufrieden. »Entweder Sie geben mir sofort die fünfzig Mark zurück«, sagt er zum Vater, »oder ich hole die Polizei. Aber wenn ich Sie wäre, wüsste ich, was ich täte. Ist nämlich erst mal die Polizei da, spricht sich das rum. Dann können Sie Ihren Laden gleich wieder zumachen. Dann sind Sie als Geschäftsmann erledigt. Zumindest in unserer Gegend.«

Mit versteinertem Gesicht geht der Vater hinter den Ladentisch und nimmt fünfzig Mark aus der Kasse. »Entschuldigen Sie bitte«, sagt er mit leiser Stimme und reicht Herrn Schmitt den Schein.

Herr Schmitt faltet den Schein zusammen und steckt ihn in seine Tasche. Danach schaut er zu Cavit und Kemal hin, die überhaupt nicht begreifen, was vor sich geht, und lacht böse. »Wenn ihr meine Söhne wärt, könntet ihr euch jetzt gratulieren.«

»Bitte«, sagt der Vater. »Sie verstehen Sie nicht …«

Da zuckt Herr Schmitt nur noch die Achseln und schiebt Bernd wieder aus dem Laden. Er geht, ohne zu grüßen.

Eine Zeit lang schweigen die Männer, dann sagt Onkel Recep zum Vater: »Na, hast du wieder was Neues hinzugelernt? Gefällt es dir, wie sie mit uns umspringen?«

Der Vater geht zum Ladentisch zurück, schließt die Schublade und antwortet nichts. Es ist still im Laden, bis Herr Kuzu sagt: »So sind sie nun mal, die Deutschen! Wissen alles besser. Lassen nicht mit sich reden. Drohen immer gleich.«

Zu dritt sitzen sie auf der Teppichklopfstange im Hof, Cavit und Kemal auf der oberen Stange, Aysche auf der unteren. Die Brüder reden miteinander, schimpfen auf Herrn Schmitt und auf Bernd. Sie wissen nun, wessen Herr Schmitt sie verdächtigt hat, wissen, warum der Vater Herrn Schmitt die fünfzig Mark gegeben hat. Vor allem aber wissen sie, was Bernd gesagt hat. »Ich schlag ihn zu Brei«, sagt Cavit ein ums andere Mal. »Schlage ihn mausetot.« Und seine dunklen Augen glühen vor Wut. Er, ausgerechnet er, soll Bernd mit dem Messer bedroht und ausgeraubt und dem Vater damit einen solchen Schaden zugefügt haben, wo er doch Vater eines Tages im Laden helfen will. Das wird er sich nicht gefallen lassen.

Cavit will Rache. Und was Cavit will, will Kemal auch. Und deshalb wird Aysches Angst, je länger sie den Brüdern zuhört, immer größer. Wenn Cavit und Kemal Bernd verprügeln, wird alles nur noch schlimmer. Dann ruft Herr Schmitt ganz bestimmt doch noch die Polizei. Und die glaubt einem Deutschen eher als einem Türken. Jedenfalls hat Herr Kuzu das zu Onkel Recep gesagt, als Onkel Recep meinte, der Vater hätte ruhig die Polizei kommen lassen sollen.

»Wir schlagen ihn so lange, bis er sagt, wo er das

Geld hat«, sagt Cavit, der überzeugt davon ist, dass Bernd das Geld für sich behalten und seinem Vater als Ausrede dieses Lügenmärchen aufgetischt hat. »Und dann muss er es uns geben, damit wir es Vater geben können.«

Kemal ist begeistert von dem Vorschlag. »Und wenn er immer noch nicht will, dann halten wir ihm wirklich mal ein Messer unter die Nase«, schlägt er vor.

Doch das ist sogar Cavit zu gefährlich. »Das würde Vater nicht wollen«, sagt er wie zur Entschuldigung.

Der Vater will auch nicht, dass Cavit und Kemal Bernd zusammenschlagen, davon ist Aysche überzeugt. Und sie will es erst recht nicht. Ganz abgesehen von der Angst, dass Cavit und Kemal etwas Dummes anstellen könnten, das dem Vater noch mehr Kummer macht, muss sie noch an etwas anderes denken: So ängstlich und abweisend Bernd zu allen türkischen Jungen ist, zu den türkischen Mädchen ist er freundlich. Er hat sich noch nie über ihr Kopftuch lustig gemacht und er hat auch noch nie über ihre langen Röcke oder zu weiten Hosen gelästert. Und als ihr einmal der Radiergummi runterfiel, hat er ihn aufgehoben. Das hätte kein anderer deutscher Junge getan.

»Und wenn er sagt, wer ihn verprügelt hat?«, fragt sie vorsichtig. »Und wenn er wirklich bestohlen worden und alles nur eine Verwechslung ist?«

»Misch dich nicht ein.« Cavit zieht die Augenbrauen hoch.

»Frag ja nur.«

»Du sollst aber nicht so was fragen«, sagt Kemal. »Sonst glaubt nachher doch noch einer, dass wir es waren.«

Das will Aysche nicht. Aber sie weiß auch, dass Cavit und Kemal keine Engel sind. Wie sie da vorhin, als sie vor dem Laden saß, angerannt kamen …

»Was redest du denn da?«, fährt Cavit den jüngeren Bruder an. »Wir werden beweisen, dass wir unschuldig sind. Nichts wird uns davon abhalten. Und schon gar nicht Aysche-Baysche.«

Das Aysche-Baysche soll verächtlich klingen, soll sie zur kleinen Schwester machen. Aber es beweist nur, wie ärgerlich Cavit über ihren Einwand ist – und das wiederum verrät, dass er ihn ernst nimmt.

Es ist später Vormittag. Aysche sitzt auf dem Rinnstein der gegenüberliegenden Straßenseite und beobachtet das Haus, in dem Bernd und seine Eltern wohnen. Sie wartet darauf, dass er herauskommt, aber es wird Mittag und Bernd kommt nicht.

Der Vater schließt die Ladentür ab. Er sieht enttäuscht aus. Am ersten Tag sind nur ein paar Freunde und Bekannte gekommen, kaum Türken aus den umliegenden Straßen, keine Deutschen, abgesehen von Frau Behrens und Jörg und Biene. Und die Bekannten haben kaum etwas gekauft, haben nur Raki getrunken und Käse gegessen und erzählt. Der Vater hatte vorhergesagt, dass man mit so einem Laden viel Geduld haben müsse, aber dass es so schwer wird, hat er nicht geglaubt.

Nachdenklich verlässt Aysche ihren Beobachtungsposten und geht zum Vater hinüber. Er lächelt, als er sie sieht, aber es ist ein trauriges Lächeln. »Vielleicht sind die Leute alle hinausgefahren«, sagt er auf die unausgesprochene Frage hin, die er ihrem Gesicht entnimmt. »Es ist so schönes Wetter heute.«

»Ins Grüne«, sagt Aysche auf Deutsch und lächelt auch. Die Deutschen sagen immer, sie fahren ins Grüne, wenn sie an einen See oder in den Wald fahren. Das findet sie ulkig. Das hört sich an, als würden sie in eine Farbe hineinfahren – so wie ins Gelbe oder auch ins Rote. Aber diesmal lächelt sie nur dem Vater zuliebe.

»Vielleicht«, sagt der Vater. Und dann greift er in seine Kitteltasche und drückt Aysche eine Mark in die Hand.

»Hol mir bitte meine zwei Zeitungen.«

Aysche behält das Geld gleich in der Hand und macht sich auf den Weg zum Zeitungskiosk. Dabei sieht sie Ülkü, die in der Nummer 49 im zweiten Stock aus dem Fenster guckt und ihr zuwinkt. Aysche winkt zurück und macht Ülkü Zeichen, die ihr zeigen sollen, wie sehr sie sich über das schöne Wetter freut.

Ülkü deutet an, dass ihre Eltern, ihre Geschwister und sie nachher auf der Mariannenplatzwiese picknicken. Und ihre fragende Kopfbewegung verrät, dass sie wissen will, ob Aysche eventuell dazukommt.

Aysche zuckt nur die Achseln. Sie wird den Vater fragen. Dann winkt sie noch mal und geht weiter.

Ülkü hat es gut, braucht nicht mehr zum Koranunterricht, und sie braucht auch kein Kopftuch mehr zu tragen. Seit über einem Jahr nun schon. Ihr Vater, der bei einer türkischen Gastarbeiterzeitung arbeitet, hat es ihr erlaubt. Seitdem läuft Ülkü wie ein deutsches Mädchen herum. Sogar Jeans darf sie tragen. Die anderen Eltern regen sich darüber auf, aber Ülküs Vater sagt, es wäre normal, dass die meisten schimpfen – der eine schaffe es eben schneller und der andere brauche mehr Zeit dafür, mit den alten, von der Zeit längst überholten Sitten und Gebräuchen Schluss zu machen.

Frau Behrens schaut aus ihrem Zeitungskiosk auf die Straße hinaus, als sei das ihre Hauptbeschäftigung. Immer wieder geht der Kopf von links nach rechts und von rechts nach links. Dabei sitzt sie schon seit über zwölf Jahren in ihrem Kiosk und weiß alles, was in der Straße passiert. Trotzdem guckt sie, als wäre ihr alles noch ganz neu. Aysche aber sieht sie nicht, weil Aysche sich auf den Knien an den Kiosk herangeschlichen hat, um dann ganz plötzlich vor Frau Behrens in die Höhe zu schießen.

»Aysche! Mein Jott, haste mir verschreckt!« Frau Behrens greift sich an die Brust, als bekomme sie keine Luft mehr. Aber sie übertreibt nur. Sie sagt es selbst:

Berliner übertreiben immer, alles normal Übliche ist ihnen zu wenig.

Aysche verlangt Vaters beide Zeitungen, die türkische und die deutsche, bezahlt und guckt sich noch ein bisschen die Comics an.

»Dein Vater hat mir von Herrn Schmitt erzählt«, sagt Frau Behrens und seufzt. »Also – det is ja wirklich 'n Ding! Ausjerechnet der Cavit und der Kemal? Also nee, für die beeden leje ick meine Hand ins Feuer. Det gloob ick nie, dass die det jemacht haben.«

In der ersten Zeit hatte Aysche Schwierigkeiten, Frau Behrens zu verstehen. Zwischen Frau Behrens' Deutsch und dem, was sie in der Schule lernt, ist ein großer Unterschied. Doch inzwischen hat sie sich daran gewöhnt, die deutschen Jungen und Mädchen in der Schule sprechen ja nicht anders. Und Ülkü berlinert, wenn sie Deutsch spricht, auch schon ein bisschen.

»Sie waren es ja auch nicht«, sagt Aysche leise. »Aber Herr Schmitt glaubt ihnen das nicht.«

»Aach, wem gloobt der schon! Der glaubt sich ja selber nischt, so misstrauisch is der!« Frau Behrens lacht.

Aysche braucht einen Moment, bis sie den Scherz verstanden hat, dann lacht sie mit und verabschiedet sich.

Die Mutter sagt oft zum Vater, wenn alle Berliner wie Frau Behrens wären, könnte sie sich hier zu Hause fühlen. Sie sagt das immer dann, wenn sie dem Vater etwas Gutes sagen möchte. Doch dahinter steckt nur, dass eben nicht alle Berliner wie Frau Behrens sind und dass sich die Mutter deshalb in dieser ihr noch immer so fremden Stadt nicht zu Hause fühlt …

Bernd! Er ist aus dem Haus getreten, hat sie gesehen und gleich wieder kehrtgemacht.

»Bernd!« Sofort läuft Aysche ihm nach in den Hausflur hinein, erwischt ihn aber nicht mehr, hört ihn nur noch die Treppe hinaufstürzen. »Bernd!«, ruft sie noch mal. »Ich tu dir doch nichts.«

Da bleibt er endlich stehen. »Denkste etwa, ick hab Angst vor dir?«

Das denkt Aysche nicht. Sie denkt etwas ganz anderes: Wenn Bernd, obwohl er doch vor ihr keine Angst zu haben braucht, weggelaufen ist, dann nur deshalb, weil er ein schlechtes Gewissen hat. Wenn er aber ein schlechtes Gewissen hat, dann, weil er vorhin gelogen hat.

»Ich will nur mit dir reden«, ruft sie ins Treppenhaus hinauf.

Oben bleibt alles still.

»Bitte«, ruft Aysche. »Es ist wichtig.«

Doch im Treppenhaus bleibt weiter alles still, bis Bernd schließlich unwillig fragt: »Was willste mir denn sagen?«

»Das … das darf nicht jeder hören.«

Wieder ist eine Zeit lang alles still, dann steigt Bernd langsam die Treppe hinab, bis Aysche ihn sehen kann. Aber er kommt nicht zu ihr runter, sondern setzt sich in der Mitte des untersten Treppenabsatzes auf eine Stufe und fragt noch einmal: »Was willste denn nun?«

Zögernd steigt Aysche zu Bernd hoch und setzt sich neben ihn. »Warum hast du denn geschwindelt?«, fragt sie. »Warum hast du gesagt …«

Weiter kommt sie nicht. Sofort will Bernd wieder weg. Aber da sagt Aysche schnell: »Meine Brüder wollen sich an dir rächen«, – und da bleibt er wieder stehen und guckt sie misstrauisch an. »Warum sagste'n mir das?«

»Weil ich … weil ich nicht will, dass sie meinem Vater noch mehr Ärger machen.« Aysche hat erst sagen wollen, dass sie nicht will, dass Cavit und Kemal Bernd verprügeln, aber das will sie lieber nicht zugeben. Und das andere stimmt ja auch.

»Was haben se denn vor?« Neugierig setzt Bernd sich wieder hin.

»Das sage ich dir erst, wenn du mir sagst, warum du geschwindelt hast.« Es ist schön, dass es in der deutschen Sprache das Wort »Schwindeln« gibt, »Lügen« klingt immer so hart.

»Hab ja jar nich geschwindelt.«

Aysche seufzt wie eine Mutter. »Du tust es ja schon wieder.«

»Ick hab nich jeschwindelt! Jedenfalls nich richtig.«

»Und was ist die Wahrheit?«

Da, ganz vorsichtig, beginnt Bernd zu erzählen, wie seine Mutter ihn mit einem brandneuen Fünfzigmarkschein einkaufen geschickt und extra noch gesagt hat, dass sie leider kein kleineres Geld habe und er aufpassen solle. Und wie sein Vater zur Mutter gesagt hat, sie solle nicht so einen Wind machen, ihr Bernd sei ja kein kleines Kind mehr. Und wie er dann losgegangen ist und im Supermarkt den Fünfzigmarkschein, den er doch in seine Tasche gesteckt hatte, plötzlich nicht mehr fand. »Den janzen Weg bin ick abgeloofen, immer wieder hin und zurück, aber den Fuffzigmarkschein hab ick nich mehr gefunden. Den muss eener einjesteckt haben.«

»Und dann?«, fragt Aysche, als Bernd nicht mehr weiterspricht.

»Dann sind plötzlich deine beeden Brüder jekommen. Und die haben mich jejagt.«

Deshalb waren die beiden so außer Atem gewesen, als sie vor Vaters Geschäft anlangten! Weil Bernd solche Angst vor ihnen hat, haben sie sich einen Spaß erlaubt…

»Aber … sie haben dich doch nicht bestohlen?«

Bernd schüttelt den Kopf.

»Und warum hast du's dann gesagt?«

»Wat hätt ick denn sonst sagen sollen? Etwa, det ick doch noch 'n Baby bin?«

Jetzt versteht Aysche. »Aber warum ausgerechnet Cavit und Kemal?«, ruft sie laut. »Nur weil sie dich gejagt haben?«

»Sei doch still.« Gleich springt Bernd wieder auf und

blickt sich um. Und zittert nun richtig vor Scham. »Du trommelst ja det janze Haus zusammen.«

»Aber wie konntest du denn so was tun? Du hättest dir doch denken können …«

»Hab det ja jar nicht jewollt«, verteidigt sich Bernd. Und dann erzählt er, er habe nur gesagt, zwei türkische Jungen hätten ihn überfallen, weil er sich dachte, dass sein Vater ihm das am ehesten glauben würde. »Er sagt ja immer, den Türken is allet zuzutrauen. Und in der Zeitung stehen ooch immer sone Sachen … Aber ick hab nich gleich gesagt, dass det deine Brüder … hab nur gesagt, dass et zwee waren, die ick nich kenne. Aber det hat mir mein Vater nich jegloobt, und als er dann immer weiter jefragt hat … da … da hab ick daran jedacht, wie sie mir jejagt haben … und da hab ick jesagt, dass sie's waren.«

Vor Scham kann Bernd nicht weitersprechen und Aysche schämt sich auch: für Bernd, für Bernds Vater und seltsamerweise auch für sich selbst.

»Ick …«, will Bernd wieder anfangen, wird aber unterbrochen, denn in diesem Augenblick geht die Haustür auf – und Cavit und Kemal betreten den Hausflur. Als Cavits Augen sich an das Halbdunkel gewöhnt haben und er Aysche und Bernd auf der Treppe erkennt, rötet sich sein Gesicht vor Zorn. »Aysche!«, ruft er. »Komm sofort hierher!«

Schuldbewusst senkt Aysche den Blick und geht auf Cavit und Kemal zu, und Bernd nutzt die Gelegenheit, um die Treppe hinaufzulaufen. Cavit und Kemal laufen ihm nach, erwischen ihn aber nicht mehr. Deshalb ist Cavit, als er die Treppe wieder herunterkommt, noch zorniger als zuvor. »Mit einem Jungen allein im Treppenhaus«, schimpft er Aysche aus. »Mit einem Deutschen noch dazu. Und dann auch noch mit diesem Lügner …«

Aysche verteidigt sich nicht. Cavit hat Recht: Was sie getan hat, darf ein Mädchen nicht tun.

»Du hast ihn gewarnt«, schimpft auch Kemal. »Du hast ihm alles gesagt.«

Das stimmt nicht, Aysche hatte ja gar keine Gelegenheit mehr, Bernd zu warnen. Wenn die Brüder nicht gekommen wären, hätte sie es aber getan. Das weiß sie ganz genau.

Cavit und Kemal haben den Eltern nichts davon gesagt, dass sie Aysche mit Bernd im Hausflur getroffen haben. Aysche ist den Brüdern dankbar dafür und gibt ihnen von ihrem Essen ab. Die besten Stücke sortiert sie aus und Cavit und Kemal nehmen sie an – ein Zeichen dafür, dass sie auch weiterhin nichts sagen werden.

Der Vater ist sehr still; er denkt an die Schulden, die er gemacht hat, um den Laden eröffnen zu können. Wenn weiterhin so wenig Leute kommen, wird er den Laden schließen und wieder in eine Fabrik oder auf den Bau gehen müssen, um die Familie ernähren und die Schulden bezahlen zu können. »Die Konserven und

Getränke werden ja nicht schlecht«, sagt er jetzt. »Aber das Obst, das Gemüse, der Käse? Und ich will ja auch Fische und Frischfleisch übernehmen. Ohne Fisch und ohne Fleisch kann ich mich auf die Dauer nicht halten. Wenn aber so wenige Kunden kommen, geht das nicht.«

Die Mutter wagt es nicht, dem Vater einen Rat zu geben. Sie war von Anfang an gegen den Laden, hätte es lieber gesehen, wenn der Vater weiter als Arbeiter sein Geld verdient und so lange gespart hätte, bis sie an eine Heimkehr denken konnten. Ein Laden zu Hause, das hätte ihr gefallen. Aber hier, in dieser Stadt, wo sie ja doch immer eine Fremde bleiben wird?

Der Vater erzählt von Herrn Schmitt und dem Fünfzigmarkschein. »Warum kommen sie uns nicht entgegen, wenn wir ihnen entgegenkommen?«, fragt er. »Warum denken sie Schlechtes über uns?«

Die Mutter antwortet wieder nichts und der Vater hat auch keine Antwort erwartet. Er ist es gewohnt, mit allem allein fertig zu werden.

Doch dann, als die Mutter gerade das Geschirr abräumt, klingelt es an der Wohnungstür. Der Vater geht hin und öffnet und ist von dem Besuch so überrascht, dass er unwillkürlich einen Schritt zurück macht: Herr Schmitt steht in der Tür! Und er hält einen Fünfzigmarkschein in der Hand.

Verlegen guckt der große, kräftige Mann den Vater an. »Hier«, sagt er und hält dem Vater den Geldschein hin. »Es ... es tut mir Leid ... Mein Sohn hat mir alles gestanden, er ... er hat gelogen. Er ist ein bisschen schwierig, wissen Sie.«

Der Vater guckt den Geldschein an, nimmt ihn aber nicht gleich, sondern öffnet die Tür noch ein Stück weiter. »Aber bitte, kommen Sie doch herein«, sagt er auf Deutsch. »Reden wir über alles.«

»Reden?«, fragt Herr Schmitt verblüfft. »Was gibt's denn da noch zu reden? Mein Sohn hat Mist gebaut und wird von mir entsprechend bestraft werden. Es tut mir Leid, dass er das getan hat, aber zu reden gibt's da nichts mehr.«

Er hält den Geldschein noch immer in der Hand, und das ist ihm unangenehm.

Lächelnd nimmt der Vater den Geldschein. »Gut! Aber dann sollten wir wenigstens einen Versöhnungsschluck trinken.«

»Hab leider keine Zeit.« Herr Schmitt ist froh, dass er endlich den Geldschein losgeworden ist. »Muss weg ... Zum Fußball ... Hertha BSC, verstehen Sie ...«

»Ein anderes Mal vielleicht?« Noch immer so freundlich hält der Vater Herrn Schmitt die Hand hin.

Doch Herr Schmitt übersieht sie – und lächelt nun plötzlich auch. »Das wird wohl nicht klappen. Wir ziehen nämlich hier weg. Wissen Sie, das ist ja schon lange nicht mehr unsere Gegend ... ist hier ja längst nicht mehr, wie's mal war.«

»Ach so!« Der Vater zieht seine Hand weg. »Dann

wünsche ich Ihnen viel Glück – in Ihrer neuen Umgebung.«

Herr Schmitt nickt nur kurz, dann steigt er die Treppe wieder hinab. Der Vater schließt die Tür und kommt in die Küche zurück. »Ihre Gegend!«, sagt er bitter. »Als ob's hier früher schöner war. Das war doch schon immer eine Arbeitergegend. Sehr arme und sehr einfache Leute haben hier gewohnt; wieso sind wir schlechter?«

Es ist Nacht. Aysche liegt in ihrem Bett und kann nicht schlafen. Was Herr Schmitt gesagt hat, hat nicht nur sie, es hat die ganze Familie traurig gemacht. Der Vater hat gesagt, er möchte gar nicht in einer reinen Türkengegend leben. Er möchte mit den Deutschen zusammenleben und nicht gegen sie. Aber wenn alle Deutschen hier wegziehen, dann wird es um den Mariannenplatz herum wirklich zu einem Klein-Istanbul, wie manche Deutschen diesen Teil der Stadt jetzt schon nennen.

Sind die Deutschen so sehr anders? Worin unterscheiden sich Deutsche und Türken denn? In der Haarfarbe? Es gibt auch blonde Türken. Und es gibt dunkelhaarige Deutsche. Deutsche Mädchen tragen keine Kopftücher, aber Ülkü trägt auch keines mehr …

Die Sprache? Die kann man lernen, wie der Vater immer sagt.

In vielem sind Deutsche und Türken sich doch auch sehr ähnlich. Zum Beispiel, wenn es um Jörg und Biene geht. Da schimpft Frau Genthin genauso wie die Mutter. Und sie schimpfen auf dasselbe, nämlich darauf, dass Jörg und Biene nicht verheiratet sind und trotzdem zusammenleben. Und darauf, dass sie immer so laut Musik hören.

Aber Aysche hat noch einen anderen Grund, traurig zu sein: Bernd. Wenn Herr Schmitt hier wegzieht, wird sie ja auch Bernd nicht wieder sehen … Deshalb muss sie ihm am Montag in der Schule unbedingt sagen, wie sehr es sie freut, dass er seinem Vater doch noch die Wahrheit gesagt hat …

Es ist schade, dass Bernd wegzieht. Aber ändern kann niemand was daran. Außer Herrn Schmitt. Und der will nicht.

1974
Im 31. Stock

Gewitterschwüle liegt in der Luft. Warmer Wind fegt durch die Hochhäuserblocks, wirbelt Papierfetzen auf, treibt sie durch die Straßen. Eine leere Bierdose kollert über den Damm und bleibt im Rinnstein liegen. Ein Mann führt seinen Hund Gassi, das Schild *Den Rasen nicht betreten* stört ihn nicht. Mitten auf dem Rasen hockt der Hund sich hin und kackt und der Mann schaut zu den Wolken hoch. Bald wird es regnen, er will vorher zurück sein.

Harry sieht das alles – und sieht es nicht. Er geht durch die Straßen, als wäre er gar nicht richtig da. Und als Frau Grünewald, die Nachbarin, an ihm vorübergeht und verwundert guckt, weil er nicht grüßt, schaut er stur an ihr vorbei: In seiner Mappe steckt das Zeugnis. Er ist – trotz allem! – sitzen geblieben. Herr Pätzold hat ihn gelobt, hat gesagt, was er in den letzten Wochen geleistet hätte, wäre schon toll, es hätte nur leider nicht mehr gereicht, wäre einfach zu spät gewesen – und dann hatte er ihm das Zeugnis überreicht.

Er hatte sich die Noten gar nicht erst angeguckt, hatte nur immer den Satz gelesen *Harry hat das Klassenziel nicht erreicht*, bis es ihm vor den Augen zu flimmern begann. Und dieses Flimmern ist noch immer in ihm.

Er geht um eines der Hochhäuser herum, überquert einen Kinderspielplatz voller kleiner Krümel, die mit Eimer und Schippe im Sandkasten Burgen bauen, und geht geradewegs auf das Haus Nr. 17 zu. Vorsichtig drückt er auf den Knopf unter dem Namen *J. Schuster* – Vaters Name.

»Ja?« Mutters Stimme in der Sprechanlage.

Schnell macht Harry ein paar Schritte zurück. Ihm ist fast so, als ob sie ihn durch die Sprechanlage sehen könnte.

»Hallo? Wer ist denn da?«

Er antwortet nicht, hält sich dicht an der Häuserwand und schlägt den Weg zum Abenteuerspielplatz ein.

Solange Mutter zu Hause ist, wird er nicht heimgehen. Er hat nur geklingelt, um zu erfahren, ob sie noch da ist. Der Unterricht war heute früher zu Ende, deshalb hatte er sich das schon gedacht. Aber sie muss bald gehen, um elf Uhr öffnet *Der schiefe Anton*, die Gaststätte, in der sie Serviererin ist.

Der Abenteuerspielplatz ist leer wie immer. Harry betritt die Blockhütte, in der es nach Hundekot und Urin stinkt, setzt sich gleich rechts neben der Tür auf die Bank und späht vorsichtig hinaus. Er will hier drinnen nicht überrascht werden.

Es ist niemand zu sehen, der ihn beobachten könnte, aber das hat nichts zu sagen. Die Hochhäuser haben so viele Fenster, er kann nicht alle überblicken.

Mit zitternden Händen öffnet er seine Mappe und nimmt das Zeugnis heraus. Es ist wie ein Zwang, er muss es sich immer wieder ansehen.

... hat das Klassenziel nicht erreicht. Was bedeutet das? Dass er dümmer ist als andere? Aber es sagen doch alle, er sei nicht dumm. Vor ein paar Monaten, als der blaue Brief kam, der eigentlich gar nicht blau, sondern weiß war, meinten alle, er könne es noch schaffen. Auch Herr Pätzold. Und besonders Vater. »Wo ein Wille ist, ist auch ein Weg«, hatte er gesagt und hinzugefügt, es läge nicht an seinem Grips, sondern ganz allein an seiner Lustlosigkeit, ewigen Müdigkeit und Faulheit.

Es stimmt, er hat keinen Bock auf die Schule, ist ewig müde. In der Grundschule war er noch gut, da bedeutete für ihn eine Drei schon eine schlechte Note, jetzt, in der Realschule, ist das anders. Er bekommt einfach nicht mehr mit, was da vorne geredet und geschrieben wird, und irgendwann verlor er die Lust. Und mit der verlorenen Lust kam die Müdigkeit. Seit neuestem möchte er am liebsten immer nur schlafen.

Mit seinem Lob wollte Herr Pätzold ihn nur trösten. Es hätte auch nicht gereicht, wenn er früher mit dem Lernen angefangen hätte. Herr Pätzold weiß das – und Harry weiß es auch. Herr Pätzold denkt, wenn er ihm Mut macht, lernt er besser. Und bei manch einem klappt das ja auch. Marco Hinz zum Beispiel, den hat Herr Pätzold richtig »gesundgebetet«, wie er das selber mal genannt hat. Ihn kann niemand »gesundbeten«, seine »Krankheit« ist schlimmer. Vater wird Augen machen, wenn er das Zeugnis sieht. Er hat fest damit gerechnet, dass er es doch noch schafft. Aber er wird nicht schimpfen, toben oder schreien wie Atze Wenzels Vater voriges Jahr, und er wird auch nicht schlagen. Er wird ihn nur angucken, enttäuscht und traurig – und das ist viel schlimmer als Schreien, schlimmer als Schläge.

Vater meint es gut mit ihm, will, dass er mal einen schönen Beruf bekommt und nicht wie er sein Leben lang in einer Werkhalle hocken und von morgens bis abends immer die gleichen Handgriffe tun muss. Er soll rauskommen aus diesem Furunkel von Stadtteil, wie Vater die Gropiusstadt immer nennt. »Wenn du einen guten Beruf hast und gutes Geld verdienst, kannst du dir eine Wohnung im Grünen leisten«, hat er erst vorige Woche wieder gesagt und richtig zu schwärmen begonnen: »Vielleicht kaufst du dir eines Tages sogar ein Reihenhäuschen. Wenn nicht in Berlin, dann eben irgendwo in Westdeutschland. Leute, die einen guten Beruf haben und was von ihrem Fach verstehen, werden immer und überall gesucht.« Aber er hat auch gesagt: »Das klappt natürlich nur, wenn du gute Zeugnisse nach Hause bringst. Die besten Lehrstellen kriegen die mit Köpfchen – die anderen sind von vornherein Absteiger.«

Harry lehnt den Kopf an die Holzstämme der Blockhütte und schließt die Augen. Er hat kein Köpfchen, er ist so ein Absteiger; das Zeugnis beweist es. Und das ist für Vater noch viel schlimmer als für ihn.

Die ersten Regentropfen fallen. Breit und beinahe wuchtig klatschen sie aufs Pflaster nieder. Die Kinder, die vor den Häusern spielten, haben sich unter die Vordächer der Haustüren zurückgezogen und freuen sich über den Regen. Einige besonders Wagemutige springen immer wieder unter dem schützenden Vordach hervor, um sich die dicken Tropfen auf den Kopf klatschen zu lassen. Die anderen johlen jedes Mal vor Begeisterung.

Dass Harry sich trotz des Regens nicht beeilt, finden die Kinder komisch. Sie glauben, dass er absichtlich nass werden will, und klatschen Beifall. Harry kümmert sich nicht darum, geht über den nun leeren Kinderspielplatz, als bemerke er den Regen überhaupt nicht. Erst als er wieder vor der Gegensprechanlage steht, wischt er sich mit dem Arm mal kurz übers Gesicht, bevor er den Klingelknopf drückt.

Mutter meldet sich nicht mehr, ist also zur Arbeit. Er schließt die Tür auf, holt sich einen Fahrstuhl und besteigt ihn. Dann drückt er die *31* und lehnt sich, während der Fahrstuhl sich nach oben bewegt, an die voll gekritzelte Kabinenwand. Er hat nun erst mal Zeit gewonnen, Vater kommt erst gegen sechs und Mutter sogar erst gegen sieben Uhr abends nach Hause. Bis dahin kann er sich was überlegen.

In der Wohnung ist alles still, viel stiller als sonst. Jedenfalls erscheint es Harry so. Er wirft seine Mappe in die Ecke, dass es kracht, und pfeift laut vor sich hin; will die Wohnung mit Leben erfüllen. Aber dieses schrille Pfeifen verstärkt das Gefühl der Stille um ihn herum nur noch. Er spricht ein paar Worte, redet mit sich selbst, versucht sogar, laut zu lachen, doch damit erreicht er nur, dass die Beklemmung noch wächst. Rasch geht er in sein Zimmer, stellt das Radio an, öffnet das Fenster und schaut hinaus.

Die von der Straße aus schwarz wirkenden Wolken sehen hier oben nur noch dunkelgrau aus. Aber dafür sind sie näher und wirken gefährlicher. Die niedrigeren Häuser ducken sich und kriechen zusammen.

Damals, vor sechs Jahren, als sie hier einzogen, war er stolz darauf, in einem einunddreißig Stockwerke hohen Haus und dann auch noch so hoch oben zu wohnen. Er hatte vor den anderen Kindern sogar damit angegeben. Jedenfalls erzählt die Mutter das so, er selbst kann sich nicht mehr daran erinnern. Aber die Mutter sagt das jedes Mal mit einem bitteren Unterton, denn auch der Vater und sie hatten sich gefreut, aus dem grauen Moabiter Hinterhaus herauszukommen. Damals wussten sie ja noch nicht, wie es sich in und über einer Betonwüste lebt ... Und vor allem, wie es hier oben ist, wenn ein Gewitter aufzieht.

Er wird das erste richtige Gewitter in der neuen Wohnung nie vergessen. Es war ein halbes Jahr, nachdem sie hier eingezogen waren, mitten in der Nacht. Es krachte so laut, dass er vor Angst schrie. Und dann die Blitze! Sie zuckten am Fenster vorbei, als suchten sie nur einen Weg, um in sein Bett einzuschlagen. Die Mutter kam und beruhigte ihn. Und der Vater erzählte von einem Blitzableiter auf dem Dach und sagte, dass niemand solche Häuser bauen würde, wenn es gefährlich wäre. Er wusste, dass der Vater Recht hatte, aber er fürchtete sich trotzdem; jedes Gewitter erschreckte ihn neu.

Aber er hat auch schöne Abende in diesem Zimmer erlebt, Sommerabende, in denen er Flugzeuge in die Stadt reinschweben sah. Mit seiner Taschenlampe in der Hand stand er am offenen Fenster und gab den Lichtern am Abendhimmel Morsezeichen. Die Eltern saßen vor dem Fernseher und dachten, er schliefe längst, er aber morste und morste und bildete sich ein, der Pilot könne ihn sehen …

Der Regen wird immer heftiger und auch der Sturm lässt nicht nach, fährt in die Bäume, die von hier oben wie Sträucher aussehen, und zaust sie. Harry schließt das Fenster und kniet sich vor dem Radio hin, sucht einen anderen Sender, irgendeinen, wo Musik ist; Musik, die ihn aufheitert. Doch er findet nichts Passendes. Je rhythmischer oder lustiger die Musik, desto stärker empfindet er die Trauer, die in ihm ist.

Kurz entschlossen stellt er das Radio wieder ab und

empfindet dabei sogar eine gewisse Genugtuung: Er hat ein lustiges Lied mittendrin abgebrochen; es ist einfach nicht mehr da.

In der Küche ist ebenfalls alles still. Sie ist so sauber und aufgeräumt wie immer, wenn er nach Hause kommt. Jeden Tag, bevor Mutter zur Arbeit geht, bringt sie sie noch auf Vordermann. Ob sie das nur für ihn tut? Wenn sie abends nach Hause kommt, ist die Küche ja längst nicht mehr so picobello in Ordnung.

Kartoffelsuppe! Die soll er sich nachher warm machen. Aber ein Zettel ist nicht dabei. Sonst klemmt Mutter immer einen Zettel zwischen Topf und Deckel, einen Zettel mit einem Gruß und der Bitte, irgendwas für sie zu erledigen.

Ob sie vielleicht sogar vergessen hat, dass es heute Zeugnisse gab?

Das kann nicht sein, sie hat seit Tagen Angst ... Vor allem wegen Vater, sie möchte so gern, dass Vater mit ihm zufrieden ist.

Die Unruhe in Harry nimmt zu. Er läuft in sein Zimmer zurück, dreht erneut am Radio und wirft sich, als er außer Nachrichten nichts findet, aufs Bett.

Absteiger! Das klingt nach Fußballtabelle und nicht gut genug sein. Für Vater jedenfalls wird er von heute an endgültig ein Absteiger sein. Und er ist ja auch einer. Die anderen steigen in die Achte auf, er bleibt in der Siebenten ...

Bestimmt wünscht Vater sich heimlich einen anderen

Sohn, einen, der besser lernt, einen, der hier mal rauskommt, einen, auf den er stolz sein kann.

Die Nachrichen sind vorüber. Der Sprecher gibt noch mal eine Unwetterwarnung durch, dann meldet sich eine fröhliche Stimme, die einen Song der Gruppe ABBA ankündigt. Harry kennt das Lied. Es heißt »Money, money« und es geht darin um Geld.

Eigentlich geht es immer und überall ums Geld. Wer heute nicht mindestens seine zweieinhalbtausend Mark verdient, hat's schwer, hat Vater erst vorige Woche wieder gesagt. Und er meinte damit sein Einkommen, denn genau das verdient er in einem Monat – allerdings nur mit Überstunden. Und wenn Mutter nicht hinzuverdienen würde, wären auch die zweieinhalbtausend zu wenig.

Vater ärgert es, dass Mutter hinzuverdienen muss. Immer wenn das Gespräch darauf kommt, sagt er, dass er mehr verdienen würde, wenn er in seiner Jugend einen richtigen Beruf erlernt hätte. Und er sagt, dass er in der Schule ziemlich gut war und nur deshalb keinen Beruf erlernen konnte, weil er seine kranke Mutter ernähren musste. Sein Vater war im Krieg gefallen. Heute hätten es die Jugendlichen viel einfacher, komischerweise aber hätten die meisten von ihnen keine Lust, was aus sich zu machen.

Wenn Vater das sagt, denkt er an Heinz, Onkel Hans' Sohn. Heinz hat seine Lehrstelle aufgegeben, weil er sich von niemandem dumm kommen lassen will. Sein

Meister aber wäre ihm dumm gekommen, hat er erzählt. Danach arbeitete er eine Zeit lang als Hilfsarbeiter, bis er auch das aufgab. »Für die paar Kröten ackere ich doch nicht wie so 'n Verrückter«, hat er gesagt. Und seitdem arbeitet er gar nicht mehr.

Vater sagt, Onkel Hans ist selber schuld, wenn Heinz ihm immer noch auf der Tasche liegt; er hätte ihn falsch erzogen.

Und wenn er, Harry, keine Lehrstelle kriegt, wird er Vater auch auf der Tasche liegen. Und dann wird Onkel Hans vielleicht auch sagen, dass Vater ihn falsch erzogen hat. Und Vater wird sich schämen …

Am besten, er wäre tot. Dann wäre das Zeugnis nicht mehr so schlimm, dann würden die Eltern um ihn weinen, anstatt sich für ihn zu schämen. Und dann würde er Vater später auch nicht mehr auf der Tasche liegen und Onkel Hans könnte dem Vater nichts vorwerfen …

Neulich im Fernsehen hat eine Frau sich umgebracht. Sie hat erst viel Schnaps getrunken und hinterher Schlaftabletten geschluckt …

Mutter hat auch Schlaftabletten. Sie kann sonst öfter überhaupt nicht einschlafen. Und Vater hat Schnaps!

Harry springt auf und geht ins Badezimmer, öffnet die Tür zum Sanitätsschränkchen und nimmt eine Packung nach der anderen heraus.

Da! Die blauweiße Packung ist es. Es steht ja auch drauf: Bei Schlafstörungen und Unruhezuständen.

Und damit kann man sich umbringen? Sicher nur,

wenn man sehr viel davon nimmt. Aber Mutter hat noch eine zweite Packung. Wenn er die alle nimmt, dann reicht es bestimmt, dann schläft er einfach ein und ist weg. Mutter hat mal gesagt, tot sein ist nichts weiter als schlafen …

Der Schnaps steht im Wohnzimmer, in Vaters kleiner Bar. Jeden Abend, wenn er vor dem Fernseher sitzt, öffnet er die Bar. Oder wenn Onkel Hans und Tante Trude kommen.

Harry studiert die Etiketten der Flasche. Einen Schnaps gibt es, der schmeckt sogar ihm, es ist eine Flasche mit einer Aprikose auf dem Etikett.

Hier! Da ist er.

Soll er erst die Tabletten nehmen und dann den Schnaps? Oder umgekehrt? Umgekehrt ist sicher besser, Vater sagt immer: »Schnaps macht Mut.« Auch wenn das nur ein Scherz sein soll, an seinem Geburtstag, als er einen von diesen Aprikosenschnäpsen trinken durfte, hat er es selbst gemerkt: Hinterher war er ganz lustig und die Erwachsenen lachten über ihn.

Harry nimmt ein Glas aus dem Schrank und füllt es voll, setzt es an den Mund und trinkt es aus.

Der Schnaps schmeckt schärfer, als er es in Erinnerung hat, und er brennt im Hals. Trotzdem trinkt er sofort noch ein zweites Glas. Es soll ihm ja leichter werden.

Der zweite Schnaps macht ihn warm, aber noch nicht leicht genug. Harry trinkt noch einen, obwohl ihm nun schon ganz komisch ist, dann überlegt er: Er muss den Eltern noch was hinlegen, irgendwas, das sie sofort sehen, wenn sie kommen ...

Das Zeugnis! Er wird ihnen das Zeugnis hinlegen. Und dann ... dann wird er es tun.

Er hetzt in den Flur, zieht das Zeugnis aus der Mappe und legt es auf den Küchentisch. Dann läuft er ins Wohnzimmer zurück, öffnet eines der blauweißen Päckchen und drückt ein paar Tabletten aus der Folie.

Wasser! Er braucht Wasser! Ohne Wasser bekommt er sie nicht runter. Harry läuft ein zweites Mal in die Küche, lässt ein großes Glas voll Wasser laufen und rennt damit in die Wohnstube zurück.

Er muss sich beeilen, darf nicht lange nachdenken, sonst kriegt er Angst ...

Nacheinander schluckt er drei Tabletten, trinkt jedes Mal Wasser nach – und kann dann plötzlich nicht mehr. Er hat Angst, eine Angst, die ihm die Kehle zuschnürt.

Er muss noch mehr Schnaps trinken. Harry setzt die Flasche an, trinkt hastig, muss husten, hustet vieles wieder aus. Aber dann trinkt er weiter, nimmt die vierte Tablette und spült sie mit Wasser herunter. Und noch eine, die fünfte. Und die sechste. Und Wasser nach und wieder Schnaps. Und immer so weiter: Tablette – Wasser – Schnaps. Bis ihm heiß wird, immer heißer – und dann so schlecht, dass er ins Bad laufen muss, um sich zu übergeben.

Es schmeckt ekelhaft, was da aus ihm herauskommt.

Von dem Geschmack wird ihm noch schlechter, er muss wieder brechen. Danach sinkt er vor der Kloschüssel zusammen.

Muss er jetzt sterben? Oder passiert gar nichts, weil er alles wieder ausgebrochen hat?

Aber alles kann nicht raus sein, sein Kopf ist ganz benebelt ... Vorsichtig steht Harry auf, tastet sich an den Wänden entlang in sein Zimmer, steigt auf sein Bett und reißt das Fenster auf. Und dann schreit er: »Hilfe! Hilfe!«

Doch auf der Straße ist niemand zu sehen, der Regen hat alle vertrieben. Und es regnet immer noch, rauscht vom Himmel herab, als falle ein Vorhang auf die Welt hernieder, einer, der alles zudecken will ... Harry ruft noch ein paar Mal, dann lässt er sich auf sein Bett sinken und beginnt hemmungslos zu weinen.

Die beiden Männer in den weißen Kitteln schieben die Trage mit Harry in den Rettungswagen, und die Ärztin fordert Frau Schuster auf, sich neben Harry zu setzen, während sie sich an das Fußende der Trage setzt. Frau Schuster gehorcht. Noch immer fassungslos, setzt sie sich auf den Stuhl neben der Trage und guckt Harry still ins Gesicht.

»Er hat ja das meiste gleich wieder ausgebrochen«, tröstet die Ärztin, als der Wagen sich in Bewegung gesetzt hat und immer schneller durch die nass glänzenden Straßen fährt. »Was er jetzt noch in sich hat, das holen wir schnell wieder raus. Sie haben ihn ja Gott sei Dank noch rechtzeitig gefunden.«

Frau Schuster zieht ihr Taschentuch heraus und wischt sich die Augen.

»Ist er sitzen geblieben?«

Frau Schuster schnäuzt sich und nickt.

Die Ärztin befühlt Harrys Puls und sieht Frau Schuster ernst an. »Was Ihr Harry getan hat, ist leider kein Einzelfall. So was passiert immer wieder. Im Rundfunk haben sie heute sogar eine Telefonnummer durchgesagt, die Kinder wählen sollen, wenn sie Angst haben, ihren Eltern die Zeugnisse zu zeigen.«

Verständnislos schüttelt Frau Schuster den Kopf: »Aber warum hat er denn Angst gehabt? Wir haben es doch nur gut mit ihm gemeint.«

Die Ärztin jedoch hat nur noch Augen für Harry und da sagt auch Frau Schuster nichts mehr.

1981
Brief für Benno

»Nehmt ihm die Decke auch noch mit«, sagt Mutter. Und sie seufzt dabei, als wollte sie sagen: Obwohl ich's ja nicht einsehe, wo er es doch bei uns viel besser haben könnte.

Mark nimmt die Decke, rollt sie zusammen und verschnürt sie mit Strippe zu einem Paket. Petra hilft ihm. Es ist seltsam: Sie haben nun ein richtig schlechtes Gewissen. Danach, als sie mit all ihren Tüten und Paketen an der Tür stehen, kommt die Mutter noch mal und drückt Mark einen Hundertmarkschein in die Hand. »Gib ihm den. Er wird ihn brauchen können. Aber steck ihn gut weg.«

Mark geht ins Kinderzimmer und holt sich seinen Brustbeutel. In den steckt er den Geldschein. Dann schiebt er Petra, die von dem großen Schein ganz beeindruckt ist, durch die Tür.

Erst im Treppenhaus verlässt sie das schlechte Gewissen ein wenig. »Sie hätte ja mitkommen können«, sagt Mark.

Ja, Mutter hätte mitkommen können, das findet Petra auch. Sie weiß ja jetzt, wo Benno wohnt, und sie haben ihr erzählt, dass seine Freunde alle ziemlich in Ordnung sind – bis auf diesen Jo vielleicht, der immer gleich so wütend wird. Aber Mutter hat gesagt, keine zehn Pferde würden sie zu diesen Punkern bekommen. Dabei laufen von Bennos Freunden nur zwei als Punker herum. Und das dürfen sie auch, wenn es ihnen Spaß macht, hat Benno gesagt.

Vor der Haustür bleibt Petra stehen. »Hast du die Schallplatten nicht vergessen?«

Mark hat Bennos Schallplatten nicht vergessen, hat alles eingepackt, was Benno ihm vor drei Tagen, als sie das letzte Mal bei ihm waren, aufgeschrieben hat, und den Zettel hinterher sogar noch mal kontrolliert.

Petra glaubt Mark nicht so richtig. Sie weiß, wie schusslig er oft ist. Aber jetzt können sie nicht noch einmal alles auspacken, deshalb ziehen sie los, durch den hellen, schönen Frühlingsnachmittag in Richtung U-Bahn-Station.

Am Halleschen Tor verlassen Mark und Petra die U-Bahn. Den Rest des Weges müssen sie zu Fuß gehen. Ein paar Straßen geradeaus, dann die zweite links, die erste rechts, und schon können sie das Haus sehen, in dem Benno seit ein paar Wochen wohnt. Die Jungen und Mädchen, die das lange Zeit leer stehende Haus besetzt halten, haben es bunt angemalt und quer unter die obersten beiden Fenster ein rotes Spruchband mit weißer Aufschrift gehängt. *Lieber instandbesetzen als kaputtbesitzen* steht drauf. Benno hat ihnen mal erklärt, was das bedeuten soll: Der Mann, dem das Mietshaus gehört, lebt irgendwo in Westdeutschland. Er kümmert sich nicht um das Haus, lässt nichts in Ordnung bringen, will es gar nicht mehr vermieten. Er hofft darauf, dass in dieser Gegend eines Tages neue Häuser gebaut werden und man ihm das Grundstück, auf dem sein Haus steht, abkauft, weil er dann viel Geld dafür kassieren kann. Benno sagt, das sei ein Unrecht, denn es gäbe nicht genug billige Wohnungen, und Wohnungen wären für Menschen dasselbe wie Brot – etwas, das man zum Leben unbedingt braucht.

Benno hat auch mit den Eltern so geredet, deshalb gab es in der letzten Zeit oft Zank und Streit zu Hause. Besonders Vater konnte nicht verstehen, wie man einfach in ein Haus einziehen kann, das einem nicht gehört und das man nicht gemietet hat. Er sagte, man könne kein Unrecht beseitigen, indem man ein anderes begeht. Deshalb redete er mit Benno, immer wieder. Er versuchte, Benno den Umzug in dieses Haus auszureden.

Aber es half nichts. Als er eines Abends von der Arbeit nach Hause kam, war Benno weg.

»Warte mal!« Mark stellt seine Taschen ab und hält Petra fest. »Hier sieht's ja heute ganz anders aus.«

Und da sieht Petra es auch: Das rote Spruchband ist verschwunden, die sonst weit offenen Fenster sind geschlossen und vor dem Haus stehen mehrere Polizeiautos. »Ob sie das Haus geräumt haben?«, fragt sie erschrocken.

»Aber dann hätte Benno uns doch Bescheid gesagt.«

»Und wenn es gerade erst passiert ist und sie es vorher nicht wussten?«

»Und wenn! Und wenn!«, äfft Mark sie nach – und sieht wieder die Bilder aus dem Fernsehen vor sich. Es ist noch gar nicht lange her, da zeigten sie in der Abendschau, wie ein besetztes Haus geräumt wurde. Zuerst sah man nur Polizeiautos, dann wurden Türen eingetreten und Leute auf die Straße getragen. Und manche der Hausbesetzer waren verletzt, bluteten sogar … Petra und er konnten in der Nacht darauf lange nicht einschlafen. Sie lagen wach und dachten darüber nach, wie ihnen wohl zumute wäre, wenn Benno so etwas passieren würde. Und jetzt sieht es so aus, als wäre hier genau das Gleiche geschehen …

Mark macht ein entschlossenes Gesicht. »Wir gehen trotzdem hin. Es ist ja nicht verboten, seinen Bruder zu besuchen.« Aber je näher sie dem Haus kommen, desto langsamer werden sie und desto näher rückt Petra an Mark heran: Vor der Haustür stehen zwei Polizisten.

»Und was machen wir nun?«, fragt Petra flüsternd.

»Weitergehen«, sagt Mark – und damit tritt er schon vor die beiden Polizisten hin, die friedlich die Sonne genießen und sich über das neue Auto unterhalten, das sich der ältere der beiden kaufen will. Schließlich unterbrechen sie ihr Gespräch.

»Na?«, fragt der jüngere der beiden, ein rotblonder Mann mit einer Menge Sommersprossen im Gesicht. »Wo wollt ihr denn hin?«

Mark tut, als hätte er die Frage nicht gehört. »Darf man hier nicht mehr rein?«

»Nein«, sagt der sommersprossige Polizist. »Vorläufig darf man hier nicht mehr rein.«

»Aber wir wollen zu unserem Bruder. Der wohnt hier.«

»In diesem Haus wohnt niemand mehr.« Der ältere Polizist guckt Mark aufmerksam an. »Wie heißt denn dein Bruder?«

»Nicht«, flüstert Petra, »sag ihm nicht den Namen«, doch Mark hat schon »Benno« gesagt.

»Und weiter?«, fragt der ältere Polizist und lächelt über Petra, weil er ihre Worte mitbekam.

»Schulz«, antwortet Mark – und dreht sich zu Petra um und zischt: »Den Namen kriegen sie doch sowieso raus. Und Benno hat ja auch gar nichts Schlechtes getan.«

»Genau«, sagt der Sommersprossige, der sich den Namen Benno Schulz gleich notiert hat.

»Und warum haben Sie ihn ins Gefängnis gesteckt, wenn er nichts getan hat?«, entfährt es Petra.

»Wer sagt denn, dass dein Bruder im Gefängnis ist?«, fragt der Sommersprossige zurück.

»Wo soll er denn sonst sein?«, fragt Mark. »Sie haben das Haus doch geräumt, oder?«

»Guck an, guck an!«, freut sich jetzt der Sommersprossige. »Ihr seid also doch nicht so ganz von gestern.«

Und dann weist er auf die Tüten und Pakete. »Wolltet ihr das eurem Bruder bringen?«

»Ja«, antworten Mark und Petra wie aus einem Mund.

»Tja!« Der ältere Polizist kratzt sich den Hinterkopf. »Da kommt ihr leider zu spät. Vor einer Stunde haben wir den Laden geräumt … Aber wir haben sie oft genug gewarnt.«

»Gab's Verletzte?«, will Petra wissen.

»Ein paar haben sich stur gestellt.« Der Sommersprossige zuckt die Achseln. »Die mussten wir raustragen, andere sind von selbst gegangen. Aber richtig schlimm hat's keinen erwischt.«

»Und lassen Sie Benno bald wieder frei?«

»Keine Ahnung.« Der ältere Polizist macht eine vage Handbewegung. »Darüber entscheiden nicht wir, darüber entscheidet der Haftrichter.«

Als die Mutter die Tür öffnet, weiß sie gleich, was geschehen ist. »Das musste ja so kommen«, sagt sie und blickt die Tüten und Pakete, die Mark und Petra in die Küche tragen, so hilflos an, als wisse sie nicht, was sie nun damit anfangen solle. Erst als Mark auch den Hundertmarkschein auf den Küchentisch legt, fragt sie: »Ist ihm was passiert? Habt ihr was gehört?«

Mit stockender Stimme erzählt Mark, was die beiden Polizisten gesagt haben. Mutter trinkt währenddessen wie automatisch von dem Kaffee, den sie sich gerade aufgebrüht hat. Als Mark dann fertig ist und sie abwartend anguckt, sagt sie erst einmal nichts.

»Was passiert denn nun mit Benno?«, drängt Petra. »Wie lange behalten sie ihn da?«

»Wenn ich das wüsste …« Mutter zuckt die Achseln. »Das ist sicher von Fall zu Fall ganz unterschiedlich … je nachdem, was einer sich hat zuschulden kommen lassen.«

»Aber Benno hat doch niemandem was getan.« Petra muss nun doch heulen. Sie findet das alles sehr ungerecht. Sie weiß noch, wie Benno immer herumgerannt ist, um eine Lehrstelle zu bekommen. Fast ein Dreivierteljahr hat er sich bemüht, hat Briefe geschrieben und telefoniert und Absagen über Absagen erhalten, bis er immer wütender wurde – und zwar auf die, die ihm keine Chance gaben, aber selber im Fett schwämmen, wie er sagte. Erst seine jetzige Lage hätte ihm klargemacht, wie viel Unrecht geschehe. Es genüge nicht, nur zu meckern, sondern man müsse gegen das Unrecht was tun. Und damit hatte er auch die leer stehenden Häuser gemeint. Sie hatte nicht alles verstanden, was er sagte, aber sie hatte deutlich gespürt, dass seine Wut berechtigt war.

An der Tür wird geschlossen. Vater kommt. »Was ist denn hier los?«, fragt er überrascht.

»Benno. Sie haben ihn verhaftet.« Sofort schmiegt Petra sich an Vater und heult erneut los.

»Haben sie die Hütte geräumt?« Vater streichelt

Petra sachte. Und als Mark traurig nickt, sagt er, was Mutter sagte: »Das musste ja mal so kommen.«

»Musste nicht so kommen!«, schreit Petra. »Jetzt reißen sie doch das Haus ab und die ganze Arbeit war umsonst. Ihr wisst ja gar nicht, was die alles gemacht haben, Benno und seine Freunde. Und ich hab auch beim Streichen geholfen!«

Damit lässt sie vom Vater ab und stürzt ins Kinderzimmer.

Kopfschüttelnd zieht Vater die Jacke aus und hängt sie im Flur auf. Dann setzt er sich zu Mutter. »Hast du noch einen Schluck Kaffee für mich?«

Mutter hat und Vater trinkt und Mark schaut die beiden nur an. Dann fragt er leise: »Und was macht ihr nun?«

»Wir?« Vater ist verblüfft. »Aber was sollen *wir* denn da tun?«

»Ihr müsst doch irgendwas tun.«

Da lacht Vater ärgerlich. »Junge! Von mir aus gerne. Aber ich bin weder die Polizei noch das Gericht. Außerdem hat Benno sich das alles selbst zuzuschreiben.«

»Aber das kommt doch nun in die Akten«, sagt Mutter besorgt. »Ich meine, wenn er eine Lehrstelle haben will – dann erfahren die doch davon.«

»Na und?«, poltert Vater los. »Alles seine Schuld! Was machst du dir Vorwürfe? Haben wir ihn gezwungen, da einzuziehen? Haben wir nicht! Haben wir mit ihm geredet? Wir haben! Haben wir von den Auswirkungen gesprochen, die die ganze Sache haben kann? Und hat er auf uns gehört? – Na also!«

»Aber so ganz Unrecht haben die jungen Leute nicht«, wendet Mutter ein. »Das ist doch nicht in Ordnung, was mit den alten Häusern passiert. Und solange es diese Hausbesetzung nicht gab, hat keiner von uns richtig Bescheid gewusst.«

Nun macht Vater wieder so ein Gesicht, wie er es damals machte, als Benno sagte, Wohnungen wären wie Brot. »Recht oder Unrecht! Wenn es um sein späteres Leben geht, fragt doch niemand danach. – Du bist aufgefallen, bist wegen der und der Sache verhaftet worden, wer weiß, was wir uns mit dir für einen einhandeln. Also nee, danke schön, auf Wiedersehen!«

Die Eltern schweigen und Mark schweigt auch. Er hätte es lieber gesehen, wenn Vater herumtelefoniert oder sich gleich auf den Weg zum nächsten Polizeirevier gemacht hätte. Denn das ist ihm nun genauso klar wie den Eltern: Weil Benno keine Lehrstelle bekommen hat, ist er so verbittert, und weil er seine Verbitterung offen zeigt, wird er vielleicht überhaupt keine Möglichkeit mehr haben, irgendwas zu lernen.

Vater trinkt seinen Kaffee aus und sagt dann noch einmal: »Was wir tun konnten, haben wir getan. Benno hat nicht auf uns gehört, also muss er die Folgen selber tragen.«

Draußen ist es nun schon dunkel. Mark und Petra liegen auf dem unteren Doppelstockbett, das Petra gehört, und denken nach. Sie wollen was tun, irgendwas – sie sind noch immer nicht damit einverstanden, dass die Eltern nur »abwarten und Tee trinken«, wie Vater beim Abendessen gesagt hat. Was die Eltern damit meinten, sehen sie ja – sie hoffen auf einen Telefonanruf. Immer wieder, wenn Vater oder Mutter durch den Flur gehen, gucken sie zu dem Telefonapparat hin, als müsste er nun endlich mal läuten. Aber er läutete nicht, und als er es einmal doch tat, war es Tante Molly, der Mutter von Bennos Verhaftung erzählte und die sich sehr darüber aufregte, weil sie auf Seiten der Hausbesetzer ist und mit Onkel Klaus zusammen sogar eine Patenschaft für ein besetztes Haus übernommen hat.

Vater sagte nur: »Die Molly spinnt ja« – aber der Anruf machte ihn noch unruhiger, als er es ohnehin schon war. Er las weder die Zeitung noch schaltete er den Fernseher an – bis auf die Abendschau. Die wollte er sehen, weil er hoffte, dass vielleicht irgendetwas über die Räumung des Hauses gesagt wurde. Aber es kam nichts zu diesem Thema. Und jetzt steht er auf dem Balkon und schaut auf die Straße hinab, während Mutter immer wieder durch den Flur geht.

Petra fährt hoch. »Ich weiß, was wir tun.«

»Was denn?«

»Wir schreiben ihm einen Brief.«

»Einen Brief?« Mark ist enttäuscht. Er hatte an etwas viel Größeres gedacht.

»Was anderes können wir ja doch nicht tun.«

Petra hat Recht. Und ein Brief ist besser als gar nichts. Mark setzt sich an seinen Schreibtisch, nimmt Papier heraus und schreibt oben rechts das Datum hin. Und um der Genauigkeit willen auch noch die Uhrzeit. Petra steht hinter ihm und guckt ihm über die Schultern.

»Lieber Benno«, schreibt Mark. »Wir wissen alles ...«

»Das ist blöd«, meint Petra. »Du musst doch erst mal schreiben, dass wir ihm seine Sachen bringen wollten. Sonst weiß er ja gar nicht, woher wir alles wissen.«

Ärgerlich nimmt Mark ein neues Blatt Papier. »Lieber Benno«, beginnt er von vorn. »Wir waren bei dir, um dir deine Sachen zu bringen, aber leider ...« Er stockt.

»Leider warst du nicht mehr da, weil euer Haus eine Stunde vorher geräumt wurde«, diktiert Petra weiter. »Und deshalb haben wir alles wieder nach Hause gebracht.«

»... nach Hause gebracht.« Mark hat alles genauso aufgeschrieben, wie Petra es ihm diktiert hat, und er lässt sie weiter diktieren: »Wir wollen dir nur sagen, dass wir oft an dich denken. Und an die anderen auch. Bestimmt lassen sie euch bald wieder frei. Das hat nämlich der Polizist vor dem Haus gesagt.«

238

»Hat er nicht gesagt.« Mark hat den letzten Satz nicht hingeschrieben.

»Aber Benno freut sich bestimmt darüber, wenn er das liest.«

»Wenn's doch aber gar nicht stimmt!« Mark denkt nach und schreibt einen anderen Satz hin: »Ihr habt ja nichts Schlechtes getan, und wir finden, ihr seid im Recht. Wir, das sind Petra und ich, Mutter ein bisschen und Vater ein kleines bisschen.«

»Jetzt spinnst du aber, Vater findet doch gar nicht, dass sie im Recht sind.«

»Doch! Er macht sich nur Sorgen wegen später!« Mark legt den Kugelschreiber an die Lippen und überlegt, was sie noch schreiben können.

»Schreib ihm, dass wir ihn trotzdem alle sehr lieb haben«, bittet Petra. »Das ist jetzt das Wichtigste.«

»*Trotzdem* ist Quatsch, das sieht aus, als ob er doch irgendwas Schlimmes gemacht hat«, widerspricht Mark. Dann schreibt er hin: »Wir haben dich alle sehr lieb.« Und dann: »Deine Petra, dein Mark und deine Eltern.« Danach klebt er den Brief zu – und starrt den Umschlag an: »Und welche Adresse schreiben wir drauf?«

Das haben sie nicht bedacht. Petra wird ganz blass.

»Du und dein blöder Brief!«, schimpft Mark. »Jetzt haben wir ihn ganz umsonst geschrieben.«

»Wieso denn umsonst? Irgendwann erfahren wir schon, wo er steckt«, wehrt sich Petra. »Und dann schicken wir den Brief eben später ab.«

»Und wenn er vorher wiederkommt?«

»Dann geben wir ihm den Brief hier.«

Mark tippt sich an die Stirn. »Dann kannste ihm ja gleich sagen, was drinsteht.«

Petra will sagen, dass ein Brief viel schöner ist, aber dazu kommt sie nicht mehr. Sie hört die Wohnungstür klappen und stürzt hinaus, genauso wie Mark. Im Flur aber treffen sie nur Mutter an, die gerade wieder in die Küche will.

»Ist jemand gekommen?«

»Nein. Vater ist gegangen. Zum Polizeirevier. Er will nun endlich was Genaueres wissen.«

Mark atmet auf. Vater tut was, endlich tut er was! Doch dann fällt ihm der Brief ein. Er stürmt ins Kinderzimmer, ergreift den Brief und läuft hinter Vater her. Erst auf der Straße holt er ihn ein.

»Willst du mitkommen?«

»Nein.« Mark hält den Brief hin. »Für Benno.«

Vater guckt den Brief an und überlegt. Dann nimmt er ihn und sagt: »Wenn ich ihn sprechen darf, gebe ich ihm den Brief. Und wenn nicht, schicke ich ihn mit der Post. Einverstanden?«

Mark nickt. »Aber es steht keine Adresse drauf. Wir wussten ja nicht, welche wir draufschreiben sollten.«

»Die kriege ich raus«, sagt da Vater ernst. »Darauf kannst du dich verlassen.«

1984
Ich bin keine Ente

Ein unfreundlicher Morgen, durch den Katja geht. Die Luft ist kühl und die Sonne irgendwo hinter dunklen Wolken versteckt. Und so wie der Morgen erscheint Katja die ganze Stadt. Doch das hat nichts mit dem Wetter zu tun, über das die Leute nun schon seit Wochen stöhnen, es hat mit der Schule zu tun, mit Tina, mit Christoph, mit Frau Holl, einfach mit allem.

Ein Zeitungskiosk. Katja bleibt stehen und betrachtet die Titelbilder der Illustrierten, die eigentlich langweilig sind, sie aber aufhalten auf ihrem Weg zur Schule.

Auf dem einen ist ein Junger Pionier* zu sehen, der einem siegreichen Sportler einen Blumenstrauß überreicht. Er sieht aus wie Christoph, strahlt so, guckt so …

Hastig wendet Katja sich ab und geht weiter.

Eine Straßenbahn kommt um die Ecke gebogen. Die 83, die nach Wendenschloss rausfährt, wo Oma früher ihren Garten hatte. Katja schaut der Straßenbahn entgegen, bis sie direkt vor ihr hält.

Und wenn sie nun einfach mitfährt? Dann weicht sie dem ganzen Ärger erst mal aus.

Omas Garten! Wie schön es da draußen immer war.

---

* DDR-Organisation für Kinder bis zu vierzehn Jahren.

Wenn sie auch nicht hineindarf, sie kann ja ein bisschen dort herumspazieren, an der Dahme entlang, Richtung Langer See und Schmetterlingshorst … Kurz entschlossen und noch ehe sie richtig weiß, was sie da überhaupt tut, steigt Katja in die Bahn ein. Erst als sie bereits drinnen ist und das rote Licht aufleuchtet, das ankündigt, dass die Türen geschlossen werden, wird ihr bewusst, was sie getan hat. Nun würde sie am liebsten wieder aussteigen. Aber das geht nicht mehr, jetzt muss sie mindestens bis zur nächsten Station mitfahren.

»Na, Frolleinchen!« Ein alter Mann zeigt scherzhaft drohend auf den Fahrkartenautomaten. Erschrocken kramt Katja in der Mappe nach Geld. Das fehlte ihr noch! Wenn sie kein Geld dabeihat, gilt sie als Schwarzfahrerin, dann müssen die Eltern Strafe zahlen.

Aber sie hat Geld. Sie soll ja auf dem Nachhauseweg von der Schule gucken, ob es frisches Obst gibt. Katja steckt zwei Groschen in den Automaten und zieht sich einen Fahrschein. Dann geht sie, ohne den Mann, der ihr begütigend zunickt, weiter zu beachten, durch den Wagen zur hinteren Plattform, stellt sich ans Fenster und schaut in den vorbeifließenden Morgenverkehr hinaus.

Und wenn sie nun doch weiterfährt? Bezahlt hat sie ja schon und zu spät kommt sie ohnehin. Aber sie, ausgerechnet sie, eine Schulschwänzerin? Wenn das nun rauskommt?

Und wenn es nicht rauskommt? Sie kann den Eltern

ja abends sagen, dass ihr schlecht gewesen und sie deshalb nicht zur Schule gegangen ist. Sie glauben ihr das bestimmt, sie hat noch nie gelogen. Jedenfalls nicht richtig.

S-Bahn-Station Köpenick. Die Straßenbahn hält, und viele Leute steigen aus, um mit der S-Bahn weiterzufahren. Katja sieht den Männern und Frauen zu, die aus- und einsteigen, und denkt an Omas Garten, will sich darauf freuen, all das wieder zu sehen, was sie mal so geliebt hat: Omas altes Holzhäuschen, in dem es immer nach allen möglichen Kräutern roch; den Garten, in dem sie so oft gespielt und Oma beim Pflanzen, Jäten und Ernten geholfen hatte; die vertrauten Straßen, in denen die Jungen manchmal Wettläufe veranstalteten und sauer waren, wenn sie am Rande mitlief und gewann. Auf all das will sie sich freuen, doch es gelingt ihr nicht.

Omas Häuschen sieht noch fast so aus wie damals, nur ist es jetzt grün angestrichen und die Fensterläden sind weiß. Als Oma noch lebte, war das Haus dunkelrot und die Fensterläden gelb. Die Farbe blätterte ab und das Haus sah fleckig aus.

Katja steht vor dem Zaun und ist sich über ihre Gefühle nicht im Klaren. Ist das, was sie empfindet, mehr Freude über das Wiedersehen oder mehr Enttäuschung? Ihr Blick gleitet über die Beete hin. Früher waren da Kohlrabi-, Tomaten-, Salat- und Erdbeerbeete, jetzt wachsen dort nur Blumen. Die neuen Besitzer kaufen ihr Obst und Gemüse wohl lieber in der Kaufhalle. Das hätte Oma nie fertig gebracht. »Nichts ist so gesund wie Selbstgezogenes, nichts schmeckt so gut wie mit eigenem Schweiß Gedüngtes«, sagte sie immer.

Alles hat sich so sehr verändert, dass Katjas Enttäuschung immer größer wird. Gedankenversunken wandert sie an dem Drahtzaun entlang, der auch neu ist. Früher war hier nur ein einfacher Lattenzaun, den der Vater alle drei Jahre anstreichen musste und in dem eine Latte so locker war, dass sie und ihre Freunde sie verschieben und den so breiter gewordenen Spalt als Geheimausgang benutzen konnten. Jetzt bräuchte sie mindestens drei lockere Latten, um hindurchschlüpfen zu können, aber jetzt sind keine Latten mehr da.

Warum haben die Eltern Omas Häuschen eigentlich verkauft? Vater sagte mal, sie wollten nicht immer den Garten in Ordnung halten müssen; sie wollten lieber reisen, als immer und ewig in Wendenschloss festzukleben. Außerdem würden sicher auch hier bald Neubauten errichtet werden und dann sei es mit dem kleinen Laubenpieperglück sowieso vorbei.

Katja hat das Gartentor erreicht und bleibt wieder stehen. Auch das Tor ist neu, und natürlich auch das Namensschild. An dem alten Tor war ein Holzschild festgeschraubt, *Oskar Mellenthin* stand darauf. Opas Name. Oma hatte das Schild mit der verschnörkelten Schrift nicht ändern lassen, obwohl der Opa, den sie,

Katja, nur noch vom Foto her kennt, damals schon über zehn Jahre tot war.

Ein Mädchen kommt aus dem Haus, ein fast erwachsenes Mädchen in weißen Hosen und blauem Pullover. Rasch macht Katja einen Schritt zurück. Sie hatte geglaubt, es sei niemand da. Hat das Mädchen vielleicht hinter den Gardinen gestanden und sie beobachtet? Glaubt es vielleicht, sie will Obst klauen? In den Kleingartenanlagen wird viel geklaut, aber jetzt gibt es noch nichts, außer mal Kirschen; durch das schlechte Wetter ist alles weit zurück.

Das Mädchen schließt die Tür ab und kommt mit einem bunten Handtuch über der Schulter und einem Buch in der Hand den Mittelweg entlang. Schnell geht Katja noch ein Stück weiter und beobachtet das Mädchen, das nun die Gartentür abschließt und in Richtung Langer See davongeht.

Will die etwa schwimmen gehen? Bei der Kälte? Katja verspürt Lust, dem Mädchen zu folgen, mehr über sie zu erfahren. Schließlich wohnt das Mädchen ja nun in Omas Häuschen.

Das Mädchen breitet ihr Handtuch genau an der Stelle aus, wo die Eltern früher immer ins Wasser gingen, am Knick zwischen Dahme und Langer See, genau gegenüber der Regattastrecke. Aber jetzt steht hier ein Schild: *Baden verboten!*

Das Mädchen will auch nicht baden, setzt sich auf

ihr Handtuch, schaut erst ein bisschen aufs Wasser hinaus und beginnt schließlich zu lesen. In gebührender Entfernung setzt Katja sich vor einen Busch und nimmt ihr Pausenbrot aus der Mappe. Sie hat jetzt Hunger.

Ein Ausflugsschiff fährt vorüber. Die *Johannes R. Becher.* Katja muss an die Pleite denken, die sie mit einem der Gedichte des Dichters erlebte, nach dem dieses Schiff benannt wurde. Es war vor einem halben Jahr. Frau Holl hatte aufgegeben, dass jeder ein Gedicht lernen sollte – und zwar sein Lieblingsgedicht. Sie hatte keins, deshalb hatte sie in Mutters altem Lesebuch nachgeschlagen, um eines zu finden, das nicht so bekannt war. Sie hatte ein besonderes Gedicht gesucht und auch eines gefunden. Es hieß »Deutschland, meine Trauer« und war von eben diesem Johannes R. Becher. Es hatte ihr gefallen, weil es so schön einfach war und einen solchen Rhythmus besitzt, dass man aufpassen muss, es nicht einfach herunterzuleiern.

Sie hatte sich riesige Mühe gegeben und das Gedicht so gut auswendig gelernt, dass sie es heute noch aufsagen kann:

> Heimat, meine Trauer,
> Land im Dämmerschein –
> Himmel, du mein blauer,
> Du, mein Fröhlichsein.

Einmal wird es heißen:
Als ich war verbannt,
Hab ich, dich zu preisen,
Dir ein Lied gesandt.

War, um dich zu einen,
Dir ein Lied geweiht,
Um mit dir zu weinen
In der Dunkelheit …

Himmel schien, ein blauer
Friede kehrte ein –
Deutschland, meine Trauer,
Du, mein Fröhlichsein.

Sie leierte nicht beim Vortragen, aber als ihr auffiel, dass Frau Holl während ihres Vortrages immer unruhiger und ungeduldiger wurde, verhaspelte sie sich und brachte den letzten Vers durcheinander. Und als sie dann endlich fertig war, sagte Frau Holl, sie habe sich da zwar ein sehr schönes, aber leider ein wenig überholtes Gedicht ausgesucht. Der Dichter Johannes R. Becher sei, als er dieses Gedicht kurz nach dem Krieg schrieb, von falschen Voraussetzungen ausgegangen. Damals wäre nämlich eine ganz andere Zeit gewesen. Heute müsse man sich überlegen, ob man ein solches Gedicht noch aufsagen dürfe. Inzwischen gebe es ja zwei deutsche Staaten, die nichts Gemeinsames hätten, und das einige Deutschland, das der Dichter in seinem Gedicht besang, könne es erst dann geben, wenn die Bundesrepublik sozialistisch geworden sei.

Sie war ungeheuer enttäuscht und musste zu Hause heulen. Und als die Mutter fragte, was denn los sei, erzählte sie ihr alles. Die Mutter besah sich nachdenklich ihr altes Lesebuch, und als Katja fragte, wann denn die Bundesrepublik sozialistisch werden würde, lachte sie und sagte: »Wahrscheinlich nie. Zumindest, wie es jetzt aussieht ...«

Einige Kinder auf der *Johannes R. Becher* winken. Es sind viele Kinder an Bord; vielleicht mehrere Klassen, die einen Schulausflug machen.

Das Mädchen im blauen Pullover winkt zurück, kann also nicht ganz unfreundlich sein. Ob sie sie mal fragt ...? Sie will ja nur ganz kurz ins Haus, mal sehen, wie es jetzt drinnen aussieht.

Das Mädchen im blauen Pullover legt sich auf den Bauch, stützt das Kinn in die Hände und liest weiter. Langsam steht Katja auf und geht am Wasser entlang. Dabei bemüht sie sich, nicht zu dem Mädchen hinzublicken. Und ab und zu bückt sie sich und lässt ein Steinchen übers Wasser hüpfen. Auf diese Weise nähert sie sich dem Mädchen immer mehr – bis sie an ihr vorüber ist, ohne den Mut gehabt zu haben, sie anzusprechen. Ärgerlich über sich selbst setzt sie sich auf ihre Mappe und schaut zur Regattastrecke hinüber, wo jetzt einige Ruderer trainieren. Ein Motorboot mit einem

Mann, der ein trichterförmiges Megaphon vor seinen Mund hält und laute Kommandos gibt, begleitet sie.

»Willst du vielleicht was von mir?«

Katja fährt herum. Das Mädchen – es steht hinter ihr und guckt sie neugierig an. Aber anstatt ja zu sagen und sich zu freuen, auf diese Weise mit dem Mädchen ins Gespräch zu kommen, schüttelt sie nur verschreckt den Kopf.

Das Mädchen glaubt ihr nicht, hockt sich neben Katja und fragt: »Und warum beobachtest du mich dann die ganze Zeit? Erst hast du vor dem Zaun gestanden, dann bist du mir nachgegangen und jetzt schleichst du um mich herum wie um ein Denkmal. Das kann doch kein Zufall sein.«

Das Mädchen ist nicht aus Berlin, das hört Katja sofort. »Das Häuschen … das hat mal meiner Oma gehört«, gibt sie endlich zu.

»Das Gartenhaus?«, fragt das Mädchen. Und dann lächelt sie und sagt: »Ein schönes Häuschen. Ich mag alte Häuser. Du auch?«

Katja nickt und dann, nachdem das Mädchen einige Zeit geschwiegen, sie dabei aber weiterhin freundlich angeblickt hat, fragt sie: »Warum habt ihr so viele Blumen im Garten und fast gar kein Gmüse?«

Das Mädchen zuckt die Achseln. »Der Garten gehört Freunden meiner Eltern. Bin nur zu Besuch hier. Weil ich gerade keine Schule hab.«

»Und von wo bist du?«

»Aus Stuttgart.«

Aus Stuttgart? Stuttgart ist ja Westdeutschland, Bundesrepublik – das andere Deutschland. Katja fällt sofort wieder ihr Gedicht ein und was Frau Holl sonst noch über dieses andere Deutschland gesagt hat. Es war nicht viel Gutes darunter.

Das Mädchen muss lachen. »Na, so weit weg ist das doch nicht. Machst ja ein Gesicht, als käme ich aus Honolulu.«

Verschämt senkt Katja den Blick. Nun weiß sie noch weniger, was sie sagen soll.

»Ich heiße übrigens Gabi.« Das Mädchen hält Katja die Hand hin.

Katja nimmt die Hand und sagt ihren Namen, und dann schweigt sie wieder, bis ihr endlich eine Frage einfällt: »Machst du hier Ferien?«

»Nein«, sagt das Mädchen, und dann erzählt sie Katja, dass ihr Vater bei der Ständigen Vertretung der Bundesrepublik in der Hannoverschen Straße arbeitet und sie in Ostberlin lebt und in Westberlin aufs Gymnasium geht. »Da laufen jetzt gerade die Abiturprüfungen. Deshalb fällt für die unteren Klassen viel Unterricht aus. Ja, und weil ich nichts Besseres zu tun habe, fahre ich hier raus. Ich find's toll hier draußen.«

Katja nickt nur. Gabi hat schon wieder etwas gesagt, was ihr die Sprache verschlägt: Ihr Vater arbeitet in dieser Ständigen Vertretung, von der sie erst gestern im Westfernsehen gesprochen haben. Es sollen sich über fünfzig Menschen da hineingeflüchtet haben, alles Leute, die in den Westen wollen; Männer, Frauen und Kinder. Der Vater hat darüber nur den Kopf geschüttelt, und die Mutter hat gesagt, damit würden die Flüchtlinge kaputtmachen, was andere aufgebaut haben.

»Nur das Wetter könnte besser sein«, seufzt Gabi. »Ich schwimme nämlich gern. Und hier könnte man prima schwimmen – wenn's nicht so kalt wäre.«

Katja schweigt.

»Schwimmst du auch gern?«

»Ja.«

»Was ist denn mit dir?« Das große Mädchen mustert Katja aufmerksam. »Hab ich was Falsches gesagt?«

»Die Leute … sind die immer noch da?«

»Du meinst die Flüchtlinge? Ja, die sind noch da.« Gabi reißt einen Grashalm aus, steckt ihn in den Mund und kaut darauf herum. »Weißt du, ich finde es nicht richtig, was die machen. Ich kann zwar verstehen, dass sie wegwollen – kann mir auch nicht vorstellen, immer so eingesperrt leben zu müssen –, aber was die Leute da tun, das ist Erpressung. Dadurch wird alles nur noch schwieriger.«

Die Mutter hat so ähnlich gesprochen, nur das Wort »eingesperrt« hat sie nicht benutzt.

»Hab schon wieder was Falsches gesagt.« Gabi lächelt. »Was war's denn diesmal?«

»Eingesperrt«, sagt Katja. »Wir sind doch gar nicht eingesperrt.«

251

Nachdenklich schaut Gabi aufs Wasser hinaus. »Wenn du dich nicht eingesperrt fühlst, bist du's auch nicht. Aber ich würde mich eingesperrt fühlen, wenn ich zu euch gehörte. Ich war zum Beispiel Ostern in Paris. Du, da ist's wunderschön. Und wenn ich da jetzt nicht mehr hindürfte – dann würde ich mich eingesperrt fühlen.«

»Dafür waren wir Ostern in Prag«, entgegnet Katja, die plötzlich das Gefühl hat, sie müsste sich verteidigen.

Gabi lacht. »Na und? Wenn ich nach Prag will, fahre ich hin. Wenn du mit deinen Eltern nach Paris willst, hast du keine Chance, bevor du Rentner bist. Oder Sportlerin, Außenhandelskaufmann, Schriftstellerin – nur die dürfen doch ab und zu mal in den Westen.«

Wieder schweigt Katja. So was haben die Eltern noch nie gesagt. Aber haben sie es vielleicht manchmal gedacht?

»Ich will dir nicht wehtun«, sagt Gabi leise. »Wir können ja beide nichts dafür, wo wir aufgewachsen sind. Und bei uns ist auch nicht alles prima, da gibt es andere Ungerechtigkeiten, und zwar jede Menge.« Versöhnlich legt sie Katja die Hand auf die Schulter. »Daran musst du dich bei mir gewöhnen, ich sag immer, was ich denke. Schwindeln, nur um jemandem einen Gefallen zu tun … so was mag ich nicht.« Sie verstummt und wechselt das Thema: »Wie alt bist du eigentlich?«

»Elf. Das heißt, im September werde ich zwölf.«

»Ich bin siebzehn«, sagt Gabi und fügt schmunzelnd hinzu: »Das heißt, im Februar werde ich achtzehn.«

Katja lacht mit – und dann fasst sie Mut: »Lässt du mich mal in das Häuschen? Ich möchte gern sehen, wie es jetzt da aussieht.«

»Nichts ist leichter als das. Am Wasser ist's jetzt sowieso zu kühl. Gehen wir rein und trinken Tee. Du trinkst doch Tee?«

Katja trinkt Tee.

Im Haus hat sich nicht so viel verändert. Wo Omas Küchenschrank stand, steht jetzt ein anderer Küchenschrank, aber der sieht fast genauso aus wie Omas, ist auch alt und mit ausgemustertem Geschirr voll gestellt. Und da, wo Omas und Opas Doppelbett stand, stehen zwei andere Betten dicht nebeneinander.

»Hier hab ich immer geschlafen.« Katja weist auf das linke Bett, Opas Bett, das immer dann, wenn sie zu Besuch kam, ihres wurde.

Gabi lächelt nur. Sie hat viel Verständnis für Katjas Erinnerungen. Und ab und zu lässt sie sie allein, um nach ihrem Teewasser zu sehen. Als der Tee endlich fertig ist, setzen sich die beiden Mädchen in die Küche, trinken von dem heißen Tee und essen Kekse. Und während sie trinken und essen, schauen sie in den Garten hinaus, wo sich ab und zu ein Spatz, einmal aber auch eine große schwarze Krähe niederlässt.

So hat sie mit Oma immer gefrühstückt. In Katja

kriecht ein komisches Gefühl hoch, das im Hals stecken bleibt. Sie muss husten.

Gabi klopft ihr den Rücken, weil sie glaubt, Katja habe sich verschluckt. Dann fragt sie: »Wozu schleppst du eigentlich deine Schultasche mit dir herum? Kommst du gerade aus der Schule? Oder musst du noch hin?«

Einen Moment lang überlegt Katja, ob sie Gabi was vorschwindeln soll, dann entschließt sie sich, die Wahrheit zu sagen. Gabi kennt sie ja gar nicht, weiß nicht mal, wo sie wohnt. Und außerdem ist Gabi auch noch keine richtige Erwachsene.

»Ich schwänze. Bin heute Morgen einfach nicht hingegangen.«

Gabi guckt verdutzt. »Das hätte ich dir gar nicht zugetraut.«

»Ist ja auch das erste Mal.«

»Und warum schwänzt du?«

Wieder überlegt Katja, ob sie die Wahrheit sagen soll, und wieder kommt sie zu dem Entschluss, es zu tun. Wer weiß, vielleicht kann Gabi ihr sogar einen Rat geben.

»Ich will kein Brigadier mehr sein.«

»Was ist denn das – ein Brigadier? Ich meine, in der Schule.«

»Es gibt drei in jeder Klasse«, erklärt Katja, »für jede Bankreihe einen.«

»Und was muss der tun?«

»Hefte einsammeln, nachgucken, ob alle ihre Hausaufgaben gemacht haben, und ...« Katja stockt.

»Und?«

»Und wenn einer sie nicht gemacht hat, muss er ihn melden.«

»Ach so!« Gabi trinkt ihren Tee und nickt nachdenklich. »Und das macht dir keinen Spaß mehr.«

Katja schüttelt den Kopf. »Das hat mir noch nie Spaß gemacht. Aber man muss es tun. Es wird immer gewechselt, jeder kommt mal dran.«

»Na, dann warte doch einfach ab, bis wieder ein anderer drankommt.«

»Das dauert mir zu lange.« Katja schaut zu, wie Gabi sich Tee nachgießt, und beginnt dann plötzlich zu erzählen. Sie erzählt die ganze Geschichte, nämlich wie Christoph zweimal die Hausarbeiten nicht gemacht hat und sie das Frau Holl melden musste. Und wie dann einmal Tina, ihre beste Freundin, die Aufgaben nicht hatte und sie bat, nichts zu sagen, und sie auch wirklich nichts sagte, Frau Holl das aber herausbekam und sie vor der ganzen Klasse tadelte, weil sie bestechlich sei.

»Bestechlich? Ein hartes Wort.« Gabi schüttelt den Kopf, als könne sie die ganze Geschichte nicht so recht glauben. »Wenn mich meine beste Freundin bittet, nichts zu sagen ... also, da hätte ich auch den Mund gehalten.«

»Na ja«, sagt Katja, »aber Christoph hab ich gemeldet.«

»Blöd, dass es so was überhaupt gibt.«

»Wir sollen uns selbst kontrollieren.« Das hat Frau Holl gesagt und das fand Katja bisher auch richtig. Jetzt aber ist sie anderer Meinung, jetzt findet sie, dass diese Kontrolliererei ihr die Freunde nimmt.

»Und was passiert, wenn du sagst, dass du kein Brigadier mehr sein willst?«

»Dann sagt Frau Holl, dass ich mich vor der Verantwortung drücke.« Das hat sie damals zu Uschi gesagt, als die keine Lust mehr hatte, die anderen zu kontrollieren.

»Gibt es in eurer Klasse denn überhaupt jemanden, dem diese Verantwortung Spaß macht?«

Katja nickt heftig. Da gibt es viele. Und die sind streng, viel strenger als Frau Holl.

Gabi gießt Katja den letzten Rest Tee ein und schiebt die Kekse näher zu ihr hin, damit sie öfter zugreift. Und Katja tut das auch, denn nun, nachdem sie Gabi alles erzählt hat, ist ihr leichter. Gabi aber isst kaum noch etwas, kippelt nur mit dem Stuhl, als könne sie so besser nachdenken. Und als sie eine Weile nachgedacht hat, sagt sie: »An deiner Stelle hätte ich sicher genauso gehandelt – erst mal weg, nichts wie weg, damit man überlegen kann. Aber außer Zeit gewinnt man nichts dabei, irgendwann muss man sich doch entscheiden.«

»Ich hab mich ja entschieden.«

»Und warum schwänzt du heute? Warum sagst du nicht einfach, wofür du dich entschieden hast?«

»Weil ... weil ...« Katja verstummt.

Gabi setzt sich wieder richtig hin, stützt die Ellenbogen auf den Tisch und den Kopf in die Hände. »Weil du Angst vor deiner Entscheidung hast, stimmt's? Weil das Ärger bringt. Nichts sagen und in dich hineinheulen ist einfacher.«

Katja schweigt weiter. Gabi sagt ja nur, was sie sich selbst schon gesagt hat, wenn auch mit anderen Worten.

»Mach dir nichts draus«, tröstet Gabi sie. »Wir sind alle keine Helden. Und deshalb machen sie mit uns, was sie wollen.«

»Mit euch auch?«

»Mit uns auch. Auf eine andere Weise, aber auch nicht sehr viel besser.«

Gabi macht sich an ihrer Tasche zu schaffen und baut eine kleine Zigarettenfabrik vor sich auf, um sich danach mit geschickten Händen eine Zigarette zu drehen.

»Du rauchst ja wohl noch nicht?«

Katja schüttelt den Kopf. »Was machen sie denn mit euch?«

»Sie belügen uns.« Gabi stößt eine blaugraue Wolke aus. »Vor der Wahl sagen sie, jeder Jugendliche bekommt eine Lehrstelle, nach der Wahl behaupten sie, das hätten sie nie gesagt. Man könnte ihnen ihre eigenen Reden und Wahlplakate vor die Nase halten, sie würden's glattweg für Erfindungen ausgeben.«

»Hast du keine Lehrstelle?«

»Es geht nicht um mich, es geht um andere. Ich geh ja noch zwei Jahre zur Schule.«

»Und was willst du mal werden?«

Gabi grinst. »Lehrerin. Aber da hab ich keine Chance, arbeitslose Lehrer gibt's bei uns wie Sand in der Wüste. Und deshalb werd ich wohl irgendwas anderes machen müssen.«

Da ist plötzlich etwas zwischen ihnen, etwas Ernstes, das die gute Stimmung trübt. Katja schaut auf die Uhr. Sie hat noch viel Zeit, aber sie möchte nicht länger bleiben, obwohl ihr Gabi immer noch sehr sympathisch ist.

»Übernachtest du hier?«

Gabi nickt. »Ja, zumindest heute Nacht. Morgen fällt ja wieder alles aus. Obwohl wir zu viele Lehrer haben, sind in den Schulen zu wenig. Komisch, was?«

»Vielleicht komme ich morgen wieder«, sagt Katja und steht auf. »Aber nur, wenn du willst.«

»Klar will ich. Aber willst du denn morgen wieder schwänzen?«

»Nein. Aber ich kann ja gleich nach der Schule kommen, nach dem Essen.«

»Bekommt ihr denn Mittagessen in der Schule?« Gabi bringt Katja noch zur Gartentür, und Katja erklärt ihr, dass sie, weil ihre Eltern beide arbeiten, an der Schulspeisung teilnimmt.

»Finde ich toll.« Gabi reicht Katja die Hand. »So was gibt's bei uns nicht.«

Katja findet das Schulessen nicht toll, doch das sagt sie nicht. Sie ist froh, dass Gabi endlich mal was gefällt. Deshalb gibt sie ihr nur schnell die Hand und geht.

»Wenn's morgen wärmer ist, vergiss deinen Badeanzug nicht«, ruft Gabi ihr noch nach. Und Katja dreht sich um und winkt Gabi zum Zeichen dafür, dass sie daran denken wird, noch einmal zu, bevor sie um die Ecke biegt.

Der Vater kommt. Katja hört das schon an der Art und Weise, wie die Wohnungstür aufgeschlossen wird. Wenn die Mutter die Tür aufschließt, geschieht das weniger geräuschvoll. Rasch zieht sie sich die Decke bis an den Hals hoch und versucht, ein leidendes Gesicht zu machen.

»Katja?«, ruft der Vater im Flur. »Wo steckst du denn?«

Sie läuft sonst immer in den Flur, wenn der Vater kommt. Heute darf sie das nicht.

»Hier!«, antwortet sie mit leidender Stimme. »Im Wohnzimmer. Auf der Couch.«

Der Vater kommt herein und guckt erstaunt. »Nanu? Was ist denn?«

Sie richtet sich halb auf. »Mir war heute nicht gut, deshalb war ich auch nicht in der Schule.«

Der Vater setzt sich auf die Couch und drückt Katja sachte in ihr Kissen zurück. »Nicht gut? Ja, aber … warum hast du denn nicht angerufen?«

Die Frage hat Katja nicht erwartet. »Ich … ich dachte, es geht gleich wieder weg.«

»Aber es ist noch nicht weg?«

Sie schüttelt stumm den Kopf.

»Musstest du brechen?«

Katja nickt. Und weil sie sich dabei so schlecht vorkommt, steigen ihr die Tränen in die Augen.

Der Vater legt ihr die Hand auf die Stirn, um zu prüfen, ob sie Fieber hat, kann aber nichts feststellen. Er ist ein bisschen erleichtert, dennoch sagt er: »Vielleicht sollten wir lieber zu einem Arzt gehen. Die Poliklinik hat noch auf.«

»So schlimm ist's ja nicht mehr.«

Nun schaut er sie lange an, aber es liegt kein Misstrauen in seinem Blick, nur die Sorge, sie könne etwas Schlimmes verharmlosen.

Wenig später kommt die Mutter, und Katja hört, wie die Eltern im Flur miteinander reden. Nun muss sie das Ganze noch mal durchstehen.

Die Mutter zieht sich gar nicht erst aus, so, wie sie ist, kommt sie ins Wohnzimmer und setzt sich zu Katja. Und dann fragt sie das Gleiche, was der Vater schon fragte, und als sie alles weiß, tastet sie Katjas Bauch ab.

»Tut's hier weh?«

»Nein.«

»Hier?«

»Nein.«

Die Mutter drückt noch eine Weile auf Katjas Bauch herum, dann gibt sie es auf. »Das kann nichts Schlimmes sein. Du hast bestimmt nur eine Magenverstimmung. Was gab's denn gestern in der Schule?«

»Fisch«, platzt Katja heraus und muss sich zusammenreißen, um ihrer Stimme keinen allzu jubelnden Klang zu geben. Es gab ja gestern wirklich Fisch. Und was die Mutter nun sagt, kann sie sich denken: »Dann war der wohl nicht mehr so ganz frisch … Aber wenn es dir jetzt schon besser geht, kann er nicht ganz und gar verdorben gewesen sein.«

Sie steht auf und zieht ihre Jacke aus. Dabei fällt ihr ein, dass Katja, wenn sie nicht in der Schule war, auch kein Mittagessen bekommen hat. »Und was hast du heute gegessen?«

»Nichts«, antwortet Katja, obwohl sie sich vorhin zwei dicke Scheiben Brot abgeschnitten hat. »Mir war ja schlecht.«

»Und jetzt?«, fragt der Vater. »Kannst du jetzt etwas essen?«

Katja nickt. Jetzt hat sie einen Wahnsinnshunger und kann das Abendbrot kaum noch erwarten.

»Na, dann mach ich mich gleich ans Werk.« Der Vater geht in die Küche und die Mutter setzt sich noch mal zu Katja und küsst und streichelt sie. »Mach uns bloß keinen Ärger«, sagt sie sorgenvoll. »Den können wir nun wirklich nicht gebrauchen.«

Es gibt Tomaten, Käse und Wurst. Die Tomaten hat Katja mitgebracht. Auf dem Rückweg aus Wendenschloss war ihr Mutters Bitte, nach frischem Obst zu sehen, wieder eingefallen. Und nun haben die Eltern sie lang und breit gelobt, weil sie, obwohl es ihr nicht gut ging, einkaufen gewesen war.

Der Vater hat aufgegessen. Er isst nie viel, muss auf seine schlanke Linie achten. Aber dafür steht er auf und holt sich eine Flasche Bier aus dem Kühlschrank, die auch nicht gerade schlank macht, wie Mutter immer sagt. Dann, beim Bier, beginnt er, wie fast jeden Abend, von dem Kabelwerk zu erzählen, in dem er arbeitet. »Dem Röhrig haben sie die Schwedenreise gestrichen. Der ist vielleicht sauer, kann ich dir sagen.«

»Und warum?«, fragt die Mutter, die immer sehr langsam isst und deshalb noch lange nicht fertig ist.

»Warum! Warum!« Der Vater lacht böse. »Weil er zu viele Westkontakte hat. Eine Tante, einen Onkel, einen Schwager, der vor Jahren abgehauen ist ... Er ist ihnen offensichtlich nicht zuverlässig genug.«

Das ist ja das, worüber Gabi und sie vorhin sprachen. Katja kaut langsamer.

»Dabei ist der Röhrig *der* Fachmann«, sagt der Vater. »Der Weber, der nun fahren soll, versteht nicht halb so viel von der Sache.«

Katja ist immer noch bei den Westkontakten. Sie darf den Eltern nichts von Gabi erzählen, sonst fliegt der ganze Schwindel von ihrem Unwohlsein auf, doch wenn sie es tun würde, was würden die Eltern dazu sagen? Gabi ist ja auch so eine Art Westkontakt.

»Wenn wir Halbblinde dahin schicken, nur weil sie keine Westverwandten haben, brauchen wir uns nicht zu wundern, wenn nicht viel dabei herauskommt.« Die Mutter trinkt einen Schluck von Vaters Bier. Sie trinkt gern mal ein bisschen Bier, eine ganze Flasche aber ist ihr zu viel. Trotzdem tut sie immer so, als trinke sie nur von dem Bier, damit der Vater weniger hat und sein Bauch nicht zu dick wird.

Katja schaut der Mutter beim Trinken zu, dann fragt sie plötzlich: »Sind wir eigentlich eingesperrt?«

Die Mutter hätte sich fast verschluckt. »Wie kommst du denn darauf?«

»Na, weil wir nur in den Osten fahren dürfen und nicht in den Westen.«

Die Eltern gucken sich an. »Da hast du es!« Der Vater schüttelt den Kopf. »Zu viel Westfernsehen, meine Liebe!« Aber er lacht dabei und zu Katja sagt er: »Also eingesperrt ist nicht gerade der richtige Ausdruck dafür, aber es stimmt schon, wir können nicht einfach fahren, wohin wir gerade wollen.«

»Und warum nicht?«

Wieder wechseln die Eltern einen Blick und diesmal antwortet die Mutter: »Katja, bitte! Das können wir dir nicht mit drei Worten erklären. Außerdem musst du erst noch ein bisschen älter werden, um das verstehen zu können.«

»Aber ihr würdet auch mal gern nach Paris fahren, oder?«

»Natürlich«, sagt der Vater. »Wer möchte das nicht.« Und er grinst die Mutter an, als habe Katja mit ihrer Frage etwas angetippt, worüber die Mutter und er schon oft gesprochen haben.

»Und warum dürft ihr das nicht?«, beharrt Katja.

»Weil sie Angst haben, dass wir nicht wiederkommen«, antwortet die Mutter leise.

Nicht wiederkommen? Das versteht Katja nun wirklich nicht. Frau Holl hat gesagt, in den kapitalistischen Ländern passiere so viel Schlimmes, gäbe es so viele Arbeitslose, wäre alles so teuer, würden die Menschen so ausgebeutet und würde vielleicht sogar ein neuer Krieg vorbereitet – warum sollten die Eltern dann nicht wiederkommen? Sie haben ja ihre Wohnung und alle ihre Freunde hier. Und wer sind diese »sie«? Die Regierung?

»Hab ja gesagt, das verstehst du noch nicht.« Der Vater legt Katja die Hand auf den Arm. »Das verstehen ja noch nicht mal alle Erwachsenen.«

Trotzig zieht Katja den Arm weg. Für wie dumm hält der Vater sie denn? Zwar kapiert sie noch nicht alles, was da zwischen Westen und Osten so läuft, aber dass nicht alles stimmt, was in der Schule gesagt wird, hat sie schon mitbekommen. Als Markus Matzke plötzlich nicht mehr kam und in der Klasse herum war, dass seine Eltern mit ihm in den Westen ausgereist sind, hatte

Frau Holl gesagt, Matzkes wären ein Einzelfall. Herr und Frau Matzke hätten einfach nicht begriffen, auf welcher Seite der wahre Fortschritt läge. Abends im Westfernsehen aber hatten sie gezeigt, dass nicht nur Matzkes, sondern viele tausend DDR-Bürger in den Westen ausgereist sind. Und ein paar Tage später haben sie über die Leute in der Ständigen Vertretung der Bundesrepublik berichtet. – Dass Markus Matzkes Eltern nicht wissen, wo es besser ist, kann sie sich vorstellen, aber nicht, dass so viele Menschen genau so dumm sind.

»Was machst du dir nur für Gedanken«, sagt die Mutter. »Natürlich wäre es schön, überall hinreisen zu dürfen – aber was nicht geht, das geht nun mal nicht. Im Westen können ja auch nicht alle reisen, wie sie gerade wollen. Viele haben ja gar kein Geld dafür.«

Und die Staus auf der Autobahn, die sie im Fernsehen immer zeigen? Katja glaubt den Eltern nicht mehr; sie merkt ganz deutlich, sie erzählen ihr etwas, woran sie selber zweifeln. Und warum? Damit sie in der Schule nichts Falsches sagt, weil sie sonst Ärger mit Frau Holl bekommen. Also haben sogar die Eltern Angst vor der Lehrerin?

»Das Wichtigste im Leben ist nicht der Wohlstand oder ob man da und dort hinreisen kann«, sagt der Vater nun, »das Wichtigste ist, dass Frieden bleibt.«

Damit hat der Vater natürlich Recht, aber das ändert nichts daran, dass die Eltern ihr nicht sagen, was sie wirklich denken. Mit wem soll sie denn reden, wenn nicht mit den Eltern? Und hat Gabi vorhin nicht Recht gehabt, als sie sagte, sie finde es schlimm, zu lügen, nur um anderen einen Gefallen zu tun?

Der Vater hat Katja die ganze Zeit aufmerksam angesehen. »Ich weiß nicht, wie du gerade jetzt darauf kommst, mit uns über all diese Sachen zu reden«, sagt er leise. »Sicher hast du den ganzen Tag ferngeguckt und etwas gesehen, was du noch nicht verstehst. Und jetzt plapperst du das nach wie so eine Ente.«

Der letzte Satz war scherzhaft gemeint, Katja trifft er doch. Dass der Vater so etwas sagen kann, zeigt, dass er sie nicht ernst nimmt. »Ich bin keine Ente!«, sagt sie laut und steht auf. »Ich plappre nichts nach. Ich verstehe mehr, als ihr glaubt. Und ich sag, was ich denke.« Und damit geht sie, ohne den Eltern Zeit für eine Erwiderung zu geben, aus der Tür, und die Eltern kommen ihr nicht nach. Sie kann sich ungestört in ihrem Zimmer an den Schreibtisch setzen und heulen. Ist ja gar nicht wahr, was sie da gesagt hat, sie lügt ja auch. Erst vorhin hat sie die Eltern ganz böse belogen. Trotzdem: Ihre Lüge war nur eine ganz kleine Schwindelei im Vergleich zur Lüge der Eltern. Ihre Lüge dauert höchstens ein paar Tage, die der Eltern nimmt kein Ende ...

Es ist Zeit, den Eltern gute Nacht zu wünschen und ins Bett zu gehen. Katja, schon gewaschen und im Schlafanzug, macht sich auf den Weg durch den Flur und lauscht an der Wohnzimmertür.

Der Fernseher läuft, sonst ist alles still. Sie hat geglaubt, die Eltern würden vielleicht noch über sie reden und sie könnte einige Gesprächsfetzen auffangen, um zu erfahren, was die Eltern wirklich denken. Doch das war ein Irrtum. Deshalb öffnet sie nun die Tür und betritt leise das Zimmer.

Der Vater dreht sich im Sessel herum und lächelt. »Na, ausgeschmollt?«

Die Eltern haben das Ostprogramm laufen, dabei gibt es im Westen einen Film, den sie sich ansehen wollten. Sie verzichten ihretwegen – und haben demzufolge doch über sie gesprochen und sich entschlossen, solange sie wach ist, kein Westfernsehen mehr zu gucken. Erst nachher, wenn sie im Bett liegt, schalten sie vielleicht um ...

»Gute Nacht.« Der Vater küsst Katja und schaut sie aufmerksam an. Und dann bittet er sie: »Über unseren Streit darfst du in der Schule nicht sprechen, hörst du? Das wäre nicht gut – nicht für dich und nicht für uns.« Und die Mutter zieht Katja auf ihren Schoß und fragt sie erst mal nur, ob es ihr denn wirklich wieder besser geht. Und als Katja das bejaht, sagt sie: »Über alles andere reden wir mal, wenn mehr Zeit ist, ja?«

Katja nickt nur still und geht. Im Bett jedoch kommen die Gedanken wieder. Weil die Eltern nichts von Gabi wissen, schieben sie alle Schuld aufs Westfernsehen und wollen, solange sie noch nicht im Bett ist, nur noch Osten gucken. Aber wenn sie das tun, wenn sie jetzt nur noch heimlich Westen gucken, dann lügen sie ja noch mehr …

Der Vater hat ihr vorgeworfen, sie plappere alles nach, was im Westfernsehen gesagt wird. Dabei stimmt das gar nicht, sie hat doch nur gefragt.

Ist Fragen schon zu viel? Aber wenn man nicht mal fragen darf, dann ist ja alles noch viel schlimmer, als sie dachte …

Sie hat sich verstellt, hat den Eltern was vorgespielt, das hat keinen Spaß gemacht. Sie wird das nicht wieder tun. Aber wenn sie auch gelogen hat, so ist sie doch keine Ente. Denn wenn stimmt, was der Vater gesagt hat, nämlich, dass Enten alles nachplappern, dann sind die die Enten, die nur das nachquatschen, was sie in der Schule hören.

Der Vater kann alles von ihr sagen, eine Ente ist sie nicht.

Die Schule! Katja wird langsamer, denn nun wird ihr doch ein bisschen mulmig. Zwar hat sie den Entschuldigungszettel der Mutter in der Mappe, es kann ihr also gar nichts passieren, aber das schlechte Gewissen bleibt doch. Und dann ist da ja auch noch die Sache mit dem Brigadier … Sie muss nun sagen, dass sie kein Brigadier mehr sein will. Aber *wie* soll sie das sagen?

Tina kommt. Sie ist ganz abgehetzt, weil sie Katja

schon von weitem gesehen hat und ihr nachgelaufen ist.

»Wo warste denn gestern?«

»Mir war nicht gut.« Katja guckt Tina nicht an, als sie das sagt. Tina ist ihre beste Freundin, und nun muss sie auch sie belügen, wenn sie nicht will, dass alles herauskommt. Tina erzählt gern, und weiß es erst Moni, weiß es die ganze Klasse.

»Und? Geht's dir wieder besser?«

»Ein bisschen.« Katja wechselt schnell das Thema, fragt, ob sie gestern viele Hausaufgaben aufbekommen haben und ob sie die lange angekündigte Mathearbeit geschrieben haben. Und Tina gibt brav Auskunft. Sie käme nie auf die Idee, dass Katja ihr was vorschwindeln könnte. Deshalb ist Katja froh, als sie endlich in der Klasse sind.

Aber auch die anderen wollen wissen, wo sie gestern war, und Katja muss wieder schwindeln. Doch nun bekommt sie langsam Routine darin, übertreibt sogar ein bisschen, schmückt die Geschichte von ihrem Unwohlsein mit Einzelheiten aus.

Kurz nach dem Läuten betritt Frau Holl die Klasse. Timo, der Klassensprecher, macht seine Meldung, und Frau Holl geht wie immer erst mal nur durch die Klasse, bevor sie mit dem Unterricht beginnt. »Wieder gesund?«, fragt sie, als sie an Katja vorbeikommt.

»Ja.« Katja steht auf und reicht Frau Holl den Entschuldigungszettel.

»Was hattest du denn?«

»Mir war schlecht.«

»Die lügt«, ruft Christoph da plötzlich von hinten. »René und ich haben sie gestern früh gesehen. Sie ist in die Straßenbahn gestiegen und ihre Mappe hatte sie bei sich.«

Entsetzt starrt Katja Christoph an. Der wird rot. »Hast mich ja auch verpetzt«, sagt er.

Nachdenklich liest Frau Holl den Entschuldigungszettel, dann fragt sie: »Stimmt das, was Christoph gesagt hat?«

Katja senkt den Kopf. Und dabei fällt ihr Blick auf Tina, die neben ihr sitzt und sie fassungslos anguckt. Und so wie Tina werden jetzt auch die anderen Mädchen gucken, denen sie erst vor wenigen Minuten eingeredet hat, dass ihr immer noch ein wenig schlecht sei.

»Dann hast du deinen Eltern also Märchen erzählt? Und mir auch? Uns allen?« Frau Holl hebt Katjas Kinn an, um ihr in die Augen blicken zu können. »Was hast du dir denn dabei gedacht? Wieso schwänzt du neuerdings die Schule?«

»Ich will kein Brigadier mehr sein«, stößt Katja da hilflos aus. »Ich ... ich hab nur gelogen, weil ...« Sie weiß nicht weiter, aber dann bricht es mit einem Mal aus ihr heraus: »... weil alle lügen. Aber ich ... ich lüge jetzt nicht mehr ... ich sag jetzt, was ich denke!«

Verständnislos blickt Frau Holl Katja an. »Aber das sollst du doch auch. Das sollt ihr alle.«

Schon wieder so eine Lüge! Doch Frau Holl weiß das vielleicht nicht einmal und deshalb kann Katja ihr darauf auch nichts antworten.

Die Lehrerin überlegt ein Weilchen, dann legt sie den Entschuldigungszettel ins Klassenbuch und sagt leise zu Katja: »Das Beste ist wohl, ich besuch euch heute Abend mal und rede mit deinen Eltern. Irgendwas stimmt nicht mit dir. Und das muss tiefere Gründe haben.«

Still setzt Katja sich wieder hin und schlägt, weil sie niemanden anblicken möchte, ihr Heft auf. Die anderen aber gucken weiter so neugierig – bis auf Tina, die ebenfalls nur in ihrem Heft blättert.

Die Straßenbahn kommt und kommt nicht. Die Leute an der Haltestelle werden schon ungeduldig, Katja aber ist es egal, wann die Bahn kommt. Sie hat Zeit, viel Zeit. Sie will noch mal zu Gabi rausfahren. Doch auch wenn sie nicht zu Gabi fahren würde, hätte sie sich heute beim Essen nicht blicken lassen. Sechs Stunden lang hat sie Tinas vorwurfsvolles Gesicht und die Tuschelei der anderen ertragen müssen, sechs Stunden, von denen jede eine Ewigkeit dauerte. Und die Pausen zwischen den Stunden waren keine Erlösungen, die Pausen waren eher noch schlimmer.

Von der Schule hat sie für diesen Tag genug. Und wie es morgen sein wird, interessiert sie vorläufig noch nicht, dazwischen liegt ja der Abend – und Frau Holls

Besuch zu Hause. Sie möchte erst mal nur zu Gabi raus, mit ihr reden. Gabi hat ja mit alldem nichts zu tun, ist aus einer anderen Welt, kann eine Art Schiedsrichter sein und ihr sagen, was sie falsch oder richtig gemacht hat.

Endlich kommt die Straßenbahn, ein Aufatmen geht durch die Menschen an der Haltestelle. Beim Einsteigen aber schimpfen sie. Der Fahrer jedoch lässt sich nicht aus der Ruhe bringen. »Kann schließlich nicht fliegen«, sagt er, »muss durch den Verkehr hindurch.«

»Als ob's bei uns so viel Verkehr gibt.« Ein junger Mann in bemalter Lederjacke und mit Motorradhelm in der Hand grinst.

»So viel wie drüben sicherlich nicht«, gibt der Fahrer zu. »Dafür haben se drüben aber auch keine Straßenbahnen mehr. Und das ärgert se mehr, als sie zugeben wollen – wo die Luft bei denen doch immer schlimmer wird.«

»Bei uns wohl nicht?« Eine alte Frau mit zwei leeren Obstkörben auf dem Schoß, die gleich hinter dem Fahrer sitzt, lacht laut auf. »Bei uns steht's bloß nicht in der Zeitung. Das isses!«

Immer nur hier, immer nur drüben! Katja hat sich ans Fenster gestellt, guckt aber nicht raus, sondern beobachtet die Leute in der Bahn, die nun alle schmunzeln. Sie sind der gleichen Meinung wie die alte Frau mit den Obstkörben, aber sie würden es nie zugeben – genau wie die Eltern.

»Stell'n Se doch 'n Ausreiseantrag, wenn's Ihnen hier nicht mehr gefällt«, sagt der Fahrer mürrisch. »Begründung: Die 83 kam zu spät.«

Wieder wird gelacht. Diesmal aber sind die Lacher auf Seiten des Fahrers, das gefällt ihm. Er macht ein fröhliches Gesicht. »Wenn die ollen Kutschen auch langsam sind, sie stinken nicht und sind gemütlich.«

Es widerspricht keiner, nur der junge Mann in der Lederjacke zieht verächtlich die Nase hoch. »Gemütlich!«, murmelt er. »Gemütlich und langweilig, wie bei Oma auf der Couch.«

Da das außer Katja, die direkt neben dem jungen Mann steht, niemand gehört hat, gibt es keine Entgegnungen, und Katja schaut nun doch lieber aus dem Fenster.

Die Straßenbahn zuckelt durch die Mahlsdorfer Straße und durch die Bahnhofstraße, dann biegt sie quietschend nach links in die Lindenstraße ein. Es geht über die Dammbrücke, durch die Köpenicker Altstadt, über die Kietzer Brücke und immer weiter. Katja erscheint die Fahrt heute länger als tags zuvor. Aber das liegt sicher an ihr; sie ist heute noch unruhiger als gestern und hat es noch eiliger, nach Wendenschloss rauszukommen.

Vor der offenen Gartentür steht ein alter, klappriger VW mit westdeutscher Autonummer. Zögernd geht Katja um den grauen Käfer mit den vielen Rostflecken herum und guckt durch die Scheiben. Aber sie kann nichts erkennen, außer dass die Sitze schon sehr durchgesessen und an manchen Stellen richtig löchrig sind.

Hat Gabi Besuch? Oder steht das Auto nur zufällig vor dem Garten? Vorsichtig geht Katja über den Mittelweg. »Gabi?«, ruft sie vor dem Häuschen.

»Ja?« Die Holztür zum Häuschen wird geöffnet, ein junger Mann schaut heraus und guckt genauso verdutzt wie Katja.

»Ich ... ich will zu Gabi.«

»Gabi!«, ruft der junge Mann in das Häuschen hinein.

Einige Zeit vergeht, dann taucht Gabi in der Tür auf. Sie trägt dieselben weißen Hosen wie tags zuvor und auch denselben blauen Pullover.

»Ach, du bist's«, sagt sie und muss über Katjas verlegenes Gesicht lachen. »Komm nur rein. Der Schorsch beißt nicht. Der hat gar keine Zähne.«

Der junge Mann, den Gabi Schorsch nennt, lächelt.

Eher unlustig betritt Katja das Häuschen, in dem es heute sehr stark nach Zigarettenrauch riecht. Sie hatte sich schon ausgemalt, wie sie Gabi alles erzählen würde, nun ist ein fremder junger Mann bei Gabi zu Besuch; kann sie da so einfach mit ihren Neuigkeiten herausplatzen?

»Setz dich!« Der junge Mann schiebt Katja einen Stuhl hin. Als sie sitzt, sagt er: »Ich bin also der Schorsch. Und wie heißt du?«

»Katja.«

Gabi setzt Teewasser auf, setzt sich dazu und erzählt Schorsch von Katja. Als sie damit fertig ist, fragt sie: »Na? Hast du dich getraut?«

Immer noch ein wenig verlegen, beschließt Katja, diesen Schorsch, der sie nun so überaus neugierig anguckt, erst mal nicht zu sehen und Gabi vom Morgen in der Schule zu erzählen. Das Gespräch mit den Eltern aber erwähnt sie nicht.

»Toll!«, sagt Gabi, als Katja ihren Bericht beendet hat. Und als Katja sie ungläubig anblickt, wiederholt sie: »Wirklich! Ganz schön mutig. So was hätte ich dir gestern gar nicht zugetraut.«

»Na ja«, sagt Schorsch. »Aber damit hat sie sich 'ne Menge Ärger aufgeladen. Das Ganze hat ja noch 'n Nachspiel.«

»Und was hätte sie deiner Meinung nach tun sollen?«

»Weiß nicht.« Schorsch zuckt die Achseln. »Schwer zu entscheiden.«

»Typisch!« Gabi lacht, als hätte sie nichts anderes von ihm erwartet. »So nicht, aber anders auch nicht. Wischiwaschi und sich immer irgendwie durchmogeln – so kann man alt werden.«

Katja gefällt dieser Schorsch, der so ruhig ist, aber sie merkt gleich, dass das, worüber die beiden streiten, nur wenig mit ihr zu tun hat. Es geht da um etwas, worüber die beiden schon oft gestritten haben müssen. »Bist du auch aus Stuttgart?«, fragt sie.

»Nee!« Schorsch grinst sie an. »Bin aus Leer. Das liegt in Ostfriesland. Bin also 'n Ostfriese, einer von denen, über die immer so unheimlich geistreiche Witze gemacht werden. Ansonsten aber bin ich ganz normal.« Und mit einem Blick auf Gabi fügt er hinzu: »Hoffe ich jedenfalls.«

Gabi seufzt nur und lacht dann wieder.

»Bist du zu Besuch hier?«, fragt Katja weiter.

»Ich studier in Berlin.«

»In Westberlin«, verbessert Gabi.

»In Westberlin«, bestätigt Schorsch.

Danach schweigen die beiden wieder, und Katja, die sich denken kann, dass sie sich, kurz bevor sie gekommen ist, schon gestritten haben müssen, weiß nun auch nichts mehr zu sagen. Als endlich das Teewasser kocht, ist es für alle wie eine Erlösung. Gabi steht auf und gießt heißes Wasser in die Kanne mit den Teeblättern und Schorsch öffnet eine neue Packung Kekse. Während sie dann Tee trinken und Kekse essen, unterhalten sie sich wieder. Schorsch erzählt von einem neuen Film, den er in Westberlin gesehen und der ihn sehr beeindruckt hat, und Gabi von einem Telefonat mit ihrem Vater. Die Leute, die sich in die Ständige Vertretung geflüchtet haben, seien bisher nicht zu bewegen gewesen, das Gebäude zu verlassen. Dabei habe ihnen der DDR-Rechtsanwalt doch zugesichert, dass sie danach auf legalem Weg in den Westen ausreisen dürften.

»Sie trauen dem Frieden nicht«, sagt Schorsch. »Das kann ich gut verstehen.«

Gabi geht nicht darauf ein. Das Gespräch über die Flüchtlinge hat sie an Katjas Problem erinnert. »Und was werden deine Eltern dazu sagen?«, fragt sie. »Ich meine, wenn heute Abend deine Lehrerin kommt und sie alles erfahren?«

Katja erzählt nun doch von dem gestrigen Gespräch und dem Entschluss der Eltern, solange sie wach ist, kein Westfernsehen mehr zu gucken. Gabi ist sofort wieder auf ihrer Seite: »Du hast Recht. Man kann nicht immer lügen, nicht ewig heucheln – und wenn schon die Eltern vor ihren Kindern Versteck spielen müssen …« Sie schüttelt den Kopf. »Das endet doch dann alles in einer einzigen großen Heuchelei. Und die da oben reiben sich die Hände über so viele leicht zu bedienende menschliche Maschinen.«

Schorsch ist nicht Gabis Meinung, obwohl er ihr, wie Katja ganz deutlich sehen kann, nur sehr ungern widerspricht. »Du hast gut reden«, sagt er. »Sie aber müssen hier leben. Und wenn sie was verändern wollen, geht das nur ganz vorsichtig.«

»Wenn wir Kleinen die Großen alles machen lassen, dann machen sie mit uns, was sie wollen«, entgegnet Gabi. »Und dann können wir uns später nicht beschweren, wenn sie wieder mal Mist gebaut haben.«

»So?«, sagt Schorsch, der nun langsam böse wird. »Und was war mit der Raketenstationierung? Die meisten Leute bei uns waren dagegen – und trotzdem stehen die Dinger jetzt da. Trotz aller Proteste.«

»So?«, äfft Gabi ihn nach. »Und was war mit der Volkszählung? Die haben wir doch abgeschmettert, oder?«

Katja versteht nicht so ganz, worüber die beiden da reden. Sie hat zwar von den amerikanischen Raketen gehört, die im Westen stationiert worden sind, das hatte ihnen Frau Holl lang und breit erklärt, aber dass die meisten Leute im Westen dagegen waren, hatte sie nicht gesagt. Und von der Volkszählung im Westen, die dann doch nicht stattfand, weil so viele dagegen waren und ein Gericht sie in der von der westdeutschen Regierung geplanten Form untersagte, das weiß sie nur, weil der Vater, als er die Nachricht im Fernsehen hörte, traurig sagte: »So was können wir hier nie verhindern ...«

Schorsch ist nun richtig sauer. Er hat genauso ein kleines Maschinchen vor sich stehen wie Gabi und dreht sich erst mal eine Zigarette. Nachdem er ein paar heftige Züge genommen hat, verliert er die Lust an dem Streit, macht ein verzweifelt-komisches Gesicht und blinzelt Katja verschwörerisch zu. »Und dafür bin ich extra rübergekommen. Dafür hab ich nun fünfundzwanzig Mark Eintritt bezahlt.«[*]

»Wenn du möchtest, erstatte ich dir das Geld«, sagt Gabi bissig.

***

[*] Besucher aus der Bundesrepublik und Westberlin mussten an der Grenze zur DDR pro Tag 25 DM in 25 Mark der DDR umtauschen.

Verlegen schaut Katja durchs Fenster in den Garten hinaus. Es ist ihr peinlich, den Streit mit anhören zu müssen; sie hat nun noch stärker das Gefühl, dass es den beiden gar nicht um sie und ihre Sorgen geht.

»Also – dann geh ich jetzt schwimmen.« Gespielt munter legt Schorsch seine Tasche auf den Tisch und nimmt eine Badehose heraus.

»Wie bitte?« Auch Gabi bemüht sich, Katja wieder ein bisschen aufzuheitern. Sie verkreuzt die Arme über der Brust und schüttelt sich. »Bei dem Wetter?«

»Mir ist heiß genug«, erwidert Schorsch und geht zur Tür, dreht sich aber noch einmal um und fragt: »Kommt ihr mit?«

»Ja«, sagt Gabi. »Aber nur, um zuzugucken, wie du erfrierst.«

Mit Schorschs altem VW fahren sie zum Strandbad Wendenschloss und mieten einen Strandkorb. Und während sich Gabi und Katja in den Strandkorb setzen, geht Schorsch, erst mal vorsichtig mit dem großen Zeh die Wassertemperatur prüfend, ins Wasser. Nicht lange, und er schwimmt weit draußen.

Das Strandbad ist leer. An so einem kalten Tag haben nur wenige Lust, baden zu gehen.

»Na?«, sagt Gabi zu Katja, als sie eine Zeit lang nur dem schwimmenden Schorsch nachgesehen und weder ein Wort noch einen Blick gewechselt haben. »Bist du nun enttäuscht?«

Erst will Katja wie automatisch den Kopf schütteln, dann fällt ihr ein, dass das ja wieder so eine Lüge wäre. Also sagt sie: »Ja.«

»Hab ich mir gedacht.« Gabi nickt. »Aber – wie sollen wir dir helfen? Wir gehören doch nicht dazu. Wäre blöd von uns, dir Ratschläge zu erteilen. Ich finde das, was du tust, richtig – von meiner Warte aus. Aber ob es aus eurer Sicht richtig ist?«

Doch Katja hat keine Lust mehr, darüber zu sprechen. Gabi hat Recht, mit ihren Sorgen muss sie selber fertig werden. »Ist der Schorsch dein Freund?«, fragt sie, um das Thema zu wechseln.

Gabi lächelt. Sie hat Katja verstanden. Aber auf die Frage antwortet sie nur ausweichend. »Ich weiß nicht. Mal ist er's – mal nicht. Er ist ziemlich nett, aber irgendwie nicht erwachsen genug. Mal sehen, wie alles läuft.«

1989
Test the West

Kein Novembergrau wie all die Tage zuvor. Kein Nebel hängt in den Bäumen rings um den Weißen See, keine dicken, schweren Polsterwolken verdüstern die Stadt – der See glitzert in der blassen Sonntagssonne, als wollte er ein letztes Mal in diesem Jahr an den Sommer erinnern.

Marius hat nur kurz aus dem Fenster geschaut und sich zufrieden wieder hingelegt. Noch ein bisschen träumen möchte er. Ist ja so viel passiert in den letzten Tagen. Alles hat sich verändert; die Welt ist eine andere geworden, wie der Vater immer sagt. Aber er sagt das mit sehr besorgter Stimme. Und die Mutter macht allen Vorwürfe, die zugelassen haben, dass die Welt sich so verändert hat.

Ratschinskis haben sich gefreut, als die Grenzen geöffnet wurden. Unter den Ersten waren sie, als am Donnerstagabend plötzlich alle in den Westen rüberdurften. Und nicht vor dem frühen Morgen waren sie zurück und hatten überall im Haus voller Begeisterung herumerzählt, wie großzügig die Westler sie empfangen hätten. Den ganzen Kurfürstendamm rauf und runter hätten sie gefeiert und überall hätte es Sekt und Freibier und Currywürste gegeben. Nun wäre Berlin endlich wieder Berlin. Die furchtbare Mauer wäre weg und da würde es mit der ruhmreichen DDR wohl bald ein Ende haben: »Ohne Mauer ist hier nichts von Dauer!«

Die Eltern konnten sich nicht freuen, hatten nur ihre Tür zugeschlagen, um diese »Jubelarien« nicht mehr mit anhören zu müssen, und dabei Gesichter gemacht, als fürchteten sie sich …

Was Jäcki wohl zu alledem sagen würde? Marius sieht den älteren Bruder vor sich, wie er zum letzten Mal auf Urlaub kam: in der Uniform der Nationalen Volksarmee mit den blitzneuen Gefreitenstreifen auf den Achselklappen.

»Biste erst Gefreiter, biste bald auch General«, hatte er gespottet.

Jäcki denkt nicht wie die Eltern, ist auch nicht gern Soldat geworden; wäre viel lieber zu den Bausoldaten gegangen, die keine Waffe in die Hand nehmen müssen. Eine Verweigerung aber hätte ihm jede Hoffnung auf einen Studienplatz genommen.

Dennoch, so wie die Ratschinskis hätte Jäcki sich nicht gefreut. Was aber nicht heißt, dass er inzwischen nicht auch längst im Westen gewesen wäre. Und das nicht nur, weil jeder Ostler hundert Mark Begrüßungsgeld bekommt. »Was man nicht wirklich kennt, kann man nicht beurteilen« ist einer seiner Lieblingssprüche. »Erst wenn du von der Suppe gekostet hast, weißte, wie sie schmeckt …«

»Was ist? Kannste oder willste nicht?« Der Vater steht in der Tür, seine Schlafanzughose ist verrutscht, unter dem weißen, schon etwas zu engen T-Shirt ist der blond behaarte Bauch zu sehen.

»Ist das Bad denn schon frei?«

»Natürlich! Wir haben jetzt ja die totale Freiheit.« Der Vater lacht böse und geht.

Nur unlustig schwingt Marius sich aus dem Bett, bleibt aber noch ein bisschen auf der Bettkante sitzen, um weiter nachzudenken.

Kann denn wirklich gut sein, worüber so viele sich freuen, solange es Leute wie die Eltern gibt, die Angst vor all diesem Neuen haben? Wer hat denn Recht, die Jubler oder die Besorgten?

Wenn doch nur Jäcki hier wäre! Jäcki glaubt nur, was er sehen und anfassen kann. Jäcki kostet erst von der Suppe, bevor er sich über ihren Geschmack auslässt. Einem wie Jäcki macht keiner was vor.

Es wird kein Sonntagsfrühstück wie in all den Monaten zuvor. Die Eltern schweigen beim Essen und auch Marius hängt seinen Gedanken nach.

Den ganzen Sommer über hatten die Eltern sich am einzigen Tag in der Woche, an dem sie beide wirklich Zeit haben, schon beim Frühstück ausgiebig über die Vorfälle der zurückliegenden Woche unterhalten. Vor allem auf die unzähligen Flüchtlinge, die das Land verlassen hatten, schimpften sie – und auf deren Dummheit: Was wollten die Leute denn im Westen? Hier hatten sie ihre sicheren Arbeitsplätze, im Westen herrschte

Arbeitslosigkeit. Hier gehörten ihnen die Betriebe, im Westen mussten sie, wenn sie überhaupt Arbeit bekamen, für irgendeinen Kapitalisten schuften, der durch ihre Arbeit noch reicher wurde.

Marius hatte immer nur zugehört. Anfangs hatte ihn nicht einmal sehr interessiert, was die Eltern da jeden Sonntag zu bereden hatten. Sein Sport bewegte ihn mehr. War er nicht in der Schule oder hockte über den Schularbeiten, war er auf der Radrennbahn: Rennen fahren, trainieren oder den Männerwettbewerben zuschauen. Später hatte er dann doch mal was zu den Eltern gesagt – und danach nie wieder.

Es war, nachdem Chrissie Ratschinski ihm erzählt hatte, dass gar nicht stimme, was in den Ostzeitungen stünde. Es würden nicht nur Dummköpfe und Reaktionäre fortgehen und es wäre auch noch niemand vom Westen entführt worden. Die Flüchtlinge wollten nur raus aus dem langweiligsten Land der Welt, wollten reisen und ihre ehrliche Meinung sagen dürfen.

Sie hatten darüber geredet, nachdem sie bei Ratschinskis im Westfernsehen einen Bericht über all die Flüchtlinge gesehen hatten. Über die ungarische Grenze waren die Leute gelaufen, um von dort nach Österreich und weiter in die Bundesrepublik zu gelangen, in Prag waren sie zur westdeutschen Botschaft über den Zaun geklettert und auch in Warschau warteten sie auf ihre Ausreise in den Westen. Das hatte ihm zum ersten Mal Angst gemacht. Da stimmte doch was nicht, wenn so viele wegwollten. Und wie sollte das Leben hier denn weitergehen, wenn immer mehr wegliefen? Chrissie sagte ja schon, es gäbe nicht mal mehr genug Ärzte.

Also hatte er die Eltern am Sonntag darauf nach alldem gefragt. Und der Vater war gleich explodiert. Er solle nicht immer bei den reaktionären Ratschinskis rumhängen, die vernebelten ihm bloß das Gehirn, hatte er geschrien. Wenn die sich langweilten, wäre das ganz allein ihre Schuld. Er, Günter Liedke, langweile sich jedenfalls nicht. In seinem Betrieb gäbe es so viel zu tun, so viel Neues aufzubauen, da hätte er kaum Zeit zum Luftholen. »Und Reisefreiheit? Dass ich nicht lache! Als ob man bei uns nicht reisen darf! Bulgarien, Polen, Rumänien, die CSSR, die Sowjetunion – die halbe Welt steht uns offen. Ratschinskis aber wollen unbedingt in die andere Hälfte!« Und die Mutter ergänzte empört, dass auch die viel gerühmte westliche Meinungsfreiheit sie nicht locken könnte: »Dürfen alles sagen, alles kritisieren! Aber ändern sie damit vielleicht was? Kriegen sie damit ihre Arbeitslosen weg?«

So war das im Sommer. Da waren die Eltern noch aufgeregt, schimpften und diskutierten. Was in den letzten vier Tagen passiert ist, hat ihnen die Sprache verschlagen.

»Was haste denn heute vor?« Endlich macht der Vater doch den Mund auf.

Marius senkt den Kopf. Er lügt nicht gern. »Heute gibt's die Männersprints. Kieke startet auch.«

Kieke, richtig Matthias Kiekleben, ist Jäckis bester Freund, die Eltern kennen ihn, seit Kieke und Jäcki zusammen in den Kindergarten gingen. Die Mutter lächelt zufrieden. »Ein feiner Kerl, der Kieke! Von der Sorte müsste es mehr geben.«

»Hhm«, macht Marius nur mit vollem Mund. Die Mutter hat ja keine Ahnung. Kieke ist längst nicht mehr der, für den sie ihn hält; Kieke denkt genau wie Jäcki. Und deshalb will er heute zum Kurfürstendamm, sich den Westen anschauen. Und ihn, Marius, will er mitnehmen. Er solle nur seinen Ausweis nicht vergessen, ohne Ausweis ließen die Grenzposten ihn nicht rüber, hat er gesagt; und ohne Ausweis bekäme er auch kein Begrüßungsgeld.

Sie aber wollen sich ihr Begrüßungsgeld holen – und sich danach für die einhundert Westmark Rennschuhe kaufen; Schuhe, wie es sie im Osten nicht gibt. Und wenn noch zehn Mark übrig sind, will Marius sich dafür ein Transistorradio kaufen. Chrissie Ratschinski hat gesagt, die gäbe es im Westen schon für zehn Mark.

Die Eltern dürfen davon nichts erfahren. Der Vater würde ihn einsperren, wüsste er von ihrem Vorhaben.

Was aber ist, wenn sie zurück sind? Das Transistorradio kann er in die Hosentasche schieben, das ist klein; die Rennschuhe wird er den Eltern auf Dauer nicht verheimlichen können.

Dieser Gedanke ist es, der Marius Sorgen macht. Hinzu kommen die Gewissensbisse: Ist er denn nun auch so ein Reaktionär wie die Ratschinskis? Hat Chrissie ihm wirklich schon das Gehirn vernebelt?

Kieke steht bereits an der Straßenbahnhaltestelle und grinst übers ganze breite Gesicht. »Na? Gut gefrühstückt, Mariechen?«

Kieke ist groß und kräftig und sieht auch sonst gut aus. Mädchen aus ganz Weißensee würden ihm nachlaufen, hat Jäcki mal erzählt. Gegen Kieke kommt sich Marius immer ganz klein vor. Kieke ist ein Modellathlet, sagen sie auf der Rennbahn, und: Kieke wird bestimmt noch mal DDR-Meister im Sprint, wenn nicht sogar Olympiasieger. Er, der kleine blonde Marius, habe auch Talent, heißt es, er müsse aber noch viel trainieren, um etwas zu werden. Dennoch: »Mariechen« darf ihn nur Kieke rufen.

»Haben die Läden heute denn überhaupt auf?«, fragt er zögernd, als er Kieke begrüßt hat. »Ist doch Sonntag.«

»Extra unsertwegen machen se auf. Damit die Brüder und Schwestern aus'm Osten Gelegenheit haben, ihnen den Umsatz zu erhöhen.« Kieke grinst weiter so gut gelaunt, sagt dann aber, wenn er nicht mitwolle, solle er's bleiben lassen. »Per Post schicken sie dir die Treter allerdings nicht.«

»Wieso denn?«, protestiert Marius. »Na klar komme ich mit!«

Jäcki wäre ganz bestimmt auch mitgegangen – und

die Rennschuhe muss er haben! René Scholz hat gestern schon welche angehabt, alle haben es gesehen und kein Trainer hat was dagegen gesagt. Was bessere Rundenzeiten ermöglicht, ist gut für die DDR, hat Kieke auf dem Nachhauseweg gespottet. Und was gut für die DDR ist, kann auch moralisch nicht falsch sein.

Sie fahren mit der Straßenbahn bis zur Weißenseeer Spitze, steigen um und zuckeln in einer überfüllten Bahn der Bornholmer Brücke entgegen: dem Übergang nach Westberlin! Die Leute reißen die verrücktesten Ost-West-Witze. Marius spürt, wie ihm vor Aufregung die Finger feucht werden. Noch vor wenigen Tagen wurde erschossen, wer über diese Grenze flüchten wollte, und jetzt will er so mir nichts, dir nichts mit Kieke und all diesen gut gelaunten Menschen in den Westen, um sich Rennschuhe zu kaufen?

Kieke ist auch aufgeregt, obwohl er es nicht zugeben will. Immer wieder erzählt er, was er von seinem Vater über den Westen weiß. Kiekes Vater war als Jugendlicher oft im Wedding und am Kurfürstendamm, das war in jener Zeit, als es die Mauer noch nicht gab. Von Kinos und Sahnebonbons hatte er Kieke vorgeschwärmt, von Fußballspielen im Olympia-Stadion und Rock'n-Roll-Konzerten in der Waldbühne. Und er war auch jetzt schon wieder drüben, um sich für sein Begrüßungsgeld eine echte Levis-Jeans zu holen, wie er sie als junger Bursche so gern trug.

Die Straßenbahn hält, alles drängt hinaus und schlägt den gleichen Weg ein: zum Grenzübergang Bornholmer Brücke. Dort stauen sich schon die Menschen. Dazwischen immer wieder PKWs, die nicht vorwärts kommen; zumeist Trabis.

Marius spürt sein Herz bis in den Hals. Wenn die Eltern wüssten, wo er jetzt steht! Sie würden ihn rauszerren aus dieser Menge. Vielleicht würde der Vater ihn sogar schlagen, obwohl er das sonst noch nie gemacht hat.

Neue Witze werden gemacht. Einer ruft, wenn das so lange dauert, wären drüben ja die Bananen alle, bevor sie kämen. Ein anderer widerspricht: »Die sollen nur schön langsam machen. Sonst kommen die im Westen mit dem Gelddrucken nicht nach.«

Alles lacht und Kieke grinst mit und erklärt Marius, dass sie ja eigentlich erst zur Volkspolizei hätten gehen müssen, um sich ein Visum in den Ausweis stempeln zu lassen. Aber dort stünden noch längere Schlangen, er hätte keine Lust gehabt, den halben Tag dort anzustehen.

Worte, die Marius' flaues Gefühl im Bauch noch verstärken. Was, wenn man sie festnimmt – ohne Visum an der Grenze? Andererseits verspürt er Erleichterung: Vielleicht lassen die Grenzposten sie ja gar nicht rüber. Dann bekommt er keine Rennschuhe und braucht sie vor den Eltern nicht zu verstecken.

Kieke hat ein Mädchen aus seiner ehemaligen Klasse entdeckt. »Tanja!«, ruft er laut und winkt ihr übertrieben heftig zu. »Tanjuuuscha! Willste auch nach Moskau?«

Die Umstehenden lachen, das Mädchen winkt belustigt zurück und Kieke freut sich. »In der Schule war se immer so 'ne ganz Strenge«, flüstert er Marius zu. »Politisch 1 a! Der Westen war der übelste Klassenfeind – jetzt holt se sich ganz spießig ihren Hunni.«

Kieke ist schon seit zwei Jahren aus der Schule und bald ausgelernter Industriekaufmann. Deshalb spottet er gern über seine Schulzeit. Aber haben vor zwei Jahren nicht viele noch ganz anders gesprochen? Erst letztens, als er auf Urlaub zu Hause war, hat Jäcki das zu Kieke gesagt. Und Kieke hatte geantwortet: »Alte Bauernregel: Das Sein verändert das Bewusstsein.« In Wahrheit aber war diese »Bauernregel« von Karl Marx und darüber haben die beiden Freunde wie zwei kleine Jungen gekichert.

Jetzt sind nur noch wenige Leute vor ihnen, gleich müssen sie dem Grenzposten den Ausweis hinhalten. Marius' Herz klopft immer heftiger. Was sollen sie sagen, wenn sie gefragt werden, weshalb sie kein Visum in ihrem Ausweis haben? Ist doch sicher verboten, ohne Erlaubnis so nahe an die Grenze heranzugehen.

»Morjen, Meister!«, grüßt Kieke den Grenzposten, einen jungen Leutnant, wie Marius an den Achselklappen erkennen kann. »Schöner Tag heute, was?«

Der Leutnant, ein mürrisch dreinblickender Mann mit randloser Brille, nimmt nur Kiekes Ausweis, blättert ihn durch, stellt fest, dass kein Visum eingestempelt ist, und guckt Kieke fragend an.

Kieke spielt den Unschuldigen. »Im Radio haben se vor 'ner halben Stunde gesagt, dass in Notfällen die Ausweise auch an der Grenze abgestempelt werden.« Um was für einen Notfall es sich bei ihm handelt, sagt er aber nicht. Und der Leutnant fragt nicht danach, schaut nur kurz zu den Massen hin, die nach ihnen drankommen und denen sein Zögern schon viel zu lange dauert, und murrt: »Aber nächstes Mal vorher 'n Visum holen!« Dann gibt er Kieke den Ausweis zurück und winkt ihn durch!

Atemlos vor Angst und Spannung hält Marius ihm seinen Ausweis hin. »Der gehört zu mir«, erklärt Kieke sogleich. »Wenn ich ihn zurücklasse, hat er niemanden, der ihm was zu Mittag kocht.«

Hinter ihnen wird gelacht und der Leutnant macht ein Gesicht, als würde er Kieke am liebsten sofort verhaften. Doch dann reicht er auch Marius seinen Ausweis zurück und winkt ihn ebenfalls durch.

»Siehste, Mariechen!«, freut Kieke sich, als sie längst über die Bornholmer Brücke marschieren. »Allet nur noch nasse Pappe im Osten. Früher waren se die großen Herren, heute sagen se danke, wenn de ihnen nischt tust.« Doch dann seufzt er traurig. »Wenn man bedenkt, wovor wir so lange strammgestanden haben – eigentlich ist's zum Heulen!«

Sie sind im Westen! Sind im berühmten goldenen Westen, für den so mancher, nur weil er dort leben wollte, sogar sein Leben riskierte. Bis auf die Reklameplakate aber sieht alles aus wie vor der Grenze. Sie sind noch in derselben Stadt: Vierstöckige Häuser, breite Straßen, zwischendurch ein paar Bäume.

»Warte, bis wir auf'm Kudamm sind«, flüstert Kieke, als gäbe es irgendeinen Grund dafür, von nun an leiser zu sprechen. »Da gehen dir die Augen über.«

Wie sie zum Kurfürstendamm gelangen, weiß Kieke von seinem Vater: Mit dem Bus bis zur Osloer Straße und von dort aus mit der U-Bahn bis zu den Stationen Bahnhof Zoo oder Kurfürstendamm. Zwei Katzensprünge nur noch, wo bisher ein ozeanweiter Abgrund klaffte.

Die Busse und U-Bahnen sind überfüllt. Alles Ostler, die den Westen »testen« wollen. *Test the West* wird auf einem U-Bahnhof für eine Zigarettenmarke geworben. Betrifft das nicht genau ihre Situation? Kieke muss lachen, als er zum ersten Mal diesen Werbespruch liest. Und er findet es ganz normal, dass sie als Ostler in den Bussen und Bahnen kein Fahrgeld bezahlen müssen. »Das ist der Westen uns schuldig«, erklärt er Marius. »Schließlich haben nicht nur wir im Osten den Krieg verloren.« Und als Marius das nicht gleich versteht, verrät er ihm, was sein Vater immer sagt: »Vierzig Jahre lang haben wir die armen Russen zu ›Freunden‹ gehabt, die im Westen die reichen Amerikaner, Engländer und

Franzosen. Allein auf westdeutschem Mist ist das Wirtschaftswunder nicht gewachsen.«

Die Ostler um sie herum, die das gehört haben, nicken. »Ab jetzt wird jeteilt«, sagt ein älterer Mann mit schütterem Haar. »Halbe-halbe und nich anders!«

Wieder beifälliges Gemurmel. Vorsichtig sieht Marius zu den Leuten hin, die er für Westler hält. Sind die mit dem, was eben gesagt wurde, denn einverstanden?

Ein paar von ihnen gucken ganz freundlich, manche strahlen sogar vor Wiedervereinigungsglück. Irgendwie waren sie ja auch eingesperrt, wie Jäcki mal gesagt hat, und nun ist ihr Westberlin vielleicht bald gar keine Insel mehr. Andere gucken eher abfällig, so als ärgerten sie sich darüber, dass die U-Bahn wegen der vielen Ostler so voll ist.

Im Fernsehen wurde eine ganz andere Jubelstimmung gezeigt. Aber das Fernsehen berichtete ja auch nicht aus der vollen U-Bahn, im Fernsehen sah man Leute, die auf der Mauer tanzten, und andere, die schon angefangen hatten, mit Hammer und Meißel an der Mauer herumzuklopfen, um sich Erinnerungsstücke rauszuschlagen. Mauerspechte haben sie diese Hämmerer genannt. Die Kamera fing auch viele Westler ein, die gleich hinter der Grenze jeden einzelnen Trabifahrer mit Klopfen aufs Autodach begrüßten und am Straßenrand Bananen verteilten, als hätten sie die gerade erst aus dem Urwald geholt. Im Fernsehen gab es nur glückliche Gesichter, da war niemand, der sich gestört fühlte ...

Bahnhof Zoo! Sie müssen raus aus dem Gedränge. Aber das fällt nicht schwer, fast alle anderen steigen ebenfalls hier aus. Marius versucht, irgendwas von diesem berühmten Bahnhof, von dem Chrissie Ratschinski ihm schon erzählt hat, zu erkennen, die Menschen um ihn herum aber schieben ihn einfach weiter. Eine Treppe hoch und noch eine Treppe hoch und dann sind sie schon am Tageslicht und alles stürmt auf die nächstgelegene Bankfiliale zu, vor der sich bereits eine lange Schlange gebildet hat.

Erst als auch Kieke und er in der Reihe stehen, hat Marius Gelegenheit, sich ein wenig umzublicken. Er sieht viele bunte, am Tage nicht angeschaltete Leuchtschriften, jede Menge überfüllte Schaufenster, einen riesigen Blumenstand ... Am Sonntag Blumen, das verwundert ihn am meisten. Vor allem aber sieht er Menschen: Männer, Frauen und Kinder, die bereits eingekauft haben – Tragetaschen in den Händen, Kartons unter den Armen –, und andere, die erst noch einkaufen wollen. Ungeduldig hasten die Leute aneinander vorüber; fast so, als trügen sie gestohlene Ware mit sich herum oder planten diesen Diebstahl erst noch. Manche aber machen hochmütige Gesichter, so als wollten sie sagen: »Das steht mir zu. Denkt bloß nicht, ich sag danke.«

Jäckis »Suppe«, von der erst kosten muss, wer wissen

will, ob sie schmeckt! Wollen alle diese Menschen um sie herum diese Westsuppe testen? Leise fragt er Kieke danach.

Der grinst mal wieder. »Einmal einkaufen ist noch lange nicht die ganze Suppe. Da musste schon 'ne janze Testreihe veranstalten, bis de mitbekommen hast, wie se wirklich schmeckt.«

Heißt auf Deutsch: Wer den Westen kennen lernen will, muss hier leben, ein Besuch allein reicht nicht … Chrissie Ratschinskis Schwärmereien bedeuten also gar nichts; Chrissie war ja auch erst ein- oder zweimal hier. Und wenn Kiekes Vater vom Westen spricht, denkt er noch immer an die Zeit vor achtundzwanzig Jahren, als sicher vieles noch ganz anders war.

Fast eine ganze Stunde stehen sie an, dann haben sie ihr Begrüßungsgeld endlich. Und damit sie es sich nicht zweimal holen können, hat die freundliche, aber von der vielen Geldauszahlerei schon ziemlich müde Frau hinter der Kasse ihnen einen Stempel in den Ausweis gedrückt.

»Siehste!« Kieke muss schon wieder lachen. »Haben wir also doch noch unser Visum bekommen – das D-Mark-Visum! Gilt immer und überall, kannste stolz drauf sein.«

Die Leute in der Schlange kichern vor Vorfreude.

Auf der Straße bleibt Marius erst mal stehen. Die Geldscheine in seiner Jackentasche fühlen sich so fremd an. Einen Fünfzig-Mark-Schein, zwei Zwanziger und einen Zehner hat die Kassiererin ihm gegeben; vier sehr wertvolle Geldscheine! In Ostmark umgetauscht, sind die hundert Westmark, je nach Umtauschkurs, ganz sicher sogar zwischen fünfhundert und tausend Mark wert. Wenn er die verliert? Oder wenn sie ihm gestohlen werden? Im Westen soll's ja viele Taschendiebe geben.

»Was is? Willste 'ne Jedenkminute einlegen?« Kieke wird ungeduldig. Er will endlich seine Rennschuhe in der Hand halten. Und so kümmert er sich nicht um den ängstlichen Marius, der beim Vorwärtslaufen nicht die Hand aus der Jackentasche nimmt, und genauso wenig um all die Menschen um sie herum, die ebenfalls den Warenhäusern und Geschäften zustreben. Er kennt nur noch ein Ziel, das KaDeWe*. Dort soll es eine tolle Sportabteilung geben; dort finden sie ihre Rennschuhe ganz bestimmt.

An der im Krieg zerstörten Gedächtniskirche, die Marius schon aus dem Fernsehen kennt, geht's vorüber und an einer riesigen Skulptur aus Stahl oder Aluminium vorbei. Sie soll die beiden Berlin darstellen – geteilt und doch miteinander verflochten. Gleich darauf stehen sie vor dem berühmten Kaufhaus. Hinein drängen Menschen, heraus drängen Menschen. Kieke macht sich noch ein bisschen größer und breiter, als er ohnehin ist,

---

* KaDeWe – Kaufhaus des Westens. Berühmtestes Berliner Kaufhaus.

und benutzt die Ellenbogen, um für sich und Marius Platz zu schaffen; so kommen sie langsam, aber stetig voran.

Im Erdgeschoss befindet sich die Parfümabteilung und so riecht es hier auch. »Tausend Düfte des Orients!« Kieke grinst, während er sich bis zur Rolltreppe durchkämpft, um endlich in die oberen Stockwerke fahren zu können. Damen-Abteilung, Herren-Abteilung, Bücher und Papierwaren, Fernseh- und Haushaltsgeräte – und dann sind sie plötzlich ganz oben in der Lebensmittelabteilung.

Hier würde Marius gern ein bisschen bleiben, sich angucken, was die Westler so alles essen: tolle Schokoladen, alle möglichen Fleisch- und Wurstwaren, fremdartige Fische und dazu Obst und Gemüse, wie er es zum Teil zuvor noch nie gesehen hat. Kieke aber läuft nur an allem vorbei, bis er eine Rolltreppe findet, die sie wieder etwas tiefer hinabbringt – in die Sportabteilung.

Ja, das ist eine Sportabteilung! Hier gibt es nichts, was es nicht gibt. Darunter Rennräder, die Marius am liebsten gestreichelt hätte, wenn er sich nur getraut hätte.

Gleich neben den Rädern die Rennschuhe: von den verschiedensten Firmen, in den verschiedensten Farbkombinationen, in allen Größen! Einige allerdings sind so teuer, dass Kieke und er sich noch fünfmal Begrüßungsgeld holen müssten, um sie bezahlen zu können.

Es gibt aber auch welche zu 69,90 DM, 79,90 DM und 89,90 DM.

Marius staunt, dass der Preisunterschied stets genau zehn Mark beträgt und immer nur zehn Pfennige zum nächsthöheren Zehner fehlen. Kieke erklärt ihm das mit »Psychologie des Kapitalismus«. »Sollst glauben, 9,90 sind keine zehn Mark.« Er lacht schlau. »Vor allem aber bezahlste nie, was die Ware wirklich wert ist, sondern immer nur, was de bereit bist hinzublättern. Manchmal is was Billiges sogar von besserer Qualität als was Teures. Und warum? Weil de auch den Markennamen mitbezahlst, die Fernsehwerbung und all den Quatsch.«

Marius gefallen die rotweißen Schuhe einer amerikanischen Firma am besten. Es sind genau die gleichen, die René Scholz sich gekauft hat. Leider kosten sie 89,90. Was, wenn die für 69,90 besser und nur deshalb billiger sind, weil der Markenname nicht so berühmt ist?

Kieke nimmt erst mal alle Sorten Schuhe unter hundert Mark in die Hand, riecht dran, schiebt die Hand hinein und biegt die Sohle hin und her, ob sie auch weich und trotzdem fest genug ist. Dann probiert er die Schuhe, die er in die engere Wahl genommen hat, nacheinander an – und ist sich danach immer noch nicht so recht schlüssig. Lange kratzt er sich den Kopf, bevor er sich entscheidet: »Nehmen wir lieber die für 89,90. Da wissen wir wenigstens, was wir haben.«

Die Verkäuferin, die Kieke die einzelnen Schuhpaare gereicht hat, nickt zufrieden. »Damit sind Sie gut beraten.« Dann blickt sie Marius an. »Möchten Sie auch erst die anderen probieren?«

Sie fragt nicht ungeduldig, hat Zeit; in der Sportabteilung drängen sich nicht solche Massen wie in den anderen Abteilungen. Doch sie ist noch sehr jung, duftet angenehm und hat sich für eine Verkäuferin viel zu sehr herausgeputzt, wie Marius findet. Er wird rot, schüttelt den Kopf und zeigt gleich auf die 89,90-Schuhe.

»Aber anprobieren wollen Sie die Schuhe doch?«, fragt sie nun beinahe mütterlich. »Außerdem haben wir diese Marke noch in anderen Farben. Sie müssen sie nicht unbedingt in rotweiß nehmen.«

»Will aber rotweiß.« Noch verlegener setzt Marius sich auf den Stuhl zum Anprobieren. Diese Kaufhaus-Prinzessin soll nicht denken, er ist doof, nur weil er aus dem Osten kommt.

»Bitte schön!« Sie bringt ihm die rotweißen, hilft ihm in die Schuhe und schnürt sie ihm sogar zu, als wäre er noch ein Kleinkind. Und dann lächelt sie Kieke, der ihr offensichtlich gefällt, auch noch an, als wäre er, Marius, ein Kindergartenkind und sie die beiden Erwachsenen, die alles viel besser verstehen.

Doch dann hat er die Schuhe an den Füßen und vergisst alles andere um sich herum. Sie passen wunderbar, diese Supertreter! Und wie leicht sie sind! Er macht ein paar Schritte hin und her, dann strahlt er erst Kieke und danach auch die Verkäuferin an: Was sind das nur für tolle Rennschuhe! Und er hat das Geld in der Jackentasche, um sie sich zu kaufen! Und die zehn Mark für das Transistorradio bleiben auch noch übrig! – Er ist ein Glückspilz, ein Glückspilz allererster Sahne!

Das Transistorradio kaufen sie in einer Nebenstraße vom Kurfürstendamm. Dort sei alles ein paar Groschen billiger, hat Kieke vorausgesagt. Und tatsächlich, das kleine knallgelbe Transistorradio kostete nicht mehr als 9,90. Nur für die Batterien hat Marius' Geld nicht mehr gereicht. Die aber kann er sich im Osten kaufen, von seinem Taschengeld.

Stolz steckt Marius das kleine Radio in die Jackentasche, dann guckt er nachdenklich die zwei Groschen an, die ihm von seinen hundert Mark geblieben sind. Die reichen für nichts mehr. Keine einzige S-Bahn-Fahrkarte würde er im Westen dafür bekommen, keine Zeitung, nicht mal 'ne Schrippe.

Sie brauchen seine zwei Groschen dann aber doch noch, weil Kieke sein restliches Geld mit ihm verprassen will: Eis, Cola und ein Zehnerpäckchen Kaugummi spendiert er. Ohne Marius' zwei Groschen hätte es für den Kaugummi nicht mehr gereicht.

Kauend machen sie sich darüber lustig, dass sie nun keinen einzigen Westpfennig mehr besitzen, und schlendern dabei gemütlich den Kurfürstendamm rauf und runter, diesen langen, breiten Boulevard mit all den vielen Geschäften, Restaurants, Cafés, Kinos und Theatern. Und nun gehen Marius wirklich die Augen über: Was in den Schaufenstern für schicke Klamotten liegen! Wie viele verschiedene Fernseher, Phonotürme, Fotoapparate und CDs es hier gibt! Welche Mengen verschiedenster Süßigkeiten! Was für Schmuck! Was für Autos! Was für Urlaubsreisen! Und überall Schilder, die das Neueste, Schönste, Beste, Teuerste und Billigste anpreisen. Jetzt erst versteht Marius das Wort vom »goldenen Westen«. »Kann sich das denn hier jeder kaufen?«, flüstert er Kieke zu. »Haben die alle so viel Geld?«

Der zuckt die Achseln. »Alle sicher nicht! Aber 'ne ganze Menge. Sonst würden die Geschäfte ja Pleite machen.«

So muss es sein. So ist es ja auch im Osten. Die einen haben mehr Geld, die anderen weniger. Aber zu Hause sind die Leute froh, wenn sie überhaupt bekommen, was sie gerade suchen. Da gibt es keine große Auswahl, da locken die Schaufenster nicht so. Hier wünscht sich bestimmt jeder, ganz viel Geld zu haben. Und wer nicht so viel verdient, ist sicher sehr traurig und vielleicht auch wütend darüber, sich nicht den teuersten Fernseher, das beste Auto oder die schönste Urlaubsreise leisten zu können.

Ein Uhrenladen mit vielen kostbaren, goldglänzenden Uhren. Eine ganz besonders teure in der Mitte des Schaufensters kostet über zwanzigtausend Mark. Marius rechnet nach – das sind ja nahezu zweihunderttausend Ostmark, dafür müsste der Vater zwanzig Jahre lang arbeiten! Verlegen guckt er Kieke an. »Wünschst du dir so eine Uhr?«

»Nee!« Kieke lacht. »Bin doch nicht blöd. Wenn die halb zehn zeigt, zeigt meine auch halb zehn. Und für zwanzigtausend Westmark krieg ich schon 'nen supertollen, fast neuen Gebrauchtwagen.«

Marius will sagen, dass er auch lieber ein Auto hätte als so eine teure Uhr, da sieht er plötzlich, dass die großen Uhren im Hintergrund alle schon halb eins anzeigen. In einer halben Stunde gibt's Mittagessen! Wie soll er bis dahin zu Hause sein?

»Sagste eben, du hast bei uns mitgegessen«, tröstet ihn Kieke.

»Aber dann hätte ich vorher Bescheid sagen müssen.«

»Haste vergessen.«

Kein guter Rat! Wie sollte er denn am Sonntag das Mittagessen vergessen? Das sonntägliche Mittagessen ist eine heilige Handlung, da hat die Familie um den Tisch zu sitzen, da gelten nur wirklich wichtige Gründe als Entschuldigung ...

Nun hat er sich gleich mehrere Probleme aufgehalst mit diesem »Test the West«! Erst die Sache mit dem Versteck für die Schuhe, jetzt auch noch das Fehlen beim Mittagessen. Losrennen aber würde nichts mehr nützen. Ob er um zwei, drei oder vier zu Hause läutet,

Ärger bekommt er in jedem Fall. Also geht Marius nur weiter neben Kieke her und bleibt mit ihm vor jedem zweiten Schaufenster stehen.

»Westgeld müsste man haben!«, seufzt Kieke vor einem Laden mit allen möglichen Jeans, Pullovern und Hemden. »Jede Menge Westmark und noch 'n Bündelchen Dollar obendrauf.«

»Musste eben tauschen.«

Ein junger Bursche hat das gesagt. Ganz und gar in Leder gekleidet, steht er neben ihnen und grinst sie an.

»Was denn tauschen?«, fragt Kieke verblüfft.

»Na, Ostmäuse gegen Westmäuse. 10:1. Ganz reell.«

Da kann Kieke nur ärgerlich den Kopf schütteln. »Hältste mich für 'n Klempner? Nur Handwerker machen bei uns Kohle.« Und damit zieht er Marius, der dieses Angebot noch immer nicht fassen kann, schon weiter. Den schlechtesten Umtauschkurs hat dieser Ledertyp ihnen angeboten und dann auch noch »ganz reell« gesagt.

»Was will denn der mit dem ganzen Ostgeld?«, fragt er Kieke.

»Na, was schon? Unsere Ostfleppen wieder gegen Westmark tauschen. Aber dann 8:1 oder 7:1, damit er 'nen Reibach macht.«

»Und er denkt, wir sind so blöd, ihm zehn Mark für eine einzige zu geben?«

»Es gibt genug Blöde.« Kieke wirkt auf einmal ganz traurig, guckt mehr in sich rein als in die Schaufenster und macht den Mund nicht mehr auf. Erst als sie am Bahnhof Kurfürstendamm wieder in die U-Bahn hinabtauchen, löst sich seine Miene ein wenig. »Für uns Ostler ist der Westen nischt«, stellt er sachlich fest, während sie auf dem übervollen Bahnsteig auf die Bahn in Richtung Osloer Straße warten. »Also werden wir bald alle Westler oder se können die Grenzübergänge gleich wieder zusperren. Nase platt drücken und doch nichts kaufen können macht keinen Spaß.«

Halb vier. Seit einer ganzen Weile schon steht Marius vor der Haustür und traut sich nicht, zu den Eltern hochzugehen. Wie soll er denn am Vater vorbei die Rennschuhe in sein Zimmer schmuggeln? Er wird ihn doch sicher gleich zur Rede stellen, will wissen, wo er war und weshalb er zum Mittagessen nicht nach Hause kam.

Kieke hat es gut! Der zeigt seinem Vater den Einkauf und erzählt ihm stolz, wo er überall gewesen ist und was er gesehen hat. Und sein Vater strahlt mit ihm um die Wette ... Hat er, Marius, denn einen schlechteren Vater als Kieke?

Weshalb soll der Vater eigentlich nicht verstehen, dass er die Rennschuhe unbedingt braucht? Er hat doch mal Fußball gespielt, da brauchte er auch richtige Töppen, um wirklich gut spielen zu können! Nicht mal die Trainer haben etwas gegen René Scholz' Superrennschuhe gesagt!

Er gibt sich einen Ruck, stößt die Haustür auf und steigt mutig die Treppe hoch. Vor der Wohnungstür überfällt ihn neue Angst. Zögernd nimmt er die Schuhe aus dem Karton, wickelt sie aus dem Papier und schaut sie fast bittend an: Ihr müsst Vater doch auch gefallen! Er will doch, dass ich mal ein guter Sportler werde.

Wieder etwas hoffnungsvoller drückt er mit dem Ellenbogen auf die Klingel und wartet. Vielleicht ist der Vater ja gar nicht zu Hause, dann kann er die Mutter bis zum Abend bearbeiten, dass sie ihm die Sache schonend beibringt.

Doch es ist der Vater, der öffnet. Mit weit ausgestreckten Armen hält Marius ihm die Rennschuhe hin. »Die ... die brauch ick ... Kieke ...«

Weiter kommt er nicht. »Was ist denn das?«, fragt der Vater sofort. »Wo haste die denn her? Und wo warste heute den ganzen Tag?«

»Ick ... ick ...«, stottert Marius und schweigt dann einfach. Der Vater wird ihn ja doch nicht verstehen.

»Na?«, fragt der Vater. Aber dann klappt im dritten Stock eine Tür. Schnell zieht der Vater Marius in die Wohnung und schaltet im Flur das Licht an. »Wo du heute den ganzen Tag gesteckt hast, will ich wissen!«

»Ick ... ick war ... ick brauch doch Rennschuhe!« Marius kommen die Tränen. Ach, wäre er nur nie in dieses Kaufhaus gegangen! Oder wäre wenigstens Jäcki noch zu Hause, um ihm beizustehen.

»Und wo haste die her?« Der Vater flüstert nur noch vor Erregung, hat sich längst alles zusammengereimt.

»Aus ... aus'm Westen ...« Nun fließen die Tränen, fließen und fließen, und das verwirrt Marius noch mehr. Er ist vierzehn! So einer heult doch nicht mehr. Und René Scholz hat doch auch solche Rennschuhe und Kieke hat sie sich ebenfalls geholt. Was ist denn so schlimm daran, dass er auch welche haben möchte?

Ein Weilchen guckt der Vater ihn nur voller Entrüstung und Enttäuschung an, dann schlägt er plötzlich zu. Es ist das erste Mal, dass er Marius schlägt. Die Ohrfeige ist hart und wuchtig, die Schuhe fallen Marius aus der Hand, er taumelt zurück und fällt gegen das Telefontischchen. Der Hörer fliegt von der Gabel und zieht den Apparat nach; alles poltert zu Boden und scheppert so laut, dass die Mutter, aus ihrem Nachmittagsschlaf gerissen, ganz erschrocken aus dem Schlafzimmer gelaufen kommt.

»Was ist denn hier los?«

Der Vater fasst sich an die Brust. »Er ... er hat ...« Und dann wird er auf einmal kreideweiß im Gesicht und sackt still in sich zusammen.

»Günter!«, schreit die Mutter auf. »Günter! Um Himmels willen! Was ist denn passiert?«

Der Vater versucht, sich aufzurichten. Er scheint keine Luft mehr zu bekommen, Schweiß steht ihm auf der Stirn und immer wieder presst er beide Hände aufs Herz.

»Halt seinen Kopf!«, ruft die Mutter Marius zu. »Schnell! Halt seinen Kopf hoch!« Dann kniet sie schon vor dem Telefon, das Gott sei Dank noch funktioniert, und ruft, ohne den Apparat erst aufs Tischchen zurückzustellen, den Notarzt an.

Der Vater hatte einen schweren Herzanfall. Der Arzt sagt es und fügt hinzu, das sei kein Wunder bei einem Fünfzigjährigen mit zwanzig Kilo Übergewicht, der zu allem Übel auch noch starker Raucher sei und in letzter Zeit viel getrunken habe.

Sie sitzen in dem leeren Besucherzimmer im Krankenhaus. Marius und die Mutter haben an der einen Tischseite Platz genommen, der noch recht junge, fast wie ein Student aussehende Arzt in Jeans und Pullover unter dem weißen Kittel auf der anderen. Marius fühlt sich elend. Ihm ist richtig übel vor schlechtem Gewissen. Was der Arzt gesagt hat, das mit dem Rauchen und Trinken, hat er von der Mutter. Aber ist das denn die ganze Wahrheit? Er, Marius, hat doch an allem Schuld! Wozu musste er sich diese scheiß Schuhe kaufen? Er hat doch gewusst, dass der Vater nicht wollte, dass er in den Westen rüberfuhr.

Wieder redet dieser Dr. Stern auf die Mutter ein. Sie solle sich keine allzu großen Sorgen machen, sagt er, der Anfall sei vorüber. Jetzt komme es darauf an, dass ihr Mann sein Leben ändere. Wenn er vernünftig sei, Gewicht reduziere, das Rauchen aufgebe und auch nicht mehr so viel trinke wie in der letzten Zeit, könne er noch hundert Jahre alt werden.

Marius wagt nicht, den Kopf zu heben. Warum hat die Mutter dem Doktor denn nichts von den Rennschuhen gesagt? Schämt sie sich so sehr für ihn? Aber was ist, wenn der Arzt das wissen muss, um den Vater richtig behandeln zu können?

»Na?« Der Doktor hat was gemerkt. »Hast du auch eine Frage?«

Erst schüttelt Marius nur den Kopf, dann beginnt er hastig zu erzählen. Von seinen Rennschuhen berichtet er, und wie der Vater sich darüber aufregte, dass er im Westen war, um sie sich zu kaufen.

Vor Verlegenheit putzt die Mutter sich immer wieder die Nase. Was er da sagt, ist ihr sehr peinlich.

Dr. Stern muss lächeln. »Nein«, sagt er, als Marius fertig ist. »Deine Schuhe waren nicht die Ursache für diesen Zusammenbruch. Sie haben ihn mit hoher Wahrscheinlichkeit ausgelöst, aber sie haben ihn nicht verursacht. Dein Vater hat sich in letzter Zeit viele Sorgen gemacht und deshalb noch ein bisschen ungesunder gelebt als zuvor. Jede kleine oder größere Aufregung hätte einen solchen Anfall zur Folge haben können.«

Er macht eine Pause, dann sieht er die Mutter an und fügt hinzu: »In den nächsten Wochen und Monaten wird es sicher noch viele Gründe zur Aufregung geben. Unser Leben wird nicht so weitergehen wie bisher. Deshalb sollten Sie sich eine Art inneren Ruhepanzer zulegen und all dem Neuen, das sich ereignen wird, mit Gelassenheit begegnen.«

Er nickt der Mutter noch einmal zu, dann steht er auf, reicht erst ihr die Hand und danach Marius, und Marius hat das Gefühl, als drücke der Doktor sie ihm besonders fest. So als wollte er sagen: Hast keine Schuld. Mach dir bloß keine Vorwürfe.

Sie können zu Fuß nach Hause gehen. Ein langer, stummer Nachtspaziergang; jedes Wort würde nur stören.

Marius muss wieder an Jäckis »Suppe« denken. Test the West! Der Vater will die Westsuppe nicht »testen« – ist er deshalb ein Suppenkaspar, der umkommen muss, weil er so stur ist? Schließlich hat der Doktor ja auch nichts anderes gesagt als Jäcki. Was sonst soll »Gelassenheit« denn heißen, wenn nicht: Erst mal kosten, erst mal probieren … Und hat der Doktor dabei nicht geguckt, als sei er persönlich ganz zufrieden damit, dass ihre Welt sich so verändert hat?

Trotzdem: Es waren seine Rennschuhe, die den Vater beinahe umgebracht hätten. Was bedeutet es da schon, dass sie nur der Auslöser, nicht aber die Ursache für den Herzanfall waren … Deshalb wird er die Schuhe nicht behalten. Er wird sie verschenken oder wegwerfen; er will nicht, dass der Vater, wenn er aus dem Krankenhaus entlassen wird, sich noch mal so aufregt.

Die Mutter seufzt in Gedanken. Vorsichtig schaut Marius sie an. Was sie jetzt wohl denken wird? Denkt sie über Dr. Sterns Worte nach? Denkt sie an den Vater, den sie allerfrühestens morgen Abend besuchen dürfen? Oder denkt auch sie an seine Rennschuhe?

Er fragt lieber nicht. Still folgt er ihr bis zur Haustür, die Treppe hoch und in die Wohnung. Kaum hat die Mutter Licht gemacht, erschrickt er: Seine Rennschuhe! Sie liegen noch immer neben dem Telefontischchen. So wie er sie am Nachmittag fallen ließ, liegen sie da, rotweiß und wunderschön …

Auch die Mutter starrt die Schuhe an.

Da muss er wieder heulen. »Ich werf sie weg. Gleich jetzt bring ich sie zum Müll.«

Einen Augenblick zögert die Mutter, dann bückt sie sich, hebt die Schuhe auf, besieht sie sich von allen Seiten und streichelt vorsichtig das glatte Leder.

»Nein!«, sagt sie danach streng. »Du wirfst sie nicht weg! Wirfst du sie weg, hast du ewig ein schlechtes Gewissen. Der Doktor hat Recht: Die Ursachen sind andere.« Und damit zieht sie ihn an sich, küsst ihn und drückt ihm die Schuhe in die Hand. »Reib sie nur gleich mit Fett ein, damit sie weich bleiben und du dir beim nächsten Rennen keine Blasen holst.«

Darf er sich also doch noch ein bisschen freuen? Die Mutter ist längst in der Küche, um für ihn und sich ein paar Brote zu schmieren – sie haben ja noch nicht zu Abend gegessen –, da steht Marius immer noch im Flur, hält die Schuhe in der Hand und weiß nicht, was er denken soll.

Zu schade, dass Jäcki nicht da ist! Jäcki hätte ganz sicher auch jetzt einen Rat gewusst.

Dann jedoch, nach dem Abendessen, geht er an den Schuhschrank, nimmt das Lederfett heraus und beginnt, die Schuhe einzureiben. Er kann nicht immer nur auf Jäcki warten; irgendwann muss er auch selber mal entscheiden.

1998
Pizza-Tine

Freitagnachmittag zieht Tine immer mit ihren Werbezetteln durch die Straßen. *Ristorante Il Pavone* steht drauf, Restaurant Zum Pfau. Darunter sind die Öffnungszeiten angegeben, der Hinweis auf den kostenlosen Lieferservice, und danach werden all die vielen Pizzasorten, Fisch-, Fleisch- und Nudelgerichte aufgezählt.

Zwei Stunden dauert Tines Tour und jede Woche verteilt sie ihre Zettel in einer anderen Gegend, immer rund um Giovannis und Lores Ristorante herum. Dafür bekommt sie vom dicken Giovanni jedes Mal zwanzig Mark und eine Pizza oder ein Nudelgericht; je nachdem, worauf sie gerade Appetit hat. Das Essen ist dabei aber gar nicht das Wichtigste. Das Schöne an der Extra-Belohnung ist, dass Tine dann im Restaurant sitzen darf, an dem Tisch gleich neben der Küche, an dem sonst nur Giovanni, seine Familie oder die beiden Kellner sitzen dürfen. Von diesem Tisch aus kann sie das ganze Lokal überblicken. Und da isst sie meistens sehr langsam, weil es ihr großen Spaß macht, den Leuten zuzusehen, die bei Giovanni speisen.

Mal sind es Geschäftsleute in Schlips und Kragen, die viel Wein trinken und gleich mehrere Gänge bestellen, mal sind es Hochzeits- oder Geburtstagsgesellschaften, die laut feiern und ebenfalls nicht auf die Mark achten. Dann strahlt Giovanni »über alle vier Backen«, wie Lore, seine zierliche deutsche Frau, das nennt, und er und seine Kellner fliegen nur so hin und her, um es ihren Gästen recht zu machen. Meistens aber sitzen bei Giovanni und Lore ganz normale Leute. Doch auch zu denen ist Giovanni sehr freundlich. Nur wenn Jugendliche kommen, die sich zu zweit oder dritt die billigste Pizza teilen und ewig an ihrem verklebten Colaglas nuckeln, guckt er beleidigt. Vor allem, wenn alle anderen Tische besetzt sind. Dann müssen all die Gäste, die ganz sicher mehr bestellen würden, wieder gehen, nur weil diese »Bambini« sein Ristorante mit einem Bahnhofswartesaal verwechseln.

Zu Tine ist Giovanni stets ganz besonders nett. Er bedauert sie, weil sie so viel allein ist. Kinder brauchen ihre Mama wie der Bär seinen Pelz, sagt er immer.

Ein schöner Vergleich, findet Tine. Denn, natürlich, früher war es besser. Wenn sie von der Schule nach Hause kam, hatte die Mutter schon gekocht, sie aßen zusammen und beredeten alles miteinander. Und bei den Schularbeiten konnte die Mutter auch helfen. Jetzt, mit zwölf, ist sie längst kein kleines Kind mehr, und immer nur zu Hause glucken ist für die Mutter wahrhaftig nicht sehr spannend. Also arbeitet sie in Vaters Copy Shop mit. So brauchen sie keine Angestellte mehr und sie, Tine, macht sich das Essen selber warm, wenn sie aus der Schule kommt. Danach isst sie in aller Ruhe, erledigt die Schularbeiten und guckt erst am Nachmittag mal kurz nach, ob es den Copy Shop noch gibt.

Eigentlich wollte die Mutter ja, dass sie gleich nach der Schule bei Vater und ihr reinschaut. Aber da hat Tine nicht mitgemacht. Sie will sich nicht jeden Tag »melden« müssen. Ein Telefonanruf von zu Hause genügt. »Hallo! Bin noch am Leben. In der Schule war alles wie immer. Schönen Tag! Danke schön! Auf Wiedersehen!«

Seine Vorteile hat das Allein-zu-Hause-Sein aber auch, denn in dieser Zeit gehört die ganze Wohnung ihr, kann sie laut schimpfen und die Mappe in die Ecke schmeißen und beim Essen Fernseher und Radio gleichzeitig laufen lassen, wie sie will. Niemand kann ihr was sagen oder befehlen. Für ein paar Stunden ist sie Königin Christine; der einzige kleine Trost für die Zweisamkeit mit der Mutter, die ihr nun entgeht.

Und jeden Freitag ist sie die Pizza-Tine! So hat die Frau Kirschke aus dem zweiten Stock sie mal genannt, obwohl auf Giovannis Zettel ja nicht nur Pizzen angeboten werden. Warum auch nicht? Als Pizza-Tine verdient sie jeden Freitag ihre zwanzig Mark. Das sind achtzig im Monat und manchmal sogar hundert. Macht im Jahr um die tausend. Zwei Jahre zweitausend! Und dann ist sie vierzehn und Simone und sie fliegen in den großen Ferien nach Spanien, dorthin, wo am allermeisten los ist.

Die Eltern wissen davon noch nichts, aber da sind Simone und sie sich einig: Sind ihre Bosse nicht einverstanden, gibt's keinen Widerspruch! Dann wollen sie so tun, als würden sie die Absage ihrer Reisepläne stillschweigend schlucken – und heimlich losfliegen! Mit vierzehn geht das, da haben sie sich genau erkundigt. Und bis irgendwelche Detektive sie gefunden haben, sind die Ferien längst zu Ende.

Blöd, dass die Haustüren alle zu sind! Jedes Mal muss sie erst lange klingeln, und hat sie endlich jemanden erwischt, der zu Hause ist, wird über die Gegensprechanlage nachgefragt, wer denn Einlass begehre. Dann muss sie – bla, bla, bla – ihr »Werbung! Bitte machen Sie doch auf!« vom Stapel lassen. Und das muss freundlich und kindlich-niedlich klingen, denn die meisten alten Leute würden sie sonst garantiert nicht reinlassen.

Gleich danach die nächste Freude: Aufkleber auf den Briefkästen! *Bitte, keine Werbung!* Manche Leute drohen sogar damit, Anzeige zu erstatten, sollten sie dennoch einen Werbezettel in ihrem Briefkasten finden. So was Verkalktes! Als ob sie den Zettel nicht einfach wegschmeißen können, wenn er sie nicht interessiert.

Schon wieder: »Wer ist denn da?« Eine zittrig klingende Frauenstimme.

»Werbung! Bitte machen Sie doch auf!«

Pause. Dann wieder die zittrige Stimme: »Was für eine Werbung denn? Hab ja gar nichts bestellt.«

Oh, ist die jenseits! »Ristorante Il Pavone!«

Wieder eine Pause, dann: »Kenne ich nicht!«

Da hat es keinen Zweck, länger zu reden. In dieser Zeit kann sie zwei andere Häuser ablatschen. »Na, dann eben nicht, olle Schrulle!« Tine zieht weiter – und hat Glück, im Nebenhaus wird gerade die Tür geöffnet. »Darf ich?«, fragt sie, ihr niedlichstes Lächeln aufsetzend, und schlüpft schon an dem grauhaarigen Herrn vorbei, der ihr nur ganz verblüfft nachguckt.

Klapp, klapp, klapp, achtzehn Zettel sind verschwunden!

Das nächste Haus. Hier muss sie erst wieder lange klingeln, aber dann hört sie eine junge Frauenstimme, die kommentarlos öffnet. Bestimmt 'ne Kundin, die sich vielleicht sogar über Giovannis Pizza-Service freut, denkt Tine froh. Ist doch toll, zu Hause vor dem Fernseher zu sitzen, Appetit zu bekommen, anzurufen und schon eine halbe Stunde später die heiße Pizza oder irgendein anderes leckeres italienisches Gericht vor sich stehen zu haben! Wenn sie erwachsen ist, wird sie überhaupt nicht kochen, nur anrufen. Ist doch viel praktischer. Und soo viel teurer ist es auch nicht.

Geschafft! Tine sitzt mal wieder auf ihrem Platz gleich neben der Küche und isst eine Meeresfrüchte-Pizza. Simone ekelt sich vor diesem Wasserviehzeug, Tine isst es gern. Training für Spanien! Dort, an der Küste, gibt es ja unendlich viel von dem Zeug. Aber Simone ist sowieso ganz anders als sie, muss auch nicht arbeiten, um sich das Spaniengeld zu verdienen, spart es einfach von ihrem dicken Taschengeld zusammen. Gegensätze ziehen sich an, sagt der Vater immer. Vielleicht sind Simone und sie deshalb so gute Freundinnen.

Nicht viel Betrieb heute. Giovanni lehnt am Tresen und liest eine italienische Zeitung und von den Kellnern hat nur der hagere Vittorio mit dem Bürstenschnitt zu tun. Marcello unterhält sich in der Küche mit Domenico, dem stets an allen Neuigkeiten interessierten Koch. Sie sprechen italienisch miteinander, aber Tine weiß, worum es geht: um Fußball! Wenn Marcello und Domenico Zeit haben, reden sie fast immer über Fußball. Oder sie regen sich über irgendwas Politisches auf.

Es macht Spaß, ihnen dabei zuzusehen. Auf Italienisch klingt alles so toll. Und was für Gebärden sie mit den Händen machen! Fast als führten sie ein Theaterstück auf.

Ein junger Mann betritt das Restaurant. Auch ein Italiener, das sieht Tine gleich. Er ist ziemlich klein, aber genauso braunhäutig wie Giovanni. Außerdem guckt er, als wollte er gar nicht essen, sondern suche nur jemanden.

Giovanni blickt kurz auf, dann fliegt schon die Zeitung beiseite. »Paolo!« Und mit einem Schwall begeisterter italienischer Worte stürzt er auf den jungen Mann zu und drückt und herzt ihn, als hätte er einen längst verloren geglaubten Sohn wieder gefunden.

Paolo ist Giovannis Neffe; ein Sohn seines Bruders. Das erfährt Tine später, als Giovanni ihr die zwanzig Mark bringt und sich wie immer ein bisschen mit ihr unterhält. Sein Neffe sei nach Deutschland gekommen, um hier Arbeit zu suchen, erzählt er. Und natürlich hoffte »der gute Junge«, bei seinem Onkel angestellt zu werden. Die Zeiten aber wären nicht danach: Darf er, Giovanni Vallone, denn Vittorio oder Marcello entlassen, die schon seit vielen Jahren für ihn arbeiten, nur um seiner Familienpflicht zu genügen? – Nein! Das könne er nicht, das wolle er nicht und das dürfe er nicht! Also habe er Paolo empfohlen, sich erst einmal woanders umzusehen. Wenn sich aber nichts anderes findet, darf er, Giovanni Vallone, den Sohn seines Bruders nicht vor der Tür stehen lassen. Und was heißt das? Das heißt, dass er noch einen dritten Kellner einstellen und sein Restaurant danach ganz sicher bald schließen muss.

Giovanni guckt traurig und wird dann langsam zornig: Ach, dieser Paolo! Gibt es denn keine Telefone? Hätte er ihn nicht vorher anrufen können, um zu fragen, wie seine Chancen stünden? Aber nein, der Junge ist nicht dumm! Hätte er angerufen, hätte er ihm gesagt, dass er nicht kommen soll. Nun hat er ihn am Hals.

Sagt es und seufzt und Tine denkt wieder, dass Giovanni einer der freundlichsten Männer ist, die sie kennt. Niemals würde er seinen Neffen im Stich lassen, lieber würde er selber hungern. Paolo aber weiß das noch nicht. Ganz bedrückt hat er sich an den Tisch neben der Tür gesetzt, still isst er die Pizza und den Salat, den Giovanni ihm brachte.

Ein Weilchen beobachtet Tine den jungen Mann noch. Er tut ihr Leid. So eine weite Reise ganz für umsonst, das muss schon sehr ärgerlich für ihn sein.

Am nächsten Freitag dreht Tine wie immer ihre Runde, wie immer ist sie froh, als sie endlich auch den letzten Zettel im Briefkasten versenkt hat. Sie überlegt schon, welches Nudelgericht sie sich heute bestellen soll – Pizza hatte sie die ganzen letzten Wochen über gegessen –, als mit einem Mal die Haustür, die sie nur angelehnt hatte, auffliegt und Giovannis Neffe Paolo in den Flur gestürmt kommt. Angsthetzt jagt der kleine, dunkelhaarige Mann die Treppe hoch.

Verblüfft schaut Tine ihm nach, dann will sie aus der Tür, wird aber zur Seite gestoßen: Drei Glatzen in Bomberjacken und mit Springerstiefeln stürzen in den Hausflur und hetzen ebenfalls die Treppe hoch. Alles ganz stumm, eine fast schon gespenstische Jagd an diesem hellen Sonnentag.

Nur kurz zögert Tine, dann schleicht sie sich an die Treppe vor und lauscht. Den einen der drei Glatzköpfe kennt sie. Er heißt Jan und wohnt im gleichen Haus wie sie.

Tine kennt Jan schon lange. Eigentlich solange sie

denken kann. Er war immer sehr nett zu ihr, ist fünf Jahre älter als sie, spielte sich nur manchmal arg väterlich auf. Aber das hat sie ihm nicht übel genommen, fünf Jahre Unterschied sind ja nicht gerade wenig.

Auch als Jan sich die Haare scheren ließ und wie ein Soldat herumlief und die Leute im Haus über ihn zu tuscheln begannen, spielte er ihr gegenüber weiterhin den »großen Bruder«. So blieben sie trotz all des Getuschels Freunde. Aber nun? Was haben die drei Jungen mit Paolo vor? Weshalb ist er vor ihnen fortgelaufen?

Dumpfe Schläge sind zu hören, lautes Keuchen und ab und zu ein Aufstöhnen, das sie bis ins Mark trifft. »Was macht ihr denn da?«, will sie rufen, wagt es dann aber doch nicht; läuft nur plötzlich aus dem Haus und steht danach auf der Straße, blickt zur Haustür hin und weiß nicht, was sie tun soll.

Soll sie irgendeinen Erwachsenen ansprechen, ihm sagen, was dort drüben geschieht?

Nein! Das darf sie nicht tun. Das wäre wie ein Verrat an Jan …

Sie überlegt noch, da kommen die drei schon wieder aus dem Haus – und direkt auf sie zugerannt! Sie will weglaufen, Jan jedoch ist schneller, hat sie schon am Arm gepackt. Ganz rot im Gesicht ist er, seine Augen flackern. »Du hast nichts gesehen!«, schreit er sie an. »Haste gehört? Du hast nichts gesehen!« Und einer seiner Freunde, ein großer, kräftiger, pickliger Typ, zieht sie an den Haaren, dass ihr Kopf nach hinten fliegt, und droht ihr mit finsterer Miene direkt ins Gesicht: »Wenn du einen von uns verrätst, biste dran! Und deine Eltern auch. Ein deutsches Mädel muss wissen, wohin es gehört.«

»Ich … ick sag ja gar nichts«, kann sie nur stammeln, so überrascht ist sie von diesem Angriff. Und dann laufen ihr die Tränen übers Gesicht: Wie kann Jan denn bei so etwas mitmachen?

Die drei aber hetzen weiter die Straße entlang, bis sie in einer Seitenstraße verschwunden sind. Wie gebannt hat Tine ihnen nachgeschaut. Was soll sie tun? Einfach zu Giovanni gehen und sich Spaghetti, Cannelloni oder Gnocchi bestellen, während sie noch nicht mal weiß, was mit seinem Neffen geschehen ist?

Ein Weilchen steht sie unschlüssig vor der Haustür herum, dann schiebt sie trotzig die Hände in die Taschen ihrer Jeans und schlendert mit heftig klopfendem Herzen auf die Haustür zu.

Sie steht noch offen, die Jungen haben überhaupt nicht daran gedacht, die Tür zu schließen. Vorsichtig betritt Tine den Hausflur und lauscht. Doch es ist nichts zu hören, nicht mal mehr ein Stöhnen.

»Hallo?«, ruft sie leise die Treppe hoch.

Keine Antwort.

Da macht sie lieber wieder ein paar Schritte zurück.

Was ist dem jungen Mann nur geschehen? Haben die drei ihn so böse verprügelt, dass er nicht mal mehr aufstehen und fortgehen kann? Oder wohnt er in dem

Haus und ist längst in einer der Wohnungen verschwunden?

Erneut nähert sie sich der Treppe – und dann macht sie zwei, drei zaghafte Schritte die Stufen hoch, um besser lauschen zu können.

Immer noch nichts ... Was, wenn die drei Paolo totgeschlagen haben? So was ist ja schon vorgekommen. Die Mutter liest dem Vater solche Nachrichten immer ganz entsetzt aus der Zeitung vor.

»Hallo?«, versucht sie es noch einmal – und diesmal hört sie etwas, ein leises Stöhnen ... »Hallo?«, ruft sie zum dritten Mal – und wieder ist als Antwort nur dieses Stöhnen zu vernehmen. Also steigt sie langsam die Treppe hoch, bis sie direkt unterm Dachboden angelangt ist.

Und da liegt der junge Mann, das Gesicht blutverschmiert, die Hände auf den Bauch gepresst, und auch durch die Hände sickert Blut ...

Vor Schreck weicht Tine bis an die Wand zurück, er aber schaut sie mit großen Augen an und will irgendetwas sagen. Doch er bringt kein Wort heraus, ringt nur nach Luft. Ein Anblick, den sie nicht aushält. In wilder Panik stürzt sie die Stufen bis zu den Wohnungen im vierten Stock herunter, klingelt an allen vier Türen und hämmert mit den Fäusten dagegen. »Aufmachen!«, schreit sie dabei. »Aufmachen! Hilfe!«

Doch niemand öffnet, niemand ist zu Hause.

Sie läuft in den dritten Stock hinunter, klingelt wieder überall und hämmert gegen alle Türen. »Aufmachen! Hilfe! Aufmachen!«

Da, endlich, eine alte Frau! Ängstlich guckt sie durch den Türspalt. »Was ist denn passiert? Warum schreist du denn so?«

Tine will der alten Frau alles erklären, aber dann dauert ihr das viel zu lange. »Ein Krankenwagen!«, bittet sie nur noch. »Da oben liegt einer, er blutet! Sie müssen den Notarzt rufen.«

Sie hat nicht gewartet, bis der Krankenwagen kam, ist schon die Treppe hinabgeflitzt, als die alte Frau noch telefonierte. Konnte sich ja denken, dass bald auch die Polizei kommen würde. Und was hätte sie den Polizisten denn sagen sollen? Die hätten sie doch gefragt, was sie auf dem Dachboden zu suchen hatte. Schließlich wohnt sie nicht in diesem Haus. Und darf sie Jan denn verraten, Jan, der immer ihr Freund war und der ihr nun so gedroht hat?

Nein! Lieber ist sie weggelaufen. Und sie geht auch nicht zu Giovanni. Die zwanzig Mark kann er ihr ein andermal geben. Und Nudeln bekommt sie jetzt sowieso keine herunter.

Doch wo soll sie nun hin? Einfach nach Hause gehen, Tür zu, Fernseher an, um alles zu vergessen?

Das wird ihr kaum helfen. Das hat sie schon oft probiert und dabei erst recht unentwegt an all das denken müssen, was sie eigentlich vergessen wollte.

Soll sie sich in den Copy Shop flüchten? Aber die Eltern sehen ihr doch an, dass was passiert ist, die Mutter kennt sie ganz genau …

Lange spaziert Tine einfach nur durch die Straßen, vorüber an Häusern, deren Hausflure sie so gut kennt, vorüber an Menschen, die ihr nicht ansehen können, was sie bewegt. Ein Weilchen steht sie vor dem Kino-Center herum und betrachtet die Ankündigungen der neuesten Filme, ohne wirklich was zu sehen. Dann geht sie weiter, durch Parkanlagen und Geschäftsstraßen, und guckt in Schaufenster, bis sie es irgendwann nicht mehr aushält und doch den Weg zu Giovanni einschlägt. Sie muss wissen, ob man dort schon von der Sache erfahren hat – und ob es Giovannis Neffen sehr schlimm getroffen hat.

Und tatsächlich, im Lokal ist alles in heller Aufregung. Die Polizei war da und hat von dem Überfall berichtet, denn der Name des Restaurants seines Onkels war das Einzige, was Paolo den Polizisten zuflüstern konnte. Giovanni ist danach gleich ins Krankenhaus gefahren. Und was er da zu hören bekam, war so schlimm, dass er es noch immer nicht so recht glauben will. »Ein Messerstich, direkt in den Bauch? Wer kann so etwas denn nur getan haben?«, fragt er immer wieder mit verstörter Miene.

Tine erfährt das alles von Marcello, der ihr die Spaghetti vorsetzt, die sie sich bestellt hat, und die zwanzig Mark neben den Teller legt. Der ewig gut gelaunte Marcello macht an diesem Tag ein Gesicht, als würde er demjenigen, der das getan hat, am liebsten auch ein Messer in den Bauch stoßen.

Tine wagt kaum aufzublicken, während der Kellner mit ihr spricht, hört ihm nur ganz genau zu. Sie hat Angst, ihre Augen könnten sie verraten. Das schlechte Gewissen muss ihr ja ins Gesicht geschrieben stehen. Alle im Lokal rätseln, wer das getan und warum er das getan haben könnte; sie allein kennt die Antwort und darf sie nicht sagen.

»Wenn ich diesen Schweinehund mal in die Hände bekommen sollte!« Giovanni hat die Geschichte gerade dem jungen Paar erzählt, das am Fenstertisch sitzt und sich über all die Aufregung sehr verwunderte. Doch er sagt nicht, was er dann tun würde; weiß es vielleicht selbst noch nicht.

Das Pärchen guckt, als schämte es sich für das, was Giovannis Neffen angetan wurde. Tine aber schämt sich noch viel mehr und hat auch Grund dazu.

»Wird er denn wenigstens wieder gesund?«, fragt die junge Frau.

Traurig zuckt Giovanni die Achseln. »Wer weiß! Der Dottore sagt, wir müssen abwarten.« Dann aber rinnen dem großen, schweren Mann die Tränen übers Gesicht. »Irgendwas wird auf jeden Fall zurückbleiben, Narben an Körper und Seele ... Paolo ist ja noch ein so junger Mann, kennt noch nicht die Schlechtigkeit der Welt ...«

Da kann Tine nicht mehr weiteressen. Still nimmt sie ihren Zwanzigmarkschein und läuft aus dem Lokal.

E. Müller steht auf dem Messingschild über dem Klingelknopf. Tine hatte die Hand schon ausgestreckt und wieder zurückgezogen. Ob Jan allein zu Hause ist? Oder ob seine Mutter öffnet? Sie muss all ihren Mut zusammennehmen, um endlich doch noch zu läuten.

Lange hört sie nichts, dann nähern sich schlurfende Schritte der Tür: Jans Mutter öffnet! Erstaunt guckt sie Tine an. »Tag, Tinchen! Haste was auf'm Herzen?«

»Ich ... ich wollte zu Jan.«

Gleich dreht die Frau mit dem rabenschwarz gefärbten Haar sich um und trällert laut in die Wohnung hinein: »Jan! Damenbesuch!«

Eine Tür klappt, Jan kommt.

»Was willste denn?«, fährt er Tine an, als seine Mutter in einem der Zimmer verschwunden ist und ihn nicht mehr hören kann. »Hab dir doch gesagt, dass du überhaupt nichts gesehen hast.«

»Ich will aber trotzdem mit dir reden!« Eine kalte Wut steigt in Tine auf. Dieser Paolo wird vielleicht nie mehr ganz gesund, Jan aber sieht aus, als hätte er gerade erst auf der Couch gelegen und Musik gehört.

Er schaut sie kurz an, dann scheint er zu wissen, was in ihr vorgeht. Rasch zieht er seine Springerstiefel und die Bomberjacke an und schließt die Tür hinter sich.

Gleich auf der Treppe will Tine ihn mit ihren Fragen

bestürmen, er aber zischt ihr zu, sie solle still sein, manchmal hätten die Wände Ohren.

Erst im Stadtpark, auf einer Bank, als weit und breit niemand zu sehen ist, der sie belauschen könnte, erlaubt Jan Tine zu reden. Und da bricht es aus ihr heraus: Dass Paolo vielleicht sterben wird und dass er Giovannis Neffe ist und wie Jan und seine Freunde denn überhaupt so etwas Furchtbares tun konnten.

Eine Zeit lang raucht Jan schweigend, dann runzelt er streng die Stirn. »Also 'n Itaker war das? Sah aus wie 'n Kanake!«

Sofort wird es Tine wieder so kalt. Unwillkürlich rückt sie ein Stück von Jan weg. »Ist doch ganz egal, wo er herkommt. Hat er euch irgendwas getan?«

»Klar hat er uns was getan!« Jans rundes Gesicht wird auf einmal ganz kantig. »Ist hergekommen, um uns die Arbeit wegzunehmen ... All diese Bimbos und Spaghettifresser kommen doch nur her, um sich's gut gehen zu lassen. Dass wir hier geboren und zu Hause sind und keine Arbeit haben, nur weil sie sich dazwischendrängen, kümmert sie nicht.«

»Aber du hast doch Arbeit gehabt.« Das ganze Haus weiß, dass Jan eine Lehrstelle als Maler hatte. Er hat sie selbst aufgegeben, weil er lieber Fernsehmechaniker werden wollte. Eine Lehrstelle in einer Fernsehwerkstatt aber hat er nicht gefunden.

»Ich ja!«, gibt Jan zu. »Aber alle anderen?« Und er erzählt, dass fast die Hälfte seiner Freunde keine Arbeit hätte. Zwar hätten manche von ihnen eine Lehre machen dürfen, aber gleich nachdem sie den Gesellenbrief erhalten hätten, wären sie arbeitslos geworden.

Was soll Tine dazu sagen? Kann Paolo denn was dafür, dass es in seiner Heimat und auch in Deutschland nicht genug Arbeit gibt? Und stimmt denn nicht, was der Vater so oft sagt, nämlich, dass die meisten Arbeiten, die viele Ausländer bereitwillig übernehmen, die meisten Deutschen gar nicht machen würden, weil sie meinten, für Besseres geboren zu sein? Giovannis Neffe würde ja vielleicht ganz gern als Maler arbeiten, Jan will nur Fernsehmechaniker werden oder gar nichts.

»Wirst uns doch wirklich nicht verraten?« Jan schaut Tine mit einem Mal ganz fremd an. »Du, der Ronald und der Benny scherzen nicht. Die schnappen dich, wenn du quatschst. Und deinen Eltern legen se 'ne Bombe in den Laden ... Also mach nur keinen Mist, was wir hier reden, ist kein Spaß, sondern blutiger Ernst.«

Hat Jan vielleicht selbst Angst vor seinen Freunden? »Warst du das mit dem Messer?«, fragt Tine nur noch leise.

Wütend schnippt er seine Zigarettenkippe weg. »Frag doch nicht so was! Denkste, ich verrat meine Kameraden? Wir waren's alle drei, verstehste! Sollen doch die Bullen rausfinden, wer's wirklich war.« Sagt es und fügt stolz hinzu: »Glaub ja nicht, dass ich mich deswegen schäme. Läuse gehören zerquetscht. Die werden nämlich immer mehr. Bis sie uns eines Tages ganz und gar aufgefressen haben.«

Ihr schießen die Tränen in die Augen; hastig springt sie auf und will fort.

Er hält sie fest. »Du – kein Wort! Haste verstanden? Ich will nicht, dass dir was passiert.«

Zornig reißt sie sich los und läuft weiter. Soll er ihr doch drohen, soll er sie schlagen, wenn er Lust dazu hat; was sie tut, bestimmt ganz allein sie, kein anderer.

Die Eltern merken ihr an, dass mit ihr etwas nicht stimmt, so lustlos, wie sie heute an ihrem Abendbrot kaut. Tine aber will nicht mit der Sprache heraus. Sagt sie den Eltern alles, wollen sie ganz bestimmt gleich mit ihr zur Polizei. Oder, noch schlimmer, sie haben Angst um den Copy Shop, den sie sich mit so viel Mühe aufgebaut haben, und rufen nicht die Polizei. Und was soll sie dann tun?

Früh geht sie ins Bett, redet sich mit Kopfschmerzen heraus, kann aber lange nicht einschlafen.

Was Jan zu seiner Entschuldigung gesagt hat, ist ja alles nur Gerede. In Wahrheit hat dieser Paolo ihm und seinen Freunden gar nichts getan. Nur weil sie ihre Wut an ihm auslassen wollten, haben sie ihn gejagt und beinahe umgebracht – und vielleicht auch, weil sie Spaß daran hatten …

Ihr schaudert es – und wieder sieht sie Giovanni vor sich, sieht, wie er weint, und hört ihn sagen, dass ganz bestimmt Narben zurückbleiben werden; Narben am Körper und an der Seele.

Danach muss sie an Paolo denken. Was sollen die Menschen denn tun, die in ihrer Heimat keine Arbeit finden? Geht nicht jeder dort fort, wo er nicht leben kann? Müsste sich nicht die ganze Welt zusammenschließen, um all denen, die in ihrer Heimat keine Arbeit finden, zu helfen?

Jan und seine Freunde hatten nicht gewusst, dass Paolo Italiener ist. Wegen seiner dunklen Haut hielten sie ihn für einen Türken, Araber, Inder oder von sonst wo her. Aber auch die Italiener wollen sie nicht. Alles, was nicht deutsch ist, wollen sie nicht. Und Jan hat ganz böse Augen bekommen, als er von den Läusen sprach …

Neue Tränen steigen in Tine auf – bis auf einmal auch sie ganz böse wird: Nein! Sie wird nicht länger schweigen. Gleich morgen früh wird sie Giovanni alles sagen. Und auch den Eltern wird sie alles sagen. Sie müssen wissen, was nun vielleicht passieren wird. Und vielleicht werden sie ja sogar stolz auf sie sein. Der Laden ist ja schließlich nicht das Allerwichtigste.

Denkt es, schließt zufrieden die Augen und ist selbst schon ein bisschen stolz auf sich.

Zeittafel

1904

Seit über dreißig Jahren ist Berlin die Hauptstadt des Deutschen Kaiserreichs. In dieser Zeit entwickelte sich das Deutsche Reich zur industriellen Großmacht: Fabriken wurden errichtet, Mietskasernen für Arbeiter gebaut, Hinterhofelend entstand.

Der Lohn der Arbeiter ist gering, Kinder müssen mitarbeiten: im Haushalt, bei der Heimproduktion der Eltern oder als Milch-, Brötchen- und Zeitungsjungen. Schon früh am Morgen flitzen viele von ihnen durch die Häuser. Treppauf – treppab. In der Schule sind sie dann müde und kommen nicht mit. Ihre Berufsaussichten sind schlecht.

1917

Der Erste Weltkrieg ist im dritten Jahr. Es geht um »Einflussgebiete« – also um Rohstoff- und Absatzmärkte. Deutschland ist eines der Länder, die sich zu kurz gekommen fühlen bei der Verteilung der Welt. 1914, als der Krieg begann, zogen die Männer begeistert in diesen – vom Kaiser und seinen Generälen und von den Politikern fast aller Parteien so bezeichneten – »Verteidigungskrieg«, der nur ein paar Monate dauern sollte. Doch der Krieg nimmt kein Ende und fordert unter der nur äußerst unzureichend mit Lebensmitteln versorgten Bevölkerung in der Heimat nicht viel weniger Tote als an der Front.

Im November 1918 kommt es zur Revolution, der Kaiser wird gestürzt, dem Krieg ein Ende bereitet.

1923

Deutschland ist seit fünf Jahren eine Republik. Doch die Folgen des Ersten Weltkrieges machen sich immer noch bemerkbar; unter anderem in einer schweren Wirtschaftskrise, die zur Inflation führte – der ständigen Abnahme der Kaufkraft deutschen Geldes.

Die Preise steigen stetig an, die Löhne und Gehälter hinken hinterher. Wer Geld auf der Bank hat, bekommt für sein Gespartes nichts mehr. Wer Fabriken, Häuser, Schmuck oder Kunstgegenstände besitzt, ist besser dran – er hat, wenn die Not ihn dazu zwingt, immer noch etwas zu verkaufen.

Die wichtigste Währung – damals wie heute – ist der amerikanische Dollar. 1923, als die Inflation in Deutschland ihren Höhepunkt erreicht hat, muss man 4 200 000 000 000 – 4,2 Billionen – Mark zahlen, um einen einzigen Dollar zu bekommen.

1932

Ende der Zwanzigerjahre hat Deutschland einen gewissen wirtschaftlichen Aufschwung zu verzeichnen, Anfang der Dreißigerjahre gerät das Land in den Sog einer Weltwirtschaftskrise, der die Politiker und Wirtschaftswissenschaftler in aller Welt hilflos gegenüberstehen. Die Folge ist ein unübersehbar großes Arbeitslosenheer. Allein in Deutschland zählt man sechs Millionen Menschen, die Arbeit suchen und keine finden. Dieses Elend wird von vielen Firmeninhabern ausgenutzt, denn aus Angst um den Arbeitsplatz wagen viele Arbeiter und Angestellte nicht, auch nur die selbstverständlichsten Forderungen zu stellen.

Die Regierungen wechseln oftmals schon nach wenigen Wochen – ein Rezept gegen die weiter ansteigende Arbeitslosigkeit finden sie nicht. Da tritt immer mehr eine Partei in den Vordergrund, die behauptet, das Patentrezept für die Lösung aller Probleme in der Tasche zu haben – die NSDAP (Nationalsozialistische Deutsche Arbeiterpartei). Ihr Führer heißt Adolf Hitler. Viele Menschen, die keinen anderen Ausweg sehen, glauben dieser Partei und folgen ihrem Führer.

1941

Mit Hilfe der deutschen Industrie sind die nationalsozialistischen Führer 1933 an die Macht gelangt. Durch ein »Arbeitsbeschaffungsprogramm«, das Kriegszwecken dient, haben sie im Verlaufe verhältnismäßig kurzer Zeit die Arbeitslosigkeit beseitigt. Gleichzeitig haben sie eine Diktatur errichtet, andere Parteien verboten und Presse, Rundfunk und Gewerkschaften »gleichgeschaltet« – das heißt, jede andere Meinung verboten.

Gegner der Nazi-Diktatur werden in Konzentrationslager gesperrt und viele von ihnen umgebracht. Aber die Nazis bekämpfen nicht nur ihre Gegner, sondern auch die Angehörigen anderer Rassen oder Glaubensgemeinschaften, besonders die Juden. Schon in seinem Buch »Mein Kampf« hatte Hitler gegen die »minderwertige Rasse« der Juden gewettert und ihre Vernichtung angekündigt. Nun, da seine Partei an der Macht ist, beginnen er und seine Gefolgsleute, diesen Plan in die Tat umzusetzen.

Am 1. April 1933 werden alle arischen[*] Deutschen dazu aufgefordert, nicht mehr bei Juden zu kaufen; die Juden würden die Deutschen ausbeuten, heißt es. Dass nur sehr wenige Juden Warenhäuser besitzen, viele aber Arbeiter und Angestellte, Wissenschaftler und Schriftsteller, kleine Ladenbesitzer und Künstler

Arisch – Arier: Völker, die im Altertum Arisch sprachen. Von den Nazis übernommene Bezeichnung für »Angehörige der nordischen Rasse«, oft mit »Germanisch« gleichgesetzt.

sind, sagen die Nazis nicht. Und wer es besser weiß, hält den Mund, um nicht ebenfalls Verfolgungen ausgesetzt zu werden.

Dieser Boykott ist aber nur der Anfang. Im November 1938 benutzen die Nazis einen Vorwand, um zum ersten großen Schlag gegen die Juden auszuholen: In Paris hatte ein siebzehnjähriger Jude aus Zorn über die Abschiebung von 17 000 in Deutschland lebenden polnischen Juden über die polnische Grenze einen deutschen Botschaftsangehörigen erschossen. Die »Vergeltungsmaßnahme« der Nazis: die berühmt-berüchtigte »Reichskristallnacht«, eine Pogromnacht, in der die Schaufensterscheiben 7500 jüdischer Geschäftsleute zerschlagen und die Läden demoliert wurden. Außerdem wurden 190 Synagogen (jüdische Gotteshäuser) in Brand gesetzt und 25 000 Juden verhaftet, misshandelt, umgebracht.

Nach dieser Nacht verlassen viele Juden Deutschland, flüchten in die Nachbarländer und sogar übers Meer – und müssen erleben, dass man sie in den meisten Ländern nicht haben will. Einige von ihnen werden sogar nach Nazi-Deutschland zurückgeschickt, wo sie und die vielen daheim gebliebenen Juden nun noch grausamere Verfolgungen erwarten. Seit der im September 1939 von den Nazis angezettelte Zweite Weltkrieg über Europa tobt, betrachten die Nazis die Juden als »inneren« Feind und erlassen immer strengere Gesetze gegen sie – wie z.B. am 1. September 1941 die Verordnung, die die Juden anweist, einen gelben Stern zu tragen, und einen Monat später das Gesetz, das den Juden das Verlassen Deutschlands verbietet.

Im Januar 1942 beschließen führende Vertreter des Hitler-Regimes in einer Villa am Großen Wannsee in Berlin die »Endlösung der Judenfrage«: die Ermordung der im durch den Krieg vergrößerten Machtbereich der Nazis lebenden elf Millionen Juden. Von nun an werden in immer stärkerem Maße Deportationen vorgenommen, werden jüdische Männer, Frauen und Kinder aus ihren

Wohnungen geholt und in die zu Todeslagern umgebauten Konzentrationslager geschafft. Zwar gelingt es den Nazis nicht, alle Juden umzubringen, aber sechs Millionen jüdische Menschen – Männer, Frauen und Kinder – müssen unter ihrer Herrschaft ihr Leben lassen.

1948

Am 8. Mai 1945 geht der Zweite Weltkrieg zu Ende. Die Kriegsverbrecher, die ihn entfacht hatten, werden in Nürnberg zu hohen Freiheitsstrafen oder zum Tode verurteilt – sofern sie sich nicht vorher durch Selbstmord der Verantwortung entzogen haben. Deutschland verliert seine Ostgebiete, der verbliebene Rest wird in vier Besatzungszonen aufgeteilt und von jeweils einer der vier Siegermächte (USA, Sowjetunion, Frankreich und England) verwaltet. So wird das vom Krieg zerstörte Land geteilt, wie auch die zu zwei Dritteln zerbombte ehemalige Reichshauptstadt Berlin, die auf dem Gebiet der sowjetisch besetzten Zone liegt, in vier Sektoren eingeteilt wird.

1948 haben sich die Siegermächte längst zerstritten, ihre Ziele und Absichten in Europa sind zu unterschiedlich, um weitere Gemeinsamkeiten zuzulassen. Die Westmächte, unter Führung der Amerikaner, wollen den Einfluss der kommunistisch regierten Sowjetunion in Europa eindämmen und die Sowjetunion wiederum den der antikommunistisch eingestellten USA-Regierung. Alle Verhandlungen über ein gemeinsames Vorgehen in Deutschland scheitern. Aus den vier Besatzungszonen werden immer deutlicher *zwei* Teile: auf der einen Seite die drei Westzonen, auf der anderen Seite die sowjetisch verwaltete Ostzone.

Bis Mitte 1948 aber gab es in dem geteilten Land noch eine einheitliche Währung, die Deutsche Reichsmark. Um den Schwarzmarkthandel zu ersticken und endlich wieder eine stabile Währung zu schaffen, wurde im Juni 1948 eine Währungsreform durchgeführt. Da sich die drei westlichen Besatzungsmächte mit der Sowjetunion über ein gemeinsames Vorgehen nicht einigen konnten, fand diese Währungsreform vorerst nur in den drei Westzonen und in den drei Westsektoren Berlins statt. Als Antwort darauf führte drei Tage später auch die Sowjetunion in ihrer Zone und in Ostberlin eine Währungsreform durch. Es existieren nun also zwei deutsche Währungen: die Deutsche Mark (West) und die Mark der Deutschen Notenbank (Ost). Nachdem sich die ersten starken Schwankungen gelegt haben, handeln die westlichen Banken die so genannte Ostmark im Kurs von etwa 1:4 – das bedeutet, für eine Westmark bekommt man etwas mehr als vier Ostmark.

Die Sowjetunion will die Ausdehnung der westlichen Währungsreform auf Westberlin – was eine wirtschaftliche (und damit auch politische) Anbindung Westberlins an Westdeutschland bedeutet – mit allen Mitteln verhindern. Deshalb lässt sie vom 24. Juni 1948 bis zum 12. Mai 1949 alle Land-, Wasser- und Schienenwege von und nach Westberlin sperren – und zwar für den Personen- wie auch den Güterverkehr: Westberlin soll ausgehungert und die Westmächte durch Druck zum Lösen der bestehenden Bindungen bewegt werden. Doch die Westmächte lassen sich durch diese Blockadepolitik nicht erpressen, sie richten die so genannte Luftbrücke ein und versorgen die Bevölkerung Westberlins durch die Luft. Die Berliner nennen die Flugzeuge, die ununterbrochen Lebensmittel und Heizmaterial in die Stadt hineinfliegen, schon bald »Rosinenbomber« – und halten dem Druck stand. Nach fast einem Jahr erfolgloser Blockade muss die Sowjetunion einlenken.

Doch in diesem Jahr ständiger Spannungen kommt eine neue Kriegsangst auf, die die ganzen Fünfziger- und Sechzigerjahre hindurch anhalten wird – die Angst vor einem Krieg zwischen den beiden Supermächten USA und UdSSR, der zweifellos zu einem

Dritten Weltkrieg führen würde. Neue Krisenherde in Europa und anderen Teilen der Welt (Korea, Kuba, Naher Osten, Vietnam) lassen diese Angst nicht abklingen. Erst in den Siebzigerjahren, als von allen Seiten eine mehr oder weniger erfolgreiche Entspannungspolitik betrieben wird, lässt die Angst vor einem Dritten Weltkrieg etwas nach.

1953

Aus den vier Besatzungszonen Deutschlands sind zwei Staaten geworden: Im September 1949 wurde innerhalb der drei westlichen Besatzungszonen die Bundesrepublik Deutschland, im Oktober 1949 auf dem Territorium der sowjetisch besetzten Zone die Deutsche Demokratische Republik gegründet.

Berlin bleibt Vier-Sektoren-Stadt, doch der Ostsektor wird von der DDR – entgegen der Rechtsauffassung der drei Westmächte – als Hauptstadt der DDR bezeichnet; die drei Westsektoren fühlen sich der Bundesrepublik verbunden. Die Grenzen zwischen den beiden Stadthälften aber sind offen: Westberliner fahren nach Ostberlin und besonders viele Ostberliner fahren in das wirtschaftlich attraktivere Westberlin hinüber. Viele davon nutzen die Situation der geteilten Stadt aus, um in Westberlin zu arbeiten, einen Teil ihres Lohnes in Westgeld ausgezahlt zu bekommen und in Ostberlin zu leben, wo Mieten, Gas, Strom und Grundnahrungsmittel wesentlich billiger sind.

Die offene Grenze führt aber auch dazu, dass viele DDR-Bürger ihre Heimat ganz verlassen – teils aus politischen Gründen, teils weil das westliche Wirtschaftswunder sie lockt. Die Westmächte unterstützen diese Fluchtbewegung, indem sie Westberlin immer mehr zum Schaufenster des »freien Westens« ausbauen. Dieser Verlust an Arbeitskräften und die in der DDR durchgesetzte

Planwirtschaft – mit dem Schwerpunkt Schwerindustrie – führt immer häufiger zu Engpässen in der Versorgung der Bevölkerung mit Lebensmitteln und Konsumgütern, was die Situation noch verschlimmert und noch mehr Menschen dazu bewegt, ihre Heimat zu verlassen.

Im ersten Halbjahr 1953 kommt es zu einer ernsten Versorgungskrise. Die DDR-Regierung reagiert darauf, indem sie die Arbeitsnormen erhöht, um die Arbeitsproduktivität zu steigern. Die Ostberliner Bauarbeiter sind mit diesen Normenerhöhungen nicht einverstanden. In den Mittagsstunden des 16. Juni 1953 streiken sie und setzen damit ein Zeichen für die gesamte DDR. Am 17. Juni schließen sich die Belegschaften weiterer Betriebe überall in der DDR an. Die Arbeiter besetzen die Betriebe, stürmen die Gefängnisse, um politische Häftlinge zu befreien, und verlangen nicht nur die Zurücknahme der Normenerhöhungen – wozu die DDR-Regierung noch am selben Tag bereit ist –, sondern auch freie Wahlen. Erst die Ausrufung des Kriegsrechts und der Einsatz sowjetischer Panzer beenden die Aktionen der streikenden Arbeiter.

267 Arbeiter, 116 Volkspolizisten und Funktionäre sowie 18 sowjetische Soldaten sollen während dieses Aufstandes getötet, 1017 Arbeiter verletzt, 1500 Menschen zu hohen Zuchthausstrafen verurteilt und bis zu 100 Personen standrechtlich erschossen worden sein. Bestätigt worden sind diese Zahlen von der DDR-Regierung allerdings nie.

In den darauf folgenden Jahren behauptet die DDR-Staatsführung stets, der Aufstand vom 17. Juni 1953 wäre durch Westberliner Provokateure angezettelt worden. Eine Schutzbehauptung, weil nach Auffassung der DDR-Regierung nicht sein konnte, was nicht sein durfte – nämlich dass in einem Arbeiter- und Bauernstaat Arbeiter streiken mussten, um ihre Rechte durchzusetzen. Andererseits ist es eine Tatsache, dass viele Westberliner in den Ostteil der Stadt hinüberfuhren, um die Streikenden zu unterstützen. Die meisten dieser Westberliner jedoch waren Jugendliche, die kaum aus politischen Motiven, sondern mehr aus Spaß am Krawall an den Aktionen der Streikenden teilnahmen.

Dass man in Westberlin einen anderen Ausgang dieses Aufstandes erhofft hatte, wurde besonders in den Sendungen des auch in der DDR viel gehörten Westberliner Rundfunksenders RIAS deutlich. Dieser unter amerikanischer Kontrolle stehende Sender tat vor, während und auch nach dem Tag des Streikausbruchs alles, um der berechtigten Empörung der Arbeiter der DDR immer wieder neue Nahrung zuzuführen.

1961

Die Situation zwischen den ehemals verbündeten Siegermächten verhärtete sich in den Fünfzigerjahren immer mehr. Immer wieder kam es zu Konflikten zwischen den beiden Supermächten USA und Sowjetunion und oftmals stand die Stadt Berlin dabei im Mittelpunkt.

Für die Sowjetunion ist Westberlin nach wie vor Pfahl im Fleisch der DDR, für die Westmächte eine »Insel der Freiheit« im kommunistisch regierten Osten. Die offene Grenze zwischen den beiden Stadthälften aber wird für die DDR immer mehr zum lebenswichtigen Problem, denn die Fluchtbewegung aus dem Osten Deutschlands in den Westen nimmt nicht ab, sondern stetig zu. Immer mehr DDR-Bürger werden durch den höheren Lebensstandard in Westberlin und der Bundesrepublik, aber auch durch die dort größeren bürgerlichen Freiheiten in den Westen gelockt. Im Frühsommer 1961 sind es täglich ein- bis zweitausend Menschen, die der DDR den Rücken kehren. Das bedeutet für die DDR einen lebensbedrohlichen Arbeitskräftemangel; wichtige Liefertermine für Exportaufträge können nicht eingehalten, die Ernten nicht rechtzeitig eingebracht werden. Auch die Versorgung der Bevölkerung der DDR mit den einfachsten Konsumgütern und Lebensmitteln ist schlecht. Die DDR-Regierung sieht sich gezwungen, immer stärkeren Druck auf die Bevölkerung auszuüben, um sie zum Verbleiben in der DDR und zu ständig höheren Produktionsleistungen bei veralteter Technologie zu veranlassen. Als Ergebnis dieser Politik verlassen noch mehr DDR-Bürger ihre Heimat; die Flüchtlingslager in Westberlin und der Bundesrepublik sind überfüllt, westliche Zeitungen veröffentlichen Statistiken und Jubelmeldungen.

Die Sowjetunion versucht mit allen Mitteln, zu einer Berlin-Regelung zu kommen, die dieses Ausbluten verhindert. Schon 1958 stellte sie den Westmächten ein »Berlin-Ultimatum«, in dem sie forderte, aus Westberlin eine »entmilitarisierte freie Stadt« zu machen. Das bedeutete, die Westmächte sollten ihre Truppen aus Westberlin abziehen; dieser Teil der Stadt sollte einen neutralen Charakter bekommen. Falls die Westmächte diesen Vorschlag ablehnten, verlangte die DDR die Kontrolle aller Zugangswege nach Westberlin. Das wiederum hätte bedeutet, dass auch die offene Grenze in Berlin von der DDR geschlossen werden könnte. Die Westmächte lehnten dieses Ultimatum ab. Sie fürchteten, ein schutzloses Westberlin würde von der Sowjetunion über kurz oder lang in den östlichen Herrschaftsbereich eingegliedert. Das Berlin-Ultimatum lief ab, nach außen hin geschah nichts, die Krise um Berlin aber wurde immer bedrohlicher.

Im Sommer 1961 drängt die DDR-Regierung die Sowjetunion, ihr zu gestatten, die offene Grenze dichtzumachen. Die Sowjetunion, an einer stabilen DDR-Wirtschaft interessiert, gibt ihr Einverständnis, und so kommt es am 13. August 1961 zur Schließung der Grenzen zwischen den beiden Stadthälften, der dann später der Bau der Berliner Mauer folgt. Menschliche Tragödien, die Zerreißung ganzer Familien, verzweifelte Fluchtversuche, die zu Verhaftungen oder zum Tode führen, sind die Folge.

1969

Der wirtschaftliche Aufschwung, den die Bundesrepublik und Westberlin in den Fünfzigerjahren und Anfang der Sechzigerjahre erlebten und der sich noch immer gemäßigt fortsetzt, führt zu einem beträchtlichen Arbeitskräftemangel. Anwerbungen von Arbeitskräften aus Ländern mit hoher Arbeitslosigkeit oder Niedriglöhnen wie Italien, Spanien, Jugoslawien, Griechenland, Türkei und auch den arabischen Staaten sollen dem abhelfen. Immer mehr Menschen aus diesen Ländern kommen in die Bundesrepublik.

Den Ausländern gefällt es nicht unbedingt in Deutschland. Zu fremdartig, zu abweisend erscheinen ihnen diese Deutschen, die sie geholt haben, um von ihnen die Schmutz- und Dienstleistungsarbeiten erledigen zu lassen, sie aber nicht als vollwertige Menschen behandeln. Doch die Möglichkeit, hier ihre Familien ernähren zu können, lässt sie über alle Schwierigkeiten hinwegsehen.

Aus einem der ärmsten Länder, der Türkei, kommen besonders viele Menschen – und viele von ihnen lassen sich in Westberlin nieder. Für die Stadt ist das ein Glück, denn nach dem Bau der Mauer hat Westberlin nicht nur die ca. 60 000 Ostberliner Grenzgänger verloren, die Tag für Tag nach Westberlin zur Arbeit kamen, auch viele Westberliner haben die Stadt verlassen. Die unsichere politische Situation der Inselstadt hat sie vertrieben. Bald ist Westberlin nach Istanbul und Ankara die Stadt mit den meisten türkischen Einwohnern. Ein Satz kommt auf: »Wir riefen Arbeitskräfte – und es kamen Menschen.« Denn die türkischen Menschen, die nun in der Stadt leben, haben nicht nur ihre Familien, sondern auch ihre Sitten und Gebräuche mitgebracht, die manchem Berliner so unverständlich bleiben wie vielen Türken die deutschen Eigenheiten. Zwei völlig unterschiedliche Mentalitäten und Lebensweisen müssen lernen, miteinander auszukommen.

1974

Der stetige Aufschwung der Wirtschaft der Bundesrepublik und Westberlins bringt auch eine rege Bautätigkeit mit sich, denn Wohnungen sind nach wie vor Mangelware. Erst sind es nur Neubaublocks, dann sind es ganze Neubauviertel, Trabantenstädte, die überall in der Bundesrepublik und Westberlin, aber auch in der DDR, entstehen.

Zur gleichen Zeit wird ein rapider Anstieg der Selbstmordrate unter Kindern und Jugendlichen beobachtet. 80 bis 90 Selbstmorde von Kindern und Jugendlichen unter 14 Jahren in der Bundesrepublik und Westberlin werden Jahr für Jahr bekannt; 1000 Fälle unter den Fünfzehn- bis Dreißigjährigen. Dazu entfallen auf beide Gruppen insgesamt 13 000 Selbstmordversuche pro Jahr.

Sozialwissenschaftler begründen diese Entwicklung mit dem erhöhten Leistungsdruck, dem Kinder und Jugendliche in einer immer kälter werdenden, materialistisch bestimmten Umwelt ausgesetzt sind. Besonders hoch ist die Selbstmordrate in den neu entstandenen Trabantenstädten.

1981

Immer mehr Hauseigentümer lassen Altbauwohnungen leer stehen, weil sie auf steigende Bodenpreise spekulieren. Wertvolle Altbausubstanz verrottet und geht verloren – auch in einer Stadt wie Westberlin, in der es zu wenig preiswerte Wohnungen gibt, wovon besonders junge Leute betroffen sind. Einige dieser jungen Leute ziehen in die leer stehenden Altbauwohnungen, »besetzen sie instand«.

Die Hausbesitzer klagen gegen die Hausbesetzer, die Polizei führt Räumungsaktionen durch. Schriftsteller, Wissenschaftler und

Theologen sympathisieren mit den Hausbesetzern, übernehmen Patenschaften. Vielen Teilen der Bevölkerung wird erst jetzt klar, welches Unrecht die Hausbesitzer begehen, indem sie im Interesse ihrer persönlichen Bereicherung wertvolles Wohngut dem Zerfall anheim geben – dennoch werden weitere Räumungen durchgeführt.

Eine dieser Polizeiaktionen führt zum Tod eines gegen diese Räumungen protestierenden Demonstranten, was zur Folge hat, dass die Auseinandersetzungen zwischen Polizei und Besetzern immer gewalttätiger werden.

1984

Beide deutschen Staaten blicken auf eine fünfunddreißigjährige Geschichte zurück. Die Beziehungen zueinander haben sich in den Siebzigerjahren zwar verbessert, eine wirklich tief gehende Entspannung und Verständigung aber wurde in dieser Zeit nicht erreicht. Auf fast jede Entspannungsphase folgen neue Spannungen. Enttäuschungen bestimmen das Bild in beiden Ländern. In der Bundesrepublik ist es die erweiterte Ost-West-Aufrüstung, die viele Menschen resignieren lässt, in der DDR kommt die erneute Hoffnungslosigkeit hinzu, jemals eine größere Freizügigkeit in Bezug auf Meinungsfreiheit und Reisen in westliche Länder zu erreichen.

Viele Schriftsteller, Schauspieler und Künstler haben das Land bereits verlassen, 40000 Ausreisewillige, denen die DDR-Regierung plötzlich und ohne Angabe von Gründen die Tore öffnet, um sie danach wieder zu schließen, folgen. DDR-Bürger, die keine Ausreisegenehmigung erhalten haben, flüchten in die Botschaften der Bundesrepublik in Prag und Budapest oder auch in die Ständige Vertretung der Bundesrepublik in Ostberlin, um ihre Ausreise zu erzwingen. Dadurch werden die Beziehungen der beiden deutschen Staaten, die in einer neuen Phase des kalten Krieges ihre Beziehungen – wenn auch nur in sehr kleinen Schritten – weiter verbessern wollen, schwer belastet.

1989

Die Fluchtbewegung von Ost nach West hat weiter zugenommen. Immer großzügiger gewährte Reisemöglichkeiten zu westlichen Verwandten konnten sie nicht stoppen. Hinzu kommen tief gehende ökonomische Schwierigkeiten in der DDR.

Im September 1989 beschließt die ungarische Regierung, den zehntausenden DDR-Touristen, die nicht wieder in ihre Heimat zurückreisen wollen, die Grenze nach Österreich zu öffnen. In Prag, Warschau und Ostberlin wird den Menschen, die sich in die bundesrepublikanischen Vertretungen geflüchtet haben, nach zähem diplomatischen Ringen ebenfalls die Ausreise in die Bundesrepublik erlaubt. Bald darauf kommt es in den großen Städten der DDR zu Massendemonstrationen. Demokratische Rechte und Reisefreiheit werden gefordert, die führende Rolle der SED wird in Frage gestellt.

Am Abend des 9. November verkündet die zutiefst verunsicherte DDR-Führung umfassende Reiseerleichterungen, die dazu führen, dass noch in derselben Nacht hunderttausend Ostberliner zu den Grenzübergangsstellen strömen. Die Grenzbehörden jedoch haben noch keinerlei Anweisungen erhalten. Unter dem Druck der Bevölkerung beschließen einige Offiziere, in eigener Verantwortung die Grenze zu öffnen.

Dieser Schritt ist nicht mehr rückgängig zu machen. Nach und nach werden Mauer, Stacheldraht und Betonbarrieren abgebaut. Im Mai 1990 finden in der DDR die ersten freien Wahlen statt. Die neue Regierung beschließt, Verhandlungen über die Vereinigung beider deutscher Staaten aufzunehmen, die am 3. Oktober 1990 vollzogen ist.

1998

Acht Jahre nach der Wiedervereinigung der beiden deutschen Staaten haben sich die Erwartungen der Menschen im Land nicht erfüllt. Die Arbeitslosigkeit stieg von Jahr zu Jahr, die Löhne stagnierten. Rechtsradikale Parteien versuchen, die von den demokratischen Parteien Enttäuschten und sich zu kurz gekommen Fühlenden für ihre Zwecke einzuspannen, und haben damit besonders unter Jugendlichen großen Erfolg. Immer öfter werden Ausländer Opfer neonazistischer Gewalttaten, Asylantenheime müssen geschützt werden. Andersdenkende werden angegriffen, neonazistische Großdemonstrationen sind an der Tagesordnung. Die demokratischen Parteien finden kein Rezept gegen die Gewalttäter ...

Franziska Groszer
Julia Augenstern
Roman
Gulliver Taschenbuch (78240), 224 Seiten, *ab 12*

Julia steht hoch oben auf der Berliner Mauer. Ein bisschen
schwindelig ist sie schon, aber aufregend ist das! Und all die
Menschen, die lachen und weinen und schreien – mittendrin
Katharina, genannt »das Gör«, die vor dem Brandenburger Tor
einen wilden Hexentanz aufführt. Irgendwo da unten steht auch
Julias Großmutter, die jetzt endlich wieder Großvaters Grab
besuchen kann. – Im Trubel um den Fall der Mauer erleben Julia
und das Gör aufregende Wochen. Doch als eines Tages Charlie
Chaplin fröhlich durch ein Mauerloch bellt und Julia mit seinem
Herrchen bekannt macht, kommen ernste Probleme auf sie zu …

Beltz & Gelberg
Beltz Verlag, Postfach 100154, 69441 Weinheim